南京社科学术文库

城市规划利害关系人权利保护

季晨溦◎著

中国社会科学出版社

图书在版编目（CIP）数据

城市规划利害关系人权利保护/季晨溦著．—北京：中国社会科学出版社，
2023.8

（南京社科学术文库）

ISBN 978 - 7 - 5227 - 2240 - 5

Ⅰ．①城…　Ⅱ．①季…　Ⅲ．①城市规划—当事人—公民权—权益保护—研究—中国　Ⅳ．①D922.297.4

中国国家版本馆 CIP 数据核字（2023）第 129105 号

出　版　人	赵剑英
责 任 编 辑	孙　萍　涂世斌
责 任 校 对	王佳玉
责 任 印 制	王　超

出　　　版	中国社会科学出版社
社　　　址	北京鼓楼西大街甲 158 号
邮　　　编	100720
网　　　址	http://www.csspw.cn
发 行 部	010 - 84083685
门 市 部	010 - 84029450
经　　　销	新华书店及其他书店

印　　　刷	北京明恒达印务有限公司
装　　　订	廊坊市广阳区广增装订厂
版　　　次	2023 年 8 月第 1 版
印　　　次	2023 年 8 月第 1 次印刷

开　　　本	710×1000　1/16
印　　　张	18.5
字　　　数	275 千字
定　　　价	98.00 元

凡购买中国社会科学出版社图书，如有质量问题请与本社营销中心联系调换
电话:010 - 84083683

目　　录

第一章

绪　　论

第一节　研究背景与问题提出

一　研究背景

改革开放以来，随着经济体制的转型，农村人口大规模地向城镇转移，我国经历了世界历史上规模最大、速度极快的城镇化进程。从1978年到2020年的42年间，城镇化率从17.9%提升到63.89%，预计到2025年将达到67.45%左右。[①] 与城镇化规律和国际经验一致，我国城镇化率在2019年超过60%后，进入城镇化快速发展中后期。受经济增速放缓、人口老龄化等因素影响，作为新增城镇人口主要来源的农民工规模逐渐下降，导致城镇化速度整体上呈现稳中趋缓的态势。在现阶段，随着扩张式的城镇化向为以人为本的新型城镇化转变，我国城镇化发展面临的重点难点已不再是怎样提高水平或加快速度，而是如何全面提升质量，确保城镇建设管理与人民对美好生活需要相匹配。[②] 城市规划作为政府指导、调控城市建设管理有序开展的依据，对城市优化统筹自身资源和寻求发展起着重要作用。怎样使城市规划更加充分地发挥公平合理配置社会资源的功能，从而有效缓解城市开发建设中各方主体间的矛盾，推动形成生产空间集约、生活空间宜居适

[①]　参见欧阳慧、李智、李沛霖《"十四五"时期我国城镇化率变化趋势及政策含义》，《城市发展研究》2021年第6期。

[②]　参见魏后凯、李玏、年猛《"十四五"时期中国城镇化战略与政策》，《中共中央党校（国家行政学院）学报》2020年第4期。

度、生态空间山清水秀的城市空间格局，成为城镇化发展新态势下需要特别关注的问题。

城市规划的制定、实施与修改实际上是对社会资源再次分配的过程，其中包含各种利益间的相互冲突与博弈。在计划经济体制下，因社会阶层和利益集团的利益隐含在共同利益之中，且土地是无偿使用的，故从城市规划制定到实施过程中面临的矛盾和冲突较少，而城市规划本身也更多地表现为执行国家经济计划的技术手段，其协调利益的功能未得到凸显。自1990年初期确立市场经济改革目标后，随着土地有偿使用、住房商品化以及地方政府财政分税制的实行，市民、开发商和地方政府在城市规划建设中逐步形成了各自独立的利益形态，城市规划调整多元主体利益关系的公共政策属性也逐步显现出来。在现有的财政体制下，地方政府的财政收入主要来源于土地出让金，将土地划入规划区进行出让已成为地方政府获取城市建设所需资金的重要途径。由于地方政府兼具公共利益代理人和理性经济人的双重角色，其在城市规划过程中运用自身拥有的政治权力和资源配置的优势地位对各类社会利益需求进行协调与平衡以维护公共利益的同时，也存在追求政绩和本地经济增长的自利动机，如何确保规划权力的行使始终不偏离实现社会公共利益最大化的目标正是城市规划法发展乃至整个国家行政法治建设需要关注的问题。在城市土地开发的利益格局中，除地方政府之外，开发商是最大的受益者，其一般有能力影响并改变规划决策，甚至可能违反规划的要求开展建设活动。相比之下，分散的城市居民对城市公共资源分配的控制力十分微弱，在城市规划决策的竞争与博弈中往往处于不利的地位。在缺乏健全的城市规划法律制度约束的情况下，当权力与资本相结合，强势利益主体通过非制度化行为满足自身利益时，不可避免地会侵害弱势群体的利益和社会公共利益，由此导致城市规划本身及其实施行为违背以人为本的价值理念，也将影响规划所设定的社会经济发展目标的实现。

随着城市公民法治意识的提升，城市利益主体较为单一、城市规划完全由城市政府意志所左右的时代已经过去。在城市利益主体多元化以及个人利益受到法律平等保护的背景下，推动城市规划以社会公正为基

础进行综合的价值判断和利益协调势在必行。① 近十几年来由城市规划
制定及实施引起的矛盾纠纷，都凸显出规划权力的不当行使对公民合法
权益所带来的负面影响，以及构建多方利益主体平等协商与博弈的制度
化平台，确保社会不同利益群体能够有效参与到规划决策程序中来，通
过一系列复杂的互动协调使规划指标趋向公平的重要性。

在当前城市规划实践中，围绕城市土地开发和空间资源配置往往会
引起大量征地拆迁、通风采光、生态环境与历史文化保护等方面的争
议，这些争议背后涉及的是如何协调城市规划权力与公民基本权利之间
紧张关系的问题。对于自身合法权益直接受到不利影响的规划区域内及
附近地块内的利害关系人，不仅需要保障其及早和持续地参与规划决策
的权利，还必须建立起有效的多渠道救济机制对其遭受的权益损害予以
弥补，来实现权力与权利的平衡。在城市化进程中产生的空间冲突和空
间博弈迫切要求建立和完善城市规划法律制度及相应的理论基础。这也
需要将法学研究引入城市空间的维度，从法学角度来探讨怎样规范城市
规划权的运行、保障产权人及相关利益者的基本权利，从而形成有序的
城市空间发展秩序。

二 问题的提出

城市规划权作为政府对城市土地与城市空间进行调整、布局、引
导、管制的一种最重要的公权力，其行使和扩张难免会对公民私权产生
限制甚至剥夺的效果，仅依靠计划经济体制下的政策规制不足以防范政
府以实现公益为名而肆意侵害公民的合法权益，必须将其纳入法律调整
的轨道中。在过去的 30 多年中，随着城市规划的法制体系日益完善，
我国城市规划运行的法律环境产生了深刻的变化，这在很大程度上也促
进了城市规划自身职能与作用的转变，作为土地和空间开发行为准则的
城市规划不仅需要协调公共利益与私人利益之间的冲突，还需要在公共
行政的框架下实现对个体利益的再分配。我国 1990 年施行的《城市规
划法》建立了我国城市规划的基本制度，首次以法律的形式明确了规划
对城市发展的指导作用。但因城市空间利益的单一化，使得这部法律在

① 参见邻艳丽《城市规划管理制度研究》，中国建筑工业出版社 2017 年版，第 26 页。

立法理念和控制手段上均有浓厚的技术法彩色，如规定了大量技术问题、在价值取向上以国家利益为本位、城市规划变更没有程序的制约、缺少公民权利保障与实现的相关规定等。

随着 2007 年《物权法》的颁布，2004 年宪法修正案中关于平等保护私有财产的精神得到再次确认，我国城市规划中利益得失权衡的过程和结果也有了更为明确的指向。① 以 2007 年颁布的《物权法》为标志，空间型规划领域逐步引入物权制度，在很大程度上改变了城市规划的法律关系。引入物权制度之前，城市规划关注的主要是如何形成更好的功能与结构；引入物权制度之后，城市规划中基本的关系已不再是技术关系，而是不动产物权的个体占有与集体干预之间的关系。② 可以说，物权概念的法律认可对城市规划的思维体系和操作模式都产生了深刻的影响，在《物权法》语境下，国有财产与公民私有财产受到同等的法律保护，这要求城市规划在配置、利用城市土地空间资源的过程中必须重视对社会各利益主体合法财产权益的保护。

2008 年实施的《城乡规划法》与 2007 年颁布的《物权法》同样具有跨时代的进步意义，其使城市规划的公共政策属性得到进一步确认，让平衡社会利益、调节社会关系成为城市规划的重要任务，这表明城市规划中的基本问题已经由技术理性的"合理"让位于权力运行的"合法"。相比于 1990 年施行的《城市规划法》，《城乡规划法》取得的重大进步在于完成了从技术法到空间法的转型，即对地方政府及其规划主管部门赋予城市规划管理的权限，并通过调整权力与权利的行政关系来改变既存的社会关系、经济关系和环境关系，从而实现对城市土地和空间资源的重新配置。在价值取向上，《城乡规划法》实现了由"国家利益本位"向"社会利益本位"的转变，从强调维护行政权威转向制约行政权力，由强调民众服从规划管理转向保护私有财产，在实现公共利益保障的同时，也体现了对私人合法权益的承认和尊重。在制度设计上，《城乡规划法》的重要突破表现为：提出了规划信息公开原则，把

---

① 参见谭纵波《〈物权法〉语境下的城市规划》，《国际城市规划》2009 年第 Z1 期。

② 参见何明俊《基于物权制度框架体系的国土空间规划法律基础研究》，《规划师》2020 年第 23 期。

知情权作为公民基本权利加以保障，并将公众参与确立为城市规划的法定程序，对参与主体、参与时机、参与事项、参与方式等做出了框架性的规定，使城市规划的制定、实施和修改不再是一个仅在城市规划系统内部运作的过程；同时，在法律责任方面，也强化了对规划权力干预私权的约束，对行政不作为、程序违法等行为规定了相应的处罚措施，并在第39、50、57条中明确了当违法或不当的规划行为给公民合法权益造成损害时，国家应承担相应的赔偿或补偿责任。最值得注意的是，《城乡规划法》第48、50条将"利害关系人"列为重要的一类城市规划公众参与主体，且在"城乡规划的修改"一章中明确规定了利害关系人参与规划修改的权利以及对其信赖利益损失请求给予补偿的权利。可以说，在《城乡规划法》中，功能与结构仍是城市规划的重要内容，但在城市规划关系中引入了权利，将城市规划的基本关系转变为权力与权利，①使规制政府的规划权力与保障利害关系人的权利都有法可依。

　　不容忽视的是，在城市规划制定、实施和修改过程中，利害关系人合法权益的保障仍面临诸多法治障碍。在立法上，现行《城乡规划法》及相关法律法规无论是对事前、事中的公众参与程序，还是对事后的权利救济途径都规定得不够详尽和明晰，使其可操作性大打折扣。在司法实践中，也尚未形成一套合理判定城市规划利害关系人身份的规范化模式，不同案件的主审法官对起诉人是否具有城市规划利害关系人身份的认定标准不一致，利益相关人的诉权能否得到法院支持具有较大的不确定性。在学理上，有关城市规划公众参与程序的研究往往未对作为参与主体的利害关系人与一般社会公众加以区分，如何合理确定适格参与者范围，进而最大限度地达到参与程序运作的目的仍是一个悬而未决的问题；此外，对利害关系人遭受规划行为损害的司法救济空间与非司法救济渠道的探讨也相对滞后，尚不能满足矫正不当行使的规划权力、及时补救私人合法权益的现实需要。

　　基于此，为了有效地协调城市空间中个人利益与公共利益的矛盾、建立有序的城市空间发展秩序，需要从法律制度层面更加积极地回应各类群体合法权益保障的宪法性问题，如平衡城市规划对私有财产权的限

---

① 参见何明俊编著《城乡规划法学》，东南大学出版社2016年版，第55页。

制与保护、促进城市资源的公平配置和实现公民基本权利、解决城市空间中公民权利实现方式和过程的不平等问题等。本书主要从行政法层面研究城市规划法律制度对利害关系人权利的保护力度，同时也站在宪政的高度来关注城市规划在干预城市空间发展的过程中如何规范政府行政权力的行使与实现公民的基本权利，主要聚焦以下五个方面的议题。

第一，作为享有城市规划程序参与权且具备行政诉讼原告资格的主体，城市规划利害关系人在学理上和司法实践中应当如何被认定？如何在学理上把握城市规划利害关系人的内涵与外延？对权益要素与因果关系要素这两大城市规划利害关系人的构成要素，在司法实践中应当如何判定？

第二，作为规划权力行使正当性的框架与边界，城市规划利害关系人的权利应当如何被分类、界定与保障？城市规划利害关系人受规划影响较大的实体权利有哪些？其具体内涵如何？城市规划对该权利的实现产生了什么影响？确认和保障该权利的法律制度现状如何？应怎样完善相关法律制度来保障该权利的实现？在行政程序和救济程序中城市规划利害关系人享有的程序权利主要有哪些？其内涵是什么？其自身的独立价值如何？这些程序权利在保障实体权利的实现中所发挥的功能与作用如何？

第三，城市规划利害关系人权利保护应当遵循哪些宪法和行政法的基本原则？这些原则对于确定城市规划权干预利害关系人权利界限所起到的作用如何？这些原则在城市规划中应怎样适用？在城市规划法律制度设计中应怎样体现这些原则的要求？

第四，城市规划利害关系人的程序参与机制应当如何构建？现行法律框架内的城市规划公众参与机制的运行机理如何？当前我国城市规划公众参与机制运行中面临哪些突出的问题？针对参与主体、参与时机、参与内容、参与方式、参与效力等方面存在的问题，完善我国城市规划公众参与机制应遵循什么样的思路？

第五，如何建立完善的城市规划利害关系人权利救济机制？现有的城市规划利害关系人权利救济途径主要有哪些？各自的功能定位与其所发挥的作用如何？怎样完善现有的权利救济途径，使各类权利救济途径能够充分发挥其优势，各尽其用？怎样构建相应的行政赔偿与补偿制度对规划侵权行为造成的损失予以弥补？

第二节　研究意义

一　理论意义

（一）促进城市规划利害关系人相关理论的发展

本书将城市规划利害关系人作为研究对象，本身就具有一定的创新性，能够填补行政法研究领域的空白之处。早期的行政法被视为关于行政管理的法，行政法学理论也将如何控制行政权力作为研究的重点。这种价值取向必然导致传统行政法学研究只能以行政主体和行政权作为主要的研究对象。作为受行政主体支配一方的利害关系人，囿于法律地位上的被动性，法学理论界不认为其具有更多的研究价值。随着秩序行政向福利行政的转变，与之相适应的"平衡论"理论开始出现，行政主体与行政相对方的权利义务的平衡得到了强调，与行政主体相对的一方逐渐被重视并将其放到了一个非常重要的位置上，[1] 现代行政法学的研究也开始关注行政相对人和行政相关人的法律主体性问题。

就城市规划领域中利害关系人主体资格的相关问题而言，目前法学理论界仍未给予足够的重视。从法律制度层面来研析，城市规划不是单纯调整城市土地、空间和建筑物布局的"技术工具"，而是实现城市发展中土地空间资源分配公平与正义的公共政策，其表现为行政主体在未来一定时期内为了实现公共利益和行政目标而采取的复合行政行为。此外，城市规划还具有准法特质，根据《城乡规划法》第 7 条规定，经依法批准的城市规划，是城市建设和规划管理的依据，未经法定程序不得修改。作为土地开发和使用行为的重要准则，城市规划中的强制性内容无疑会对规划区域内乃至邻近地块内众多利益主体产生拘束力和影响力。因此，如何界定利害关系人的范畴，保障其在城市规划过程的参与权利，并赋予其及时申请救济的机会和多样化的权利救济渠道，都是城市规划利害关系人相关理论研究中亟须解决的问题。但长期以来，法学界对城市规划法律问题的研究大多聚焦于宏观层面的制度构建和公共利

---

[1]　参见方世荣《论行政相对人》，中国政法大学出版社 2000 年版，第 2—5 页。

益的维护，虽然在对公众参与程序运作、司法救济的空间探讨时也涉及对私人合法权益保护问题的研究，但很少将利害关系人这一参与城市规划的重要主体作为研究对象，来专门研究城市规划干预空间发展的过程中公民基本权利的实现问题。本书以城市规划利害关系人作为研究的切入点，系统地探讨了与其主体资格相关的一系列问题，实际上开辟了新的研究角度和思路，将关注的焦点投向怎样在城市规划法律制度设计上体现维护公共利益与保障私人权益之间的平衡，而不仅限于如何规范规划权力的行使，这对城市规划利害关系人相关理论的发展是一种促进。

（二）丰富私有财产权公法保护的理论

私有财产权与生命权、自由权一起被称为公民的三大基本权利，其中财产权是生命权、自由权的保障。它为个人生存与自治提供了必要的物质条件，是个人致富与社会进步的动力，也是宪政民主的基石与市场经济的基础。私有财产权既是一种对他人的权利，又是一种对政府的权利，这一双重属性决定了对其保护必须依靠公法。由于对私有财产的最大威胁来自政府权力的滥用，因此保护私有财产权的关键是控制公权力的滥用，只有通过公法划定公权力与私权利的界限，对公权力侵害私权利的行为进行防范、纠正与制裁，私有财产权才能够得到有效的保护。[①] 从历史的脉络来看，城市规划对私有财产权的影响是一个渐进的过程，早在西方自由资本主义时期，受自然法思想和天赋人权理论的影响，宪法对财产权往往采取绝对保护的立场，城市规划权对私有财产权的限制甚少。[②] 到 19 世纪末 20 世纪初，随着西方自由资本主义开始向

---

①　参见石佑启《论私有财产权的私权属性及公、私法保护》，《江汉大学学报》（社会科学版）2007 年第 3 期。

②　例如，在自由主义时期的英国，地方政府的规划权力是有限的，规划不具有强制力，开发、建设可以不依据规划，土地依然可以自由使用。在自由主义时期的美国也是如此，土地利用被认为是私人事务，除普通法侵扰规则外，政府对私人利用土地的行为几乎没有做出什么限制。那时，土地利用规制主要局限于规制具有有害性利用的土地开发活动。例如，在早期殖民地时期，有些城市对建筑材料的类型进行规定以减少火灾的发生和损失。具体参见胡建淼、何明俊《英国〈城乡规划法〉百年变迁中的规划行政权》，《浙江学刊》2010 年第 4 期；王郁《国际视野下的城市规划管理制度——基于治理理论的比较研究》，中国建筑工业出版社 2009 年版，第 18 页。

垄断资本主义过渡，为解决在自由市场经济条件下暴露的众多弊病，政府加强了对经济的调节和干预，从而引起国家权力的扩张，其对财产权的限制逐渐加强。这一时期，私有财产权不再被认为是绝对的和神圣不可侵犯的，而是被认为应当负有社会义务，基于公共利益的需要，政府可以对其进行限制，甚至是剥夺。[1] 面对城市土地资源有限性与经济发展需求之间的矛盾，人们普遍认为制定规划以指导城市未来建设、公平配置土地资源是可行之策，城市规划正是在这一时期兴起的。伴随着城市化的进程，源于治安权（Police Power）的城市规划权在内容上也逐步扩展，即从消极排除公共危害维护向积极促进公共利益和全民福祉的方向发展。在此过程中，城市规划对私有财产权的限制作用逐步显现出来，其主要是借助于规定土地的使用方式、开发的强度等以及建筑物的使用方式、高度、容量和建筑物周围开放空间的位置与大小，对土地的使用产生公共限制的法律效力，从而造成私有财产价值的减损。

从上述分析可以看出，城市规划权与私有财产权是一对会产生直接冲突的公权力与私权利。随着 2004 年宪法提出保护合法的私人财产，2007 年第十届全国人民代表大会第五次会议通过《物权法》，这标志着社会主义市场经济的法律制度已基本确立，城市规划在维护公共利益的前提下，如何保护私有财产权已是无法回避的问题。城市规划对财产权的干预，不仅仅是一个物权保护问题，也不只是行政法问题，还涉及宪政层面的问题。[2] 讨论城市规划如同讨论行政法中的权力关系一样，需要在宪法框架下，对权力与权力的关系、权力与权利的关系进行分析。[3] 在承认财产权社会化的前提下，城市规划作为一种对私有财产权合法限制的管控手段在任何现代国家都是不可能被取消的，同时其正面临着诸如邻避（NIMBY，即 Not In My Back Yard）现象、作为土地征收依据等问题的挑战，城市规划权以什么形式来干预与限制私有财产权、

---

① 参见王郁《国际视野下的城市规划管理制度——基于治理理论的比较研究》，中国建筑工业出版社 2009 年版，第 11—12 页。

② 参见何明俊《空间宪政中的城市规划》，东南大学出版社 2013 年版，第 29 页。

③ 何明俊：《空间宪政中的城市规划》，东南大学出版社 2013 年版，第 68 页。

城市规划权合宪地对私有财产权进行限制的条件包括哪些、作为城市规划正当性依据的公众利益如何体现、如何有效有序地开展公众参与、国家是否应对城市规划权限制私有财产权所造成的损失承担补偿责任等问题都需要更多地从私有财产权公法保护理论中来找寻答案。从现有的私有财产权公法保护的理论研究成果来看，大多是以土地征收、房屋拆迁作为主要研究对象来加以论述，很少系统地探讨城市规划对私有财产公共限制的问题，① 特别是对规划权与征收权的界分以及城市规划对私有财产权的限制在何种情形下构成管理性征收的问题缺乏深入研究，一般只是将城市规划视为土地征收、房屋拆迁的源头进行简单的阐释。本书以城市规划利害关系人权利保护为研究视角，其中就涉及对城市规划权合宪地对私有财产权限制的条件、规划权与征收权的界分、认定城市规划权限制私有财产权构成管理性征收的考虑因素等一系列问题的探讨，可以起到对私有财产权公法保护理论的拓展作用。

二　实践意义

（一）推动我国城市规划法规体系的完善

经过 30 多年的创新与发展，目前我国已初步形成一套层次较为清晰的城市规划法规体系，涵盖了城市规划的各个领域。这一体系的横向部分是以《城乡规划法》为基本法，以《城市规划编制办法》《省域城镇体系规划编制审批办法》《城市、镇控制性详细规划编制审批办法》等为配套法规，由《行政许可法》《行政处罚法》《行政复议法》《行政诉讼法》等一般行政法，以及《土地管理法》《环境保护法》《城市房地产管理法》等相关法构成（见表 1.1）；其纵向部分则是以《城乡规划法》为核心，由涉及城市规划的行政法规、地方性法规、行政规

---

① 笔者在中国知网资源主站上，以"城市规划"和"财产权"为关键词进行检索。在检索到的论文中，以探讨土地征收、房屋拆迁中产权保护问题的研究成果为主。其中，就城市规划对私有财产权公共限制进行深入探讨的论文并不多见，邢翔的《城乡规划权的宪规制》、郭庆珠的《论行政规划对公民私有财产权的限制与损失补偿》、王传国的《城市规划中的财产损失补偿问题研究》、黄胜开的《管制性征收抑或财产权的社会义务——从住宅小区道路公共化谈起》等是其中的代表。

章，以及有法律效力的行政规定、技术规范组成。① 但从平衡与协调多元主体之间利益、最大限度地实现公共利益的现实需要来看，现行的城市规划法规体系尚待完善，对在城市空间利益竞争格局中处于弱势地位的普通市民来说，由于土地和建筑物产权关系的界定不够明晰，表达相关利益诉求的渠道不畅以及权利救济的路径存在缺失，要做到有效维护自身合法权益难免会受制度缺陷的钳制。本书以保护城市规划利害关系人的合法权益为着眼点，围绕城市规划利害关系人的身份认定、权利范畴界定、公众参与机制完善、多样化的权利救济体系建构等涉及城市空间中公民基本权利实现的关键性问题展开探讨，将研究重点放在公众参与规划程序细化、司法和行政救济路径的畅通与拓展等方面，旨在构建一个较为完备的城市规划利害关系人权利保障制度体系，在借鉴国外成功经验并结合我国国情的基础上，提出具有可行性的对策建议，这有益于推动我国城市规划法规体系的完善。

表1.1　　　　　我国城市规划法规体系横向结构（笔者整理）

类型	主要法律法规名称（说明）
基本法	《城乡规划法》（城乡规划管理的唯一一部现行法律，2007 年 10 月 28 日通过，2008 年 1 月 1 日施行，并于 2015 年、2019 年经历两次修正）
配套法	《城市规划编制办法》（2005）、《省域城镇体系规划编制审批办法》（2010）、《城市、镇控制性详细规划编制审批办法》（2010）、《建设项目选址规划管理办法》（1991）、《城市地下空间开发利用管理规定》（2011）等
一般行政法	《行政许可法》（2019）、《行政处罚法》（2021）、《行政复议法》（2017）、《行政诉讼法》（2017）、《国家赔偿法》（2012）等
相关法	《土地管理法》（2019）、《环境保护法》（2014）、《环境影响评价法》（2002）、《建筑法》（2019）、《水法》（2016）、《城市房地产管理法》（2019）、《民法典》（2020）等

---

① 参见何明俊编著《城乡规划法学》，东南大学出版社 2016 年版，第 58—59 页。

（二）促进城市规划管理民主化

城市规划管理是现代政府行政的重要手段之一。它通过控制和引导城市各类开发活动，弥补市场机制在分配土地、空间资源方面的不足，[①] 从而发挥政府宏观调控的作用，以此促进社会资源公平分配与城市协调发展。虽然各国城市规划产生和发展的动机不尽相同，但将城市规划作为政府行为工具用以维护公共利益是其共通点。可以说，城市规划的本质核心是公共利益，其表现为一种个人利益与社会利益平衡的秩序关系，实现公共利益的基本途径是在法律上和实际操作中确立一套相对完善的利益诉求机制，来保障社会不同利益群体有公平的机会参与到规划决策与管理程序中来，彻底改变由少数精英把持城市规划的局面。[②]

由于深受计划经济时期思维的影响，以行政权力为本位的传统城市规划管理模式依然盛行，城市规划权的行使缺乏程序意识与边界意识，城市规划往往会被地方政府当作经济发展的棋子和谋求政绩的手段。在城市规划管理中，随意变更规划、利用规划圈地、先建设再批等现象层出不穷，并由此产生土地升值利益分配失衡、公共设施投资偏向于服务富裕阶层、政府与权力集团结成联盟侵占弱势群体利益等严重后果。事实证明，传统的一元主导的城市规划管理模式难以适应市场经济条件下利益主体多元化和利益诉求复杂化

---

①　市场机制的不足主要体现在以下两个方面：一是负外部性问题。负外部性是某个主体将可察觉的损失强加于其他主体，而其他主体并没有完全参与或赞同该行为的决定。例如，一个开发商建造的高层建筑遮挡了其他建筑的采光通风时，并没有考虑其他建筑因阳光的遮挡而导致房价的降低。而城市规划能够通过调整不动产权利人之间的相邻关系，以解决城市开发中的负外部性问题。二是公共物品的提供问题。在私人物品中，与生产相关的大多数收益和费用，分别由生产者获得和支付；而公共物品意味着生产者与受益者的分离，使生产者不愿进行该种物品的生产，这类问题在市场机制下是无法解决的。例如，城市道路、环境整治、住房基础设施的建设，在市场的条件下，不太可能存在私人投资而使公众受益的情况。这就要求政府作为公众的代理人，向公共物品的使用者征收费用，通过城市规划来解决住房、交通、教育等公共设施的安排与配套的问题。具体参见童明《政府视角的城市规划》，中国建筑工业出版社 2005 年版，第 263—264 页。

②　参见邰艳丽《城市规划管理制度研究》，中国建筑工业出版社 2017 年版，第 24 页。

的现状，① 构建多中心的城市规划治理模式正成为各种利益群体的共同要求。所谓多中心的城市规划治理模式，是指在城市规划的过程中并非只有政府一个决策中心，而是存在包括社会组织、企业、居民、规划师等各类主体在内的多决策中心，以共同参与、民主协商的方式形成决策的管理方式。本书对城市规划利害关系人权利保障的一系列问题进行深入探讨，有助于在城市规划管理中准确地识别利害关系人的身份，明确与强化利害关系人在公众参与程序中的主体地位，也能够促进规划机关更好地履行公开、告知的义务，充分考虑利害关系人的意见，让社会公众与个体的利益得以充分表达，在民主协商的基础上达成共识，使城市规划的正当性得到证成，避免产生冲突与对立。

第三节　研究现状综述

对"城市规划利害关系人权利保护"这一论题现有理论成果的梳理与分析，主要是通过搜索已出版的著作、论文数据库、互联网、会议资料、报纸等渠道开展。考虑到城市规划具有跨学科的特点，根据本书写作的需要，选取的参考资料以法学学科的研究成果为主，以城市规划学、公共管理学等其他学科领域的研究成果为辅。

一　国内研究现状

要清晰地了解"城市规划利害关系人权利保护"的研究现状，需先就城市规划法律制度的研究整体概况进行梳理。城市规划法律制度是我国法学界和城市规划学界共同关注的领域，自《城市规划法》于

---

① 在一元主导的城市规划管理模式下，政府与市场多元主体之间在价值观和行动上缺乏协调与合作。决策权力的过度集中，以及规划供给单向化、静态化等不利后果，使得规划的运行基本上成为仅在体制内单向循环的过程。这与市场经济条件下利益诉求的丰富性、多元利益主体的分化博弈态势以及市场进程的动态需求构成了天然的隔绝，也与实现民主化、透明化和高效率政府的目标相悖，造成规划实施的失效和乏力。具体参见郭湘闽《走向多元平衡——制度视角下我国旧城更新传统规划机制的变革》，中国建筑工业出版社 2006 年版，第 150 页。

1990 年正式施行后，对城市规划法律制度的研究进入起步阶段。但在研究的时间与研究成果的数量上，法学界都落后于城市规划学界。[①] 在 2002 年以前，法学界对城市规划法律制度的关注甚少。从 2003 年至 2008 年，城市规划公众参与成为国内学者关注的焦点，规划机关、市民、开发商、规划师之间的关系引起了广泛的讨论，法学界的相关研究也取得了一定的进展，不过文献数量仍较为有限。2008 年《城乡规划法》实施后，随着城市规划法治化建设日趋完善，控制性详细规划的变更、城市规划合法性审查等程序问题得到理论界更多的关注，同时规划许可案件中的相邻权益保护问题以及公众事件中的环境权益维护问题也开始受到重视，法学界研究城市规划法律制度的论文成果有所增多。但迄今为止，法学界已出版的有关城市规划法律制度的著作数量尚不可观。

以 2008 年为分界线，可以将国内学者对城市规划法律制度的研究分为前期和后期。前期成果主要集中在对我国城市规划法制总览性的介绍、对外国城市规划法制演变的概况性描述和对城市规划公众参与程序设计及运行的初步探讨等方面。[②] 后期成果逐步扩展到对城市规划公众参与程序的系统性研究，以及对城市规划侵权的法律救济、城市规划变

---

① 从研究时间上来看，在《城市规划法》颁布之前，城市规划学界已提出"城市规划法""长远计划"等针对规划立法的建议及法律定位的相关词汇；此外，早在 20 世纪 90 年代初，城市规划学界就已经开始对国内外城市规划的法律法规展开研究。可以说，对城市规划法制的研究，城市规划学界相比于法学界起步较早。而在中国知网主站、万方数据知识服务平台上，以"城市规划法"为关键词进行检索，城市规划专业的论文数量也明显多于法学专业。相关研究见王学文、赵卫忠《试论上海城市规划立法体系》，《城市规划》1991 年第 1 期；刘强、刘贵君《日本的城市规划制度——日本城市规划法研究》（之二），《国外城市规划》1993 年第 3 期；郝娟《英国城市规划法规体系》，《城市规划汇刊》1994 年第 4 期；姚爱国、曹永恒《城市规划地方立法应当注意的问题》，《城市规划汇刊》1994 年第 6 期。

② 相关研究见刘飞主编《城市规划行政法》，北京大学出版社 2007 年版；郑文武《当代城市规划法制建设研究——通向城市规划自由王国的必然之路》，中山大学出版社 2007 年版；刘武君、刘强《日本城市规划法的变迁——日本城市规划法研究》（之一），《国外城市规划》1993 年第 2 期；吴维佳《德国城市规划核心法的发展、框架与组织》，《国外城市规划》2000 年第 1 期；赵伟、尹怀庭、沈锐《城市规划公众参与初探》，《西北大学学报》（哲学社会科学版）2003 年第 4 期；朱芒《论我国目前公众参与的制度空间——以城市规划听证会为对象的粗略分析》，《中国法学》2004 年第 3 期。

更的规制、城市规划权的控制等论题的探索上。① 其中，一些后期成果在对城市规划的公众参与程序或法律救济途径进行探讨时，有部分内容涉及对城市规划利害关系人权利保护相关问题的研究。例如，裴娜博士所著的《城乡规划领域公众参与机制研究》对公众、专家、利害关系人三类规划参与主体进行了区分，认为城乡规划领域对利害关系人之公众参与设立了明示性的规则，一般适用范围较小的规划种类，如修建性详细规划；② 肖军教授所著的《日本城市规划法研究》介绍了日本城市规划行政诉讼的一些典型判例，在其中对城市规划利害关系人的原告适格问题进行探讨，认为法院在判断行政行为的相对人以外者是否具有法律上的利益时，不能只依据作为该行政行为根据的法令文字表述，还应当考虑法令的旨趣与目的、该行政行为中应被考虑之利益的内容与性质。③ 虽然这些成果不直接以城市规划利害关系人为研究对象，但就利害关系人权利保障所提出的观点有助于加深人们对这一概念的理解。

就专门针对城市规划利害关系人权利保护进行研究的成果而言，其最早产生于 2006 年，到目前为止仍非常少见。④ 现有成果涉及的研究内容可以归为以下三类：一是对利害关系人的类型、影响权利实现的因素、权利的形态及其程序保障与法律救济路径进行简要概述。郭庆珠教

---

① 相关研究见陈振宇《城市规划中的公众参与程序研究》，法律出版社 2009 年版；裴娜《城乡规划领域公众参与机制研究》，中国检察出版社 2013 年版；张京娟《行政规划司法审查研究》，硕士学位论文，河北大学，2012 年；朱冰《城乡规划补偿的功能落空与制度实现》，《昆明理工大学学报》（社会科学版）2020 年第 1 期；兰燕卓《为了有序的城市：城市规划变更的行政法规制》，北京大学出版社 2014 年版；涂云新、秦前红《城乡规划中的规划变更与权利救济通道——以控制性详细规划为重点的考察》，《行政法学研究》2014 年第 2 期；陈越峰《城市规划权的法律控制——基于实然视角的考察》，博士学位论文，上海交通大学，2010 年；邢翔《城乡规划权的宪规制研究》，博士学位论文，武汉大学，2012 年。

② 参见裴娜《城乡规划领域公众参与机制研究》，中国检察出版社 2013 年版，第 190、195 页。

③ 参见肖军《日本城市规划法研究》，上海社会科学院出版社 2020 年版，第 164 页。

④ 笔者在中国知网主站、万方数据知识服务平台等数据库上，以"城市规划利害关系人"和"权利"作为正题名中的检索词进行检索，共查找到 21 篇与该论题相关的学术期刊论文和学位论文。其中包括了以"城市规划利害关系人"的上位概念"行政规划利害关系人"作为研究对象的论文。以"城市规划利害关系人"和"权利"作为正题名中的检索词对已出版的专著进行精准搜索，暂无相关著作。

授将行政规划的利害关系人分为行政规划行为的行政相对人（如城市规划区域内的拆迁人、土地使用权人）和受到行政规划行为直接影响的相关人（如城市规划区域外的土地相邻权人）两种类型，在此基础上，就影响行政规划利害关系人权利实现的因素与改进路径、规划确定裁决前后的权利形态及实现方式展开探讨。① 胡耘通等研究者简述了行政规划利害关系人的内涵与外延，并分析了利害关系人权利保护不足的现状与原因，提出了强化利害关系人权益的程序性保障与司法保障的构想。② 二是侧重于探讨如何界定利害关系人，即对界定利害关系人的理论标准与实践方法进行详细论述。郑文武博士在明确城乡规划利害关系人这一概念基础上，就如何界定具体城乡规划中所涉及的利害关系人，提出了"具体的权利义务""适当的权益""相当的因果关系"三个理论标准，以及空间、动态、权属三大实践方法，并指出在实际工作中，可以先通过实践方法界定形式上的城乡规划利害关系人的范围，再通过理论标准判断实质上的城乡规划利害关系人。③ 林世开以北京市昌平地铁线为例，指出要确定地铁线路周边的居民、经营者是否属于城乡规划利害关系人，首先应判断是否存在具体而适度的权利和义务，其次需要判断是否存在适当的权益，最后应判断地铁修建与利益相关者各种权益受到影响是否存在相当的因果关系，并强调城市规划变更带来的信赖利益损失也是利害关系人受城市规划影响的表现，在实践中不应被忽视。④ 三是将研究重点放在如何完善公众参与机制、救济途径以及损害补偿制度上，对利害关系人的概念与范围、权利形态不作探讨。李琴教授针对行政规划利害关系人的权利缺乏统一的立法保护、行政规划程序缺乏公众参与机制、行政规划利害关系人的权利救济机制不完善等行政

---

① 参见郭庆珠《论行政规划利害关系人的权利保障和法律救济——兼从公益与私益博弈的视角分析行政规划的法律规制》，《法学论坛》2006 年第 3 期。

② 相关研究见胡耘通《行政规划利害关系人权益保护研究》，硕士学位论文，西南政法大学，2008 年；张鑫《行政规划利害关系人权利保护研究》，硕士学位论文，烟台大学，2011 年；梁尚杰《我国城乡规划利害关系人程序性权利保障研究》，硕士学位论文，黑龙江大学，2014 年。

③ 参见郑文武《论城乡规划利害关系人界定的理论标准和实践方法》，《规划管理》2010 年第 4 期。

④ 参见林世开《城乡规划利害关系人研究》，硕士学位论文，中国政法大学，2011 年。

规划利害关系人权利保护存在的问题，指出应当建立以"听证"为中心的行政规划公众参与制度，完善行政规划利害关系人的权利救济机制，明确补偿原则和措施，以对行政规划利害关系人的权利进行系统、全面的保障。① 赵凯等指出，城乡规划利害关系人权利救济司法程序的启动须符合可诉性标准和具有起诉资格两项条件，应将被诉规划行为的处分性与司法成熟性作为"可诉性"的识别标准，将是否具有"法律保护的利益"作为起诉资格的判断标准，并建议通过判例界定规划可诉范围，建立规划确定裁决程序为司法裁量提供参照依据，来切实实现对利害关系人的权利救济。②

从近 30 多年国内学界对城市规划法律制度研究的概况来看，其研究主题趋向多元化发展，由对城市规划法制的概括式介绍转向对公众参与程序、城市规划侵权的法律救济、城市规划变更的规制、城市规划权的控制等诸多论题的探讨，并产生了聚焦于城市规划利害关系人权利保护论题的专项研究成果，在一定程度上回应了在城市规划中处理多元主体间复杂的利益关系带来的挑战，也体现了对城市空间博弈中实现公民基本权利与规范政府行政行为的关切。但现有涉及城市规划利害关系人权利保护的研究成果数量依然偏少，且在研究的广度和深度上均存在一定的不足，相对滞后于化解规划纠纷与保障民众切身利益的现实需求。其不足之处主要表现为以下几点：其一，在"城市规划利害关系人概念界定"的问题上，大多仅对城市规划利害关系人的内涵与外延作了简要的阐述，没有充分运用行政法学理论与行政诉讼案例来分析构成城市规划利害关系人的权益要素和因果关系要素。其二，对于城市规划利害关系人权利范畴的探讨，局限于探讨知情权、建议权、听证权、表达权等利害关系人的程序权利，缺乏对财产权、居住权、环境权等利害关系人实体权利的研究。其三，对城市规划利害关系人权利保护应遵循的原则，相关研究成果均未展开讨论。其四，在如何保障利害关系人有效参与规划决策的问题上，仅从宏观层面上梳理与分析现有参与制度存在的

---

① 参见李琴《论行政规划利害关系人的权利保障》，《中州学刊》2008 年第 4 期。

② 参见赵凯、张尤佳《城乡规划利害关系人的权利救济》，《法制与社会》2009 年第 34 期。

问题，如规划制定过程的公开性不足、法律很少规定规划机关召开听证会的义务、参与方式有限、参与时机滞后、提出的意见难以被采纳等，没有就完善规划信息公开制度、合理选择参与方式、保证利害关系人及早参与、建立规划意见回应机制等对策做出具体的阐述。其五，对于城市规划利害关系人权利的法律救济的研究视野较为狭窄，一般仅限于讨论城市规划侵权的司法救济问题，而没有对通过诸如行政复议、行政申诉等其他途径实现权利救济的可行性进行分析。

总之，目前国内学界对城市规划利害关系人权利保护的理论研究仍处于萌芽时期，在认定城市规划利害关系人、界定城市规划利害关系人的权利范畴、完善利害关系人的程序参与机制以及建立城市规划利害关系人的权利救济制度这些关键问题上尚缺乏深入、全面的研究。

二 国外研究现状

与传统行政法学研究的行政行为相比，行政规划进入学者的研究视野比较晚，即便是在德、日、英、美等法治建设相对发达的国家，学界也是近几十年才开始对其进行深入研究。由于各国的城市规划法律制度存在差异，其研究的侧重点也各不相同。

在德国和日本，行政学界对于行政规划的研究相对比较成熟，这种成熟是有所侧重的，即相对而言对规划程序制度的研究更为成熟。[1] 其中，涉及城市规划利害关系人权利保护的研究主要集中于规划决策的参与和信赖利益的保护方面。德国学者汉斯·J. 沃尔夫、奥托·巴霍夫和罗尔夫·施托贝尔合著的《行政法》对规划确定程序、规划事后变更的特殊程序以及规划救济程序中行政机关应履行的义务与利害关系人所享有的权利进行了较为详细的阐述。[2] 德国学者哈特穆特·毛雷尔著的《行政法学总论》对利害关系人在规划变更的情形下所享有的一系

---

① 参见郭庆珠《行政规划及其法律控制研究》，中国社会科学出版社 2009 年版，第 5 页。

② ［德］汉斯·J. 沃尔夫、奥托·巴霍夫、罗尔夫·施托贝尔：《行政法》（第二卷），高家伟译，商务印书馆 2002 年版，第 252—261、266—270 页。

列规划保障给付请求权进行了探讨。该著作把法律针对因规划变动带来的风险分担问题所规定的"规划保障给付"概括为公民享有的四种请求权，即规划存续请求权、规划执行请求权、过渡措施和补救措施请求权、补偿请求权，以上四种请求权基本上都与利害关系人的信赖利益保护有关，特别是规划存续请求权和补偿请求权，其存在很大程度上是为了实现规划变动后的信赖利益保护。① 日本学者盐野宏著的《行政法》针对城市规划的权利救济做出简要的阐述，分别讨论了规划本身的可诉性问题与因规划变更引起的利害关系人信赖损失补偿问题。该著作指出，不是将规划作为实施过程的手段，而是将规划本身作为诉讼的对象，更有利于尽早且从根本上解决有关规划的争议；从相关的判例来看，在市政府和私人之间成立信赖关系的前提下，尽管市政府中止规划的行为本身是合法的，但只要没有采取某种补偿措施，就是对信赖的严重破坏，对此适用基于合法行为的损失补偿法理。②

与大陆法系国家不同，英、美等普通法系国家一般不注重抽象的理论建构，也因此难以看到对行政规划系统的理论研究，但对行政规划的研究已经引起了学界的关注。③ 在美国，对土地的控制是依据治安权（Police Power），采用法定的分区规划制度。④ 该国的城市规划法律制度体系较为完善，既有宪法依据，又有司法判例，因此其涉及城市规划法律制度的研究成果体现了理论与实践相结合的特点。⑤ 目前，已有很多部有关分区规划制度的著作。其中，对于分区规划制度制定、实施与修改过程中利害关系人权利保障的问题，在美国财产法和土地利用管理法的相关专著中一般都有所论及。John M. Levy 的《现代城市规划》（原书第 10 版）阐述了宪法所保障的个人权利对市政府实施

---

① ［德］哈特穆特·毛雷尔：《行政法学总论》，高家伟译，法律出版社 2000 年版，第 413—418 页。

② ［日］盐野宏：《行政法》，杨建顺译，法律出版社 1999 年版，第 154—157 页。

③ 参见郭庆珠《行政规划及其法律控制研究》，中国社会科学出版社 2009 年版，第 5 页。

④ 20 世纪以来，美国发展出了分区规划制度。它是对土地使用管理中最重要的控制手段，其通过立法形成的规则对每一个区的土地使用和开发进行规制，不动产所有权人在一般情况下必须遵守分区规划制度的规定来使用土地。

⑤ 参见何明俊《空间宪政中的城市规划》，东南大学出版社 2013 年版，第 19 页。

规划能力的限制，其中论及财产所有人以外的存在利害关系的群体针对市政府对土地使用控制诉讼的合法地位问题，指出在某些情况下，非本地居民和不在城市中拥有产权的人也可能具有合法地位起诉市政府对土地使用的控制。① Roger H. Bernhardt 与 Ann M. Burkhart 合著的《不动产》详细介绍了不动产所有人在符合一定条件的情况下可以向分区规划管理机关申请适用的特殊分区规划手段、分区规划救济措施，这些手段和措施允许不动产所有人在分区规划的规定外进行土地使用和开发，由此减少分区规划所带来的不利影响。② Daniel R. Mandelker 编著的《美国土地利用管理：案例与法规》探讨了分区法规发生变化时土地所有人的信赖利益保护、在分区规划变更中的公民立法创议权与复决权、第三方当事人的起诉资格、司法救济手段等问题。③ 约翰·G. 斯普兰克林主编的《美国财产法精解》阐述了可以作为利害关系人权利保护依据的宪法条款，以及"家庭"分区规划、排斥分区规划、美观分区规划侵权的救济问题。④ 此外，该著作还通过对典型案例的分析总结了因分区规划过度限制私人财产权而构成管理性征收的认定标准，并指出 1987 年美国联邦最高法院对佩恩中央运输公司诉纽约市案的判决是"现代唯一重要的管理性征收判例"，也成为现代管理性征收的基本标准。⑤

　　从国外研究成果的内容上看，虽然对城市规划法制的研究尚未达到系统的程度，但在利害关系人参与规划决策、规划变更的信赖利益保护、城市规划的可诉性及因规划过度限制私人财产权构成管理性征收等

　　① ［美］John M. Levy：《现代城市规划》（原书第10版），张春香译，电子工业出版社 2019 年版，第 64—65 页。

　　② Roger H. Bernhardt and Ann M. Burkhart, *Real Property*, Beijing：Law Press, 2004, p. 433.

　　③ ［美］Daniel R. Mandelker：《美国土地利用管理：案例与法规》（第 5 版），郎文聚、段文技等译，中国农业大学出版社 2014 年版，第 172—180、231—235、259—263、268—277 页。

　　④ ［美］约翰·G. 斯普兰克林：《美国财产法精解》，钟书峰译，北京大学出版社 2009 年版，第 617—634 页。

　　⑤ ［美］约翰·G. 斯普兰克林：《美国财产法精解》，钟书峰译，北京大学出版社 2009 年版，第 651—675 页。

问题的探讨上，相比于国内的研究成果，更为超前和深入。

第四节 研究内容的确定与创新之处

一 研究内容的确定

本书以如何有效保护城市规划利害关系人的权利为着眼点，以实现社会资源公平配置、协调各方主体之间利益关系为主旨，从法学视角出发，深入探讨怎样在具体法律制度安排中体现各方主体权利义务的平衡，以期在维护社会公共利益的同时，尽可能地减少或弥补因城市规划制定、实施和变更而给城市规划利害关系人合法权益造成的损害。本书主要涉及以下几方面的内容。

第一，明确何者为城市规划利害关系人，划定受法律保护的主体范围。在《城乡规划法》的相关条文中，有多处提及"利害关系人"这一重要的规划参与主体，但对于城市规划利害关系人的内涵与外延，《城乡规划法》与相关法律并未做出相应的解释，这给实践中对此类利益群体的身份识别和范围确定带来较大的困难。为了准确地界定城市规划利害关系人的概念，本书先从动态和静态两种意义上来理解"城市规划"的概念，即将城市规划的行为过程和以某种文本形式固定下来的规划本身一并涵盖在内，再根据利害关系人的一般理论并参照相关行政立法的规定，对城市规划利害关系人的内涵与外延进行了阐释。对于在实践中如何认定城市规划利害关系人的问题，本书限于从法学理论层面对城市规划利害关系人的构成要素进行解析，不涉及对规划实践层面的界定利害关系人实践方法的探讨，即从相关法理和国内外典型司法案例入手，分别就城市规划利害关系人的两大构成要素，即权益要素和因果关系要素，展开细致分析，以便在实践中能够准确地识别城市规划利害关系人的身份，特别是在行政诉讼的起诉人并非城市规划相对人的情形下。鉴于法律规则的不明确，法官在对城市规划利害关系人身份进行判定时，拥有很大的裁量空间，其中涉及利益衡量方法的运用，本书在对权益要素展开分析时，特别论及了对多元主体之间利益的比较与权衡问题。

　　第二，对受规划决策影响的公民享有的各类权利进行梳理与分析，界定城市规划利害关系人的权利范畴。本书从状态与过程两个方面来理解城市规划利害关系人的权利，先将其分为实体权利和程序权利两大类型，再对实体权利和程序权利的类型做出进一步细分。在此基础上，就财产权、住宅权和环境权三类受城市规划影响较大的实体权利以及知情权、表达权、听证权、申请权四类程序权利的内涵、价值功能、实现方式进行阐释，以此促进城市规划利害关系人权利保护体系的建立健全，合理划定规划权力行使的边界。

　　第三，对城市规划利害关系人权利保护所遵循的原则进行阐释，为将规划权力对利害关系人权利的干预限定在合法、合理的范围内提供理论指导。相比于一般意义上的行政裁量，法律赋予规划裁量的空间明显更大，通过明确的法律条文对城市规划裁量权行使的主体、条件、范围、种类、幅度等各方面要素做出全面、具体的规定并不可行。当城市规划中涉及复杂的利益衡量与协调问题，由于缺少明确具体的法律规则予以调整而给行政机关或行政争议处理机关留下广泛的自由裁量空间时，可以适用宪法和行政法的一些基本原则作为行政机关或行政争议处理机关实施相应行政行为和处理纠纷行为做出裁决的依据，从而起到确定城市规划权干预利害关系人权利界限的作用。基于此，本书分别对侧重于从价值取向上规制城市规划裁量权的平等原则、侧重于从手段与目的的关系上规制城市规划裁量权的比例原则、侧重于从法律后果上规制城市规划裁量权的信赖保护原则、侧重于从公共利益界定的过程中规制城市规划裁量权的正当程序原则进行阐述，着重探讨城市规划中这些原则的适用问题，以及如何在城市规划法律制度方面设计上体现相关原则的要求。

　　第四，对构建适当的公众参与机制进行探讨，保障利害关系人有效参与规划决策的过程。《城乡规划法》及相关法律在城市规划领域确立了公众参与制度，但是在立法层面上未对参与主体、参与时机、参与事项、参与方式和参与效力这些构成公众参与机制的基本要素做出全面、明细的规定，无法确保公众参与的深度与广度，进而导致难以实现各方利益主体在城市规划中的平等博弈。本书首先从参与主体、参与时机、参与事项、参与方式和参与效力等要素入手，对现行法律框架内的公众参与机制展开分析，指出《城乡规划法》及相关法律中有关公众参与规划的规定存在的不足之处。其次，对城市规划公众参与机制运行现状进行分析，梳理和总结公众参与城市规划实践中所面临的突出问题，如市民参与城市规划的组织化程度低、组织市民参与规划编制全过程的做法有待推广、一些对规划信息的公告流于形式等。最后，对完善城市规划公众参与机制的思路进行阐述，提出合理选择参与者、贯彻尽早和持续原则、健全规划信息公开制度等对策建议。

第五，就如何建立有效的多渠道权利救济机制加以阐释，以及时矫正行政权力，对利害关系人遭受损害的权利予以补救。针对城市规划侵权所呈现出的类型多样、范围广泛、影响深远的特点，本书首先就现有的城市规划权利救济途径进行总结与分析，比较各种途径的优缺点，阐明其对于城市规划利害关系人权益救济所应有的作用，指出权利救济途径完善的重点应放在行政复议和行政诉讼制度设计的改进上。其次，有针对性地提出完善城市规划利害关系人权利救济途径的建议：对于行政复议和行政诉讼这两种最主要的权利救济途径存在的缺陷，指出要适当地扩展受案范围，设立具有独立性和专业性的复议机关，合理确定司法审查的限度；为了使行政申诉制度能够有效地发挥对行政复议和行政诉讼的补充作用，提出应细化城市规划行政申诉制度规定的具体举措，即在相关法律规定中对享有申诉权的主体、申诉受理机关、申诉受案范围、申诉处理程序以及行政申诉与行政复议、行政诉讼的衔接等方面的规定予以明确。最后，就城市规划侵权给利害关系人权益造成的损失，特别是财产权的损害，阐述了怎样构建完备的损害赔偿和补偿制度，来促进权力与权利之间的平衡，维护社会的和谐稳定。

二　创新之处

本书的创新之处主要体现在以下几个方面。

第一，选题视角较为独特。在法学领域对城市规划法律制度所作的既有研究中，大多是对城市规划法制进行总览性的介绍，或是聚焦于城市规划制度中某一方面的具体制度构建，如城市规划编制中的公众参与、城市规划的司法救济、城市规划的损失补偿等，而很少从人的发展角度或者是公民基本权利保障的角度来探讨如何通过不断完善城市规划法律制度来实现城市化进程中的土地空间资源配置的公平与正义。本书选择了现实中亟须解决的但法学理论界关注不多的城市规划利害关系人权利保护作为研究对象，积极回应了城市空间中复杂的利益配置和公民基本权利实现的宪政制度问题，也体现了对城市规划目的和价值取向的探讨与追问。虽然囿于参考文献资料的不足和写作水平的局限性，对相关问题的论述可能不够客观和精准，但至少是从一个较为新颖的视角对城市规划中权利和权力之间的冲突与协调展开了分析。

第二，研究内容具有系统性。本书以保护城市规划利害关系人的权利为切入点，运用行政法学理论，将城市规划利害关系人的认定、城市规划中公共利益的界定与公众参与、城市规划的法律性质与可诉性、城市规划对私有财产权的限制与管理性征收的构成、城市规划变更与信赖利益保护等一系列城市规划领域的基本法律问题有机地联系起来并进行深入思考，在此基础上，提出构建一套相对完备的公众参与机制和多样化的权利救济机制的对策思路。从研究内容上看，没有孤立地就某一问题或某项制度设计展开分析，而是将一些相互关联的议题整合在一起进行系统梳理和探讨，在一定程度上拓展了研究的理论深度与广度。

第三，在研究方法上，注重对典型案例的梳理与分析。在第二章中，对于城市规划利害关系人的认定问题，本书没有局限于从相关法律条文和行政法学理论来阐释这一概念的两大构成要素，而是更多地运用中外典型行政诉讼案例对具体情况进行具体分析，结合法院的判决理由和判决结论对如何判断起诉人享有"合法权益"，以及起诉人所主张的权益与被诉城市规划行为存在"相当的因果关系"展开论述，做到了理论联系实际。此外，在第五章中，对城市规划公众参与机制运行现状进行考察时，也结合一些典型案例来阐述利害关系人参与规划编制过程中存在的突出问题，如一些对规划信息的公告流于形式、针对控制性详细规划修改与否征求利害关系人意见的环节在实际操作中往往会被忽略等，没有就理论来谈理论。

第四，在研究观点上，强调了应保障利害关系人尽早参与规划决策，并给予其及时申请救济的权利与机会，比较契合规划行为运作实际，也相对符合现代社会保障公民人权的理念。由于规划是一种面向未来的指引，规划的编制可视为一种涉及各方主体利益分配的先导性行政行为，因此在规划编制阶段形成的规划草案即有可能对潜在的利害关系人权益产生不利影响，如果在规划编制阶段不能让公众及早地参与规划草案的形成，而必须等到规划草案形成后才让公众参与，则此时公众很难对规划草案的框架进行根本性的改变，不利于避免规划纠纷的产生。对此，本书在第五章中对城市规划公众参与时机问题进行探讨时，指出要贯彻尽早参与原则，组织编制机关应尽可能在规划草案形成前听取公众意见，以便能够对规划草案做出实质性的修改，减少各方利益主体之间的矛盾与分歧。同样，对城市规划侵权的救济来说，也需要赋予利害关系人及时申请救济的权利与机会，考虑到编制或修改完成的详细规划方案在对外公布后，事实上会对利害关系人的权益产生限制，且此种限制足以对其实体权益造成侵害，若非要等到后续行为发生后才允许利害关系人申请救济，则可能无法弥补其权益损失。基于此，本书在第六章中，强调城市规划的救济并不完全为事后的救济，当已确定的详细规划方案对外公布后，利害关系人的权益已经受到或将会受到损害的，就应赋予其请求补偿或赔偿的权利，无须等到规划实施阶段；在利害关系人未得到补偿或赔偿的情况下，可允许其针对详细规划的制定与变更行为提出复议或诉讼。

第二章

城市规划利害关系人的认定

对于城市规划利害关系人权利保护的研究，首先需要探讨受法律保护的主体范围问题，即城市规划利害关系人如何认定的问题，否则相关法律制度的构建就无从谈起。在《城乡规划法》第48、50、60条的规定中，有四处提及"利害关系人"这一概念。然而，对于"利害关系人"的具体含义及范围，《城乡规划法》与相关法律及司法解释并未做出详尽的说明，这无疑给城市规划利害关系人权利保护工作的落实带来了困难。本章通过总结界定利害关系人的一般理论与司法实务中认定"利害关系"的具体做法，分别就城市规划利害关系人的概念、城市规划利害关系人的构成要素与判定方法进行分析，以此探寻判定城市规划利害关系人的合理路径，从而推动城市规划立法的改进，促使规划机关严格遵守公众参与程序的相应规定，将信息公开、通知、听证等法定义务履行到位，并且保证利害关系人因规划行为而受损的权益能够得到有效的弥补和恢复。

第一节 城市规划利害关系人的概念

一 城市规划的概念

根据《城市规划基本术语标准》的定义，城市规划是政府为实现未来一定时期内城市的经济社会发展目标而制订的计划，包括对土地的利用、空间的布局以及各项建设的部署、具体安排和实施管理。① 在内

① 参见《城市规划基本术语标准》（GB/T 50280—98）第3.0.2条。

容上，城市规划包括非物质空间规划和物质空间规划两部分。非物质空间规划是有关城市开发、建设活动的计划，主要包括城市的经济和社会发展规划；物质空间规划是为这些活动提供场所与设施的规划，主要是编制确定土地用途的规划。^① 但城市规划侧重于物质空间的规划，主要表现为对土地用途的管理。从功能层面来看，城市规划既是政府实施宏观调控的基本手段，又是指导城市建设活动有序开展的依据，还是协调各方利益、维护社会公共利益的机制。^② 需要注意的是，上述定义只停留在对城市规划的技术性描述上，没有从行政法学的视角来分析城市规划的内涵，即未从权力与权利关系的角度来研究主体的行为。

从词义的角度来看，城市规划包含"城市"和"规划"二词，其中，"规划"是中心概念，而"城市"则是起到对"规划"的限定作用，划定了"规划"发挥作用的范围。^③ 在表述方式上，"规划"既可当名词使用，指"长远的发展计划"，也可以作为动词使用，指"做规划"。^④ 同样的，城市规划这一概念也可从动态和静态两种意义上来理解。

一种是指市规划运行过程，即城市规划编制、确定、实施与修改的过程。城市规划从政策构想到实现规划目标，呈现出一系列具有动态性、循环性的行为态样（见图 2.1）。根据规划行为具体内涵的发展与变化，可将城市规划的过程分为不同的行为阶段。谭纵波教授从规划技术的角度出发，将城市规划划分为五个阶段，包括规划调查及基础资料收集、城市发展目标的确立、规划方案编制与确定、规划方案的实施、规划方案的评价与反馈。^⑤ 而《城乡规划法》则将城市规划运行过程分为规划的制定、规划的实施和规划的修改三个阶段。基于对法律程序阶段性的考量，同时结合谭纵波教授提出的五阶段划分法和《城乡规划

---

① 参见陈振宇《城市规划中的公众参与程序研究》，法律出版社 2009 年版，第 5 页。

② 参见隋卫东、王淑华、李军主编《城乡规划法》，山东大学出版社 2009 年版，第 21—22 页。

③ 参见陈振宇《城市规划中的公众参与程序研究》，法律出版社 2009 年版，第 6 页。

④ 参见中国社会科学院语言研究所词典编辑室编《现代汉语词典》（第 5 版），商务印书馆 2005 年版，第 513 页。

⑤ 参见谭纵波《城市规划》，清华大学出版社 2016 年版，第 108 页。

法》的规定，本书将城市规划的过程分为编制、确定、实施和修改四个阶段。其中，规划的制定阶段包括了谭纵波教授提出的五阶段划分法中前三个阶段的内容，规划的实施和修改则涵盖了五阶段划分法中后两个阶段的内容。考虑到规划编制阶段的行为主体是组织编制机关，而规划确定阶段的行为主体是规划审批机关，本书将规划制定阶段分为规划编制和规划确定两个阶段。

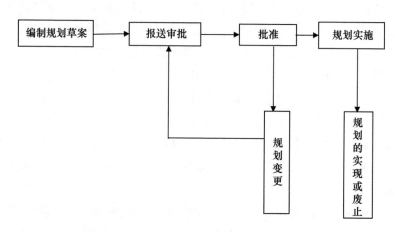

图 2.1　城市规划的动态性与循环性（笔者自绘）

　　另一种是指城市规划行为的结果，即以某种文本形式固定下来的规划本身。作为结果的"城市规划"并非单一规划层次，按照规划内容，城市规划分为总体规划和详细规划，详细规划又分为控制性详细规划和修建性详细规划（见图 2.2）。不同种类的城市规划在功能上具有一定的差异性：总体规划的功能在于确定城市未来较长时期内的整体框架式的发展目标，是编制详细规划的依据；控制性详细规划作为规划许可的依据，其功能是将总体规划确定的发展目标具体落实到规划范围内各地块的使用性质和开发强度上；修建性详细规划是控制性详细规划的进一步落实和开发行为的直接依据，其功能是指导各项建筑和工程设施的设计与施工。

　　在我国，除了城市规划之外，具有控制土地用途的规划还有土地利用总体规划、城镇体系规划、镇规划、乡规划和村庄规划。城市规划与

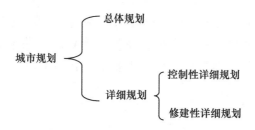

图 2.2 城市规划的层次图（笔者自绘）

其他相关规划的区别主要在于规划区域范围不同。在土地用途控制体系中所处的层次上，其他相关规划与城市规划也不尽相同（见图 2.3）。土地利用总体规划处于该体系中的第一层次，其主要由《土地管理法》加以调整，规定了所有土地的用途，将土地分为农用地、建设用地和未利用地。城镇体系规划处于该体系中的第二层次，它是以空间资源分配为主的地域空间规划和调控规划，其作用在于对城镇空间布局和规模控制、重大基础设施布局，以及为保护生态环境、资源等需要严格控制的区域进行统筹安排。土地利用总体规划和城镇体系规划所涉及的范围比城市规划广，城市规划是对前两者的具体落实。城市规划与镇规划、乡规划和村庄规划同处于在该体系中的第三个层次，其作用是进一步确定不同特定区域内的土地用途。其中，城镇体系规划、城市规划、镇规划、乡规划和村庄规划被统称为城乡规划，属于《城乡规划法》的调整范畴。

本书所研究的"城市规划"结合了动态与静态上意义的"规划"含义，即将城市规划的行为过程和城市规划的文本一并涵盖在内。以权力与权利关系为视角，从行政主体、对象、目的、手段、效果这些行为的一般构成要素入手，可将城市规划表述为：城市规划行政主体在其法定职权范围内，为达到未来一定时期的城市经济社会发展目标，实现公益与私益之间的平衡，通过与利害关系人乃至公众的充分沟通协调，就实现该特定目标所进行的规划编制、确定、实施、修改等一系列具有动态性、循环性的行为过程以及该过程所产生的规划结果，是对规划行为所涉及的各方主体均有拘束力或影响力的一种行政行为。① 这一定义的重要特点在于其凸显了城市规划的过程性、利害关系人和公众在城市规划法律关系中的主体地位以及城市规划的法律效果，可以为相关城市规划法治问题的探讨奠定基础。

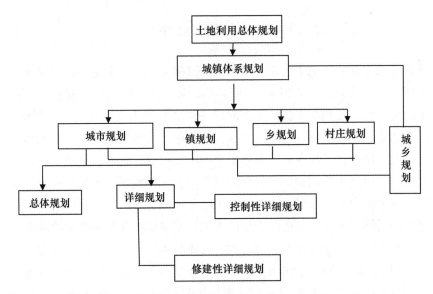

图2.3　各类规划之间的逻辑层次关系（笔者自绘）

二　城市规划利害关系人的内涵与外延

（一）城市规划利害关系人的内涵

"利害关系人"一词源于管理学界。R. Edward Freeman 在其1984年所著的《策略管理：利害关系人途径》一书中，曾以"利害关系人"为切入点来探讨企业组织的管理策略，对企业内外部的利害关系人与企业功能关系进行了详尽的分析，从此将运用利害关系人分析法界定特定主体范围的观点带入管理学领域。在他看来，"利害关系人"是一个非常宽泛的概念，能够影响企业组织目标或被影响的团体或个人都在利害

---

① 参见李敏《城市规划法制基本问题研究》，硕士学位论文，中国人民大学，2005 年。

关系人的范畴内。① 可以说，利害关系人这一概念的提出，有助于对与某一特定利益相关的各方当事人地位与资格予以通盘考虑，使各方主体的利益得到协调与平衡，从而最大限度地达致预设的目标。

随着各学科之间交流与互鉴的深入，其他学科也开始广泛适用利害关系人分析法，"利害关系人"的概念被逐渐引入各国行政立法当中。从1991年至1994年，这一概念先后被奥地利、日本、荷兰等国写进实定法中。例如，1991年《奥地利普通行政程序法》第8条规定："得请求官署执行职务，或官署之行为与其有关者，为利害关系人：利害关系人因请求权或法律上利益而参与该案件者，为当事人。"② 1993年《日本行政程序法》第17条第1款规定："依第19条规定之听证主持人，认有必要时，对当事人以外之人，依该不利益处分所依据之法令认与该不利益处分有利害关系者得要求其参加该听证程序或许可其参加该听证之相关程序。"③ 1994年《荷兰国基本行政法典》第1：2条款第1项规定："利害关系人是指其利益被命令直接影响的人。"④ 在我国，2004年施行的《行政许可法》首次使用了"利害关系人"这一法律术语，该法第36条规定："行政机关对行政许可申请进行审查时，发现行政许可事项直接关系他人重大利益的，应当告知该利害关系人。申请人、利害关系人有权进行陈述和申辩。行政机关应当听取申请人、利害关系人的意见。"

从上述国内外行政立法的相关条款来看，虽然对"利害关系人"范围的界定存在不一致之处，但对于"利害关系人"内涵的表述，则体现出一定的共通之处，即强调了利害关系人的切身利益受到行政行为的影响，进而在行政主体与利害关系人之间形成了行政法上的权利义务关系。

本书参照上述行政立法相关条款对"利害关系人"内涵的阐释，并结合城市规划的实践情况，将城市规划利害关系人定义为：参与到城

---

① 参见高伯宏《从利害关系人角度探讨温泉供给事业——以台北市行义路温泉区为例》，硕士学位论文，世新大学，2009年。

② 应松年主编：《外国行政程序法汇编》，中国法制出版社1999年版，第205页。

③ 应松年主编：《外国行政程序法汇编》，中国法制出版社1999年版，第446页。

④ 应松年主编：《外国行政程序法汇编》，中国法制出版社1999年版，第454页。

市规划行政法律关系中，对城市规划行政主体享有权利和承担义务的个人或组织。就城市规划利害关系人的内涵而言，可以从以下几个方面来理解。

第一，城市规划利害关系人是在城市规划行政法律关系中不行使国家权力的一方当事人。城市规划行政法律关系涵盖了行政管理法律关系、监督行政法律关系、行政救济法律关系和内部行政法律关系这四种关系。城市规划利害关系人仅是行政管理法律关系中的一方主体，而非监督行政法律关系、行政救济法律关系和内部行政法律关系中的主体。当人大、政府和法院对城市规划行政主体的行为进行监督时，它们就成为与城市规划行政主体相对的一方，但它们行使的是国家监督权力，而非私人的权利，所以不应将它们纳入城市规划利害关系人的范畴。① 如果人大、政府和法院不是以公权力机关的身份，而是以法人的身份参与到城市规划制定、实施与修改的过程中，那么它们也属于城市规划利害关系人。

第二，城市规划利害关系人是以个人或组织身份参与到城市规划行政法律关系中的一方。考虑到城市规划利害关系人是个人或组织在参与城市规划行政活动时形成的一种特定身份，当个人或组织参与民事活动或者其他行政活动时，称其为城市规划利害关系人是不当的。② 具体而言，个人或组织可以通过以下四种方式参与到城市规划法律关系中：一是个人或组织向城市规划行政主体主张权利，如就涉及其切身利益的建设活动是否符合规划要求向规划主管部门提出查询的请求；二是个人或组织对城市规划行政主体履行义务，如在规划主管部门批准的使用期限内自行拆除规划区内的临时建设；三是城市规划行政主体向个人或组织履行义务，如规划的组织编制机关向规划区内的民众公布规划方案；四是城市规划行政主体对个人或组织行使权力，如规划主管部门责令未取得建设工程许可证而进行建设的个人或组织停止建设、限期改正。

第三，城市规划利害关系人的权利义务与城市规划行政主体的职权

---

① 参见李卫华《行政参与主体研究》，博士学位论文，山东大学，2008 年。

② 参见方世荣《论行政相对人》，中国政法大学出版社 2000 年版，第 17 页。

职责之间存在对应性。这种对应性主要表现为：一是利害关系人的某项权利与城市规划行政主体的某项或某几项职责相互对应，如在公众参与程序中，利害关系人享有的知情权便对应着规划机关的公开和告知义务；二是城市规划行政主体的权力与利害关系人的义务相互对应，如城市规划行政主体制定和实施规划的权力对应着利害关系人遵守规划、服从规划管理的义务；三是利害关系人的某项或某几项权利与城市规划行政主体的某项权力相互对应，如利害关系人的陈述权、申辩权、听证权对应着规划机关的决策权。因此，在城市规划行政法律关系中，利害关系人不是单纯的被管理者，而是对规划机关既享有权利又承担义务的私主体，他们通过为或不为一定的行为来协助、配合规划机关达成规划目标，同时也以参与规划决策或者申请法律救济的方式来制约、监督规划机关行使权力。

（二）城市规划利害关系人的外延

在利害关系人的范围上，各国行政立法的界定宽窄并不一致，如1994年《荷兰国基本行政法典》规定的是"其利益被命令直接影响的人"，而1991年《奥地利普通行政程序法》规定的是"官署之行为与其有关者"，后者的规定范围明显大于前者。相比而言，英美法系国家行政法律上规定的利害关系人范围则更广，"包括具体行政行为直接针对的人也包括具体行政行为间接影响其权益的人，还包括行政立法（委任立法）所针对的人"[1]。在我国行政法律上，现有的利害关系人范围与大陆法系国家基本相当，既包括行政相对人也包括行政相关人。行政相对人是行政行为所指向的对象，其与行政行为具有利害关系是毫无争议的，但对于"相对人"以外的相关人怎样判断其与行政行为是否有利害关系，目前难以取得一致的意见，上述相关人在范围上是仅包括受行政行为直接影响的人，还是将受行政行为间接影响的人也包括在内，在理论界和实务界中仍存在不少争议。[2] 本书认为，对于利害关系人的范围，特别是"相对人"以外的相关人范围，不能仅从学理层面上或

---

① 方世荣：《论行政相对人》，中国政法大学出版社2000年版，第4页。

② 参见郭庆珠《论行政规划利害关系人的权利保障和法律救济——兼从公益与私益博弈的视角分析行政规划的法律规制》，《法学论坛》2006年第3期。

法律条文的字面意思来理解，还需要将行政法律上的利害关系人制度置于行政诉讼原告资格认定标准演变的语境下加以考察。透过行政诉讼原告资格认定标准的演进过程，我们可以清晰地看到利害关系人范围并非固定不变，其范围的大小取决于私人权益受法律认可与保护的程度。

综观我国行政诉讼的相关法律规定，可以发现原告适格范围呈现扩大的趋势，早期主要限于行政相对人，后来逐渐把有直接利益关系的相关人也包括在内，赋予了更多的第三人申请司法救济的权利，其原告资格认定标准也发生了较大的变化（见表 2.1）。1989年颁布的《行政诉讼法》第 2 条规定："公民、法人或者其他组织认为行政机关和行政机关工作人员的具体行政行为侵犯其合法权益，有权依照本法向人民法院提起诉讼。"这一条款对行政诉讼原告资格的规定较为笼统，未明确有权提起诉讼的人是仅限于行政相对人，还是应当及于受被诉行政行为实际影响的相关人。但从该法第 27 条对行政诉讼第三人的规定，可以推导出只有被诉行政行为直接针对的相对人，才具备原告资格，同被诉行政行为有利害关系的其他人只能以诉讼第三人的身份参加到已开启的诉讼程序中来。[①]在当时行政诉讼制度刚起步运行、社会各界对其运作的效果仍持怀疑态度的大背景下，以相对人标准来认定起诉人是否具备原告资格，能够通过限缩行政诉讼原告适格范围来有效地起到缩小行政诉讼受案范围的作用，因此将原告适格范围限于被诉行政行为直接针对的相对人成为理论界和实务界的主流观点。直至 1999 年通过的《最高人民法院关于执行〈中华人民共和国行政诉讼法〉若干问题的解释》（以下简称《若干解释》）以"法律上利害关系"作为原告资格的认定标准，才使行政诉讼原告适格范围由行政相对人扩展至行政相关人。《若干解释》第 12 条规定："与具体行政行为有法律上利害关系的公民、法人或其他组织对该行为不服的，可以依法

---

① 《行政诉讼法》（1989）第 27 条规定："同提起诉讼的具体行政行为有利害关系的其他公民、法人或者其他组织，可以作为第三人申请参加诉讼，或者由人民法院通知参加诉讼。"

提起行政诉讼。"2014 年修正的《行政诉讼法》第 25 条第 1 款规定："行政行为的相对人以及其他与行政行为有利害关系的公民、法人或者其他组织，有权提起诉讼。"这一规定的出台标志着行政诉讼原告资格认定标准由"法律上的利害关系"调整为"利害关系"，再次进入了一个新的发展阶段。① 在 2017 年再次修正的《行政诉讼法》中，《行政诉讼法》（2014）第 25 条第 1 款的规定得到了沿用。

在行政诉讼法中，采用"利害关系"而非"法律上的利害关系"的表述是否就意味着原告适格范围的扩大？是否意味着所有直接或间接受行政行为影响的公民、法人或其他组织均可以成为"与行政行为有利害关系"的主体？对此，最高人民法院在 2017 年的刘广明诉张家港市人民政府再审申请一案（以下简称"刘广明案"）中指出，所谓"利害关系"仍应限于法律上的利害关系，不宜包括反射性利益受到影响的公民、法人或其他组织，同时，由于行政诉讼是公法上的诉讼，上述法律上的利害关系，一般也仅指公法上的利害关系，除特殊情形或法律另有规定，一般不包括私法上的利害关系。② 结合最高人民法院的相关意见，可以看出对原告资格的表述上采用"利害关系"实际上是对"法律上利害关系"标准的语义优化，其目的主要是防范行政诉讼中对"法律上利害关系"进行不适当的限缩解释，使更多的行政争议第三方可以被认定为利害关系人，从而获得申请司法救济的权利。就原告适格范围而言，"利害关系"标准仍是对"行政主体—行政相对人—行政相关人"这个行政三面关系的进一步确认，并没有再次扩大原告适格的范围，将间接受行政行为影响的主体或与行政行为有事实上的利害关系也包含在"与行政行为有利害关系"的范畴内。

---

① 之所以做出这样的调整，主要是因为在法院不愿受理行政案件的情况下，法院对"法律上利害关系"的不同理解，可能会在客观上限制公民的起诉权利；若用"直接利害关系"作为标准，则可能会被解释成行政行为的相对人，所以无论是用"法律上的利害关系"还是"直接利害关系"都不适应解决当前行政诉讼中存在立案难问题。采用"利害关系"作为标准，有助于司法实践根据实际需要，将应当纳入受案范围的行政争议纳入受案范围。具体参见信春鹰主编《中华人民共和国行政诉讼法释义》，法律出版社 2014 年版，第 70 页。

② 参见最高人民法院行政裁定书，（2017）最高法行申 169 号。

表 2.1   我国行政诉讼原告资格认定标准的演进（笔者整理）

原告资格认定标准	原告资格认定的主要相关条文	原告适格范围
相对人资格标准	《行政诉讼法》（1989）第 2 条：公民、法人或者其他组织认为行政机关和行政机关工作人员的具体行政为侵犯其合法权益，有权依照本法向人民法院提起诉讼。《行政诉讼法》（1989）第 27 条：同提起诉讼的具体行政行为有利害关系的其他公民、法人或者其他组织，可以作为第三人申请参加诉讼，或者由人民法院通知参加诉讼	限于行政相对人
法律上利害关系标准	《若干解释》第 12 条规定：与具体行政行为有法律上利害关系的公民、法人或其他组织对该行为不服的，可以依法提起行政诉讼	包括行政相对人和行政相关人
利害关系标准	《行政诉讼法》（2014、2017）第 25 条：行政行为的相对人以及其他与行政行为有利害关系的公民、法人或者其他组织有权提起诉讼	包括行政相对人和行政相关人

　　就如何界定城市规划利害关系人的外延而言，可以将我国现行的行政诉讼原告资格认定标准作为参照，因为该标准基本上将与被诉行政行为有利害关系的人都囊括进了原告适格主体范围内，而享有行政诉讼原告资格的主体一般也具备利害关系人的实体地位。从《城乡规划法》第 26、46 条的规定来看，参与城市规划行政法律关系、不行使国家权力的一方主体，除了利害关系人以外，还有普通公众①、专家。值得注意的是，因参与基础存在差异（见图 2.4），利害关系人与普通公众、专家在外延上有所不同。由于普通公众是以公共利益作为参与基础的，因而其范围比以切身利益（主要为财产性利益）作为参与基础的利害关系人更为宽泛。除了国家机关及其工作人员、专家之外，无论是与城

————————

　　① "公众"这一概念在法律上的含义不是单一的，有时是指不行使国家权力的个人或组织，但有时特指不包括专家在内的普通公众。为以示区别，本书将不行使国家权力的个人或组织称统为"公众"；对于除了专家以外的那部分公众（在英文文献中被称为"lay public"），称之为"普通公众"。在《城乡规划法》第 26、46 条中，"公众"是与"专家"相并列的概念，因而此处"公众"特指"普通公众"。

市规划行政主体之间具有特定权利义务关系的利害关系人，还是与城市
规划行政主体之间没有特定权利义务的其他人都属于普通公众的范
畴。① 专家与利害关系人在范围上一般没有交集，专家是以技术作为参
与基础的一类主体，他们与城市规划行政主体之间不具有特定权利义务
关系。可以说，在城市规划制定、实施和修改过程中，享有参与程序参
与权的主体较为广泛，但并非所有能够参与城市规划的主体都属于城市
规划利害关系人的范畴，都具备城市规划行政诉讼的原告资格。如今各
国的普遍做法是把城市规划程序的参与者分为两类：一是在实体上与城
市规划行为有利害关系的参与者；二是与城市规划没有切身利益关联的
其他参与者，如参与规划制定的普通公众或专家。理论界和实务界一般
不把后者归于利害关系人的范畴，不承认其原告资格，这主要是出于避
免滥诉和法院过多干预行政事务的考虑。② 本书认为，不宜将城市规划
利害关系人的范畴界定得过于宽泛，把所有享有城市规划程序参与权的
主体都视为城市规划利害关系人，这对保障规划参与者权益意义并不
大，应将切身利益受到城市规划行为影响的主体纳入利害关系人的范
畴，给予其有针对性的法律保障。

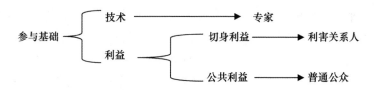

图 2.4　城市规划参与主体的参与基础（笔者自绘）

---

① 参见方世荣《论行政相对人》，中国政法大学出版社 2000 年版，第 48 页。

② 若给予所有规划程序的一般参与者以程序利益受到侵害为由提起行政诉讼的机会，则
会导致原告适格范围过于宽泛。由于规划涉及的利益关系一般较为复杂，程序参与人数量也
相对众多，在规划决策过程中规划机关难以做到全面地听取每个参与者的意见，而至于每个
参与者是否充分地表达了自身的意见，往往只有其本人才能清楚地知晓，且有很大的主观成
分，如果对每个参与者均赋予原告资格，则很可能带来诉讼泛滥的问题。此外，广泛地赋予规
划参与者原告资格，也很有可能导致规划运作过程中将面临众多的诉讼，规划运作的过程甚至
会因频繁的诉讼而不得不延长，这不仅与行政效率原则的要求不相符，而且极易导致规划设定
的目标难以达成。具体参见莫于川主编《行政规划法治论》，法律出版社 2016 年版，第 233 页。

在范围上，城市规划利害关系人应包括两部分群体。

一是城市规划相对人，即在城市规划的制定、实施与修改过程中，规划行为所明确指向的个人和组织，如城市规划区域内不动产的所有权人、建设用地使用权人等。城市规划相对人与城市规划相关人最重要的区别在于：城市规划相对人是因自身的主动行为而参与到城市规划行政法律关系中，并且其权益受到的影响是城市规划行政主体主观追求的；而城市规划相关人权益受到的影响则并非城市规划行政主体主观追求的，而是规划行为客观产生的法律后果。在城市规划的制定、实施与修改的过程中，城市规划相对人与城市规划行政主体之间形成了权利义务关系，即他们有遵守经依法批准并公布的规划、服从规划管理的义务，同时在城市规划运作的过程中也享有程序参与权和救济请求权。因此，他们是城市规划法律关系中理所当然的参与主体。

二是城市规划相关人，即相对人以外的自身权益在客观上受到规划行为直接影响的利益相关者，如城市规划区域外的相邻权人、环境权人以及规划许可的竞争权人。就此类利益主体而言，规划机关在做出规划行为时，主观上并没有减损其权利或者课予其义务的目的，但客观上却使其权益遭受不利影响。这类利益主体之所以能够成为城市规划利害关系人，是因为城市规划行为大多属于复效行政行为，既能增进一方的利益又会给另一方的利益带来减损。当其针对相互之间具有民事法律关系的两个或两个以上的利益主体时，城市规划相对人与城市规划相关人就同时产生了（见图2.5）。其中，城市规划相关人与城市规划行政主体之间形成的权利义务关系表现为城市规划相对人与城市规划行政主体之间形成的权利义务关系的附带性结果。将城市规划相关人归入城市规划利害关系人的范畴，能够使更多的受规划结果实际影响的个人和组织参与到规划运作过程中，从而增强规划决策的正当性基础。在理论界，这类主体往往被称为"间接利害关系人"，即权益受到城市规划行为间接影响的对象。其实，这种说法是不恰当的。举个例子来说明，某规划局向甲核发了建设工程规划许可证，甲在获得许可后开工建房，严重影响了相邻人乙的通风、采光等相邻权益。乙与某规划局做出的规划许可行为之间的利害关系源于该规划许可行为影响了其相邻权益，而不是源于甲的建房行为侵害了其相邻权益，因此某规划局的规划许可行为对乙的相邻权益影响是直接的，这种影响是包含在该规划许可行为内容之中的，不是以甲的建房行为为媒介而产生，从这个角度来看，称城市规划相关人为"间接利害关系人"是偏颇的。[①] 此外，也不宜将受规划行为间接影响的人纳入城市规划利害关系人的范畴，因为所谓的"利害关系"应该是指规划行为客观上已经产生影响或有相当的可能性会影响私人的合法权益，这里的影响不包括一种不确定的可能，而私人权益受到规划行为的间接影响并非是既成事实或可预测的结果，[②] 若将城市规划相对人以外的受到规划行为间接影响的人同受到直接影响的人一并视为城市规划相关人，则会导致城市规划相关人的外延难以被清晰界定，进而给行政和司法资源的合理利用、原告适格范围的准确划定带来不利影响。

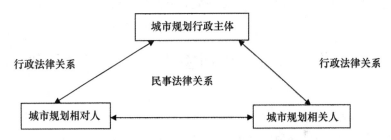

图2.5　城市规划行政主体、城市规划相对人、城市规划相关人
之间的法律关系（笔者自绘）

需要注意的是，不是所有层次的城市规划都有与之相对应的利害关系人。就总体规划的内容而言，其多为宏观层面的定性规定，针对的是整个城市远期内的开发、建设，在通常情况下必须经过详细规划的落实才能对特定地块和具体建设项目进行法律约束，所以总体规划的制定或修改行为往往不会直接影响到特定区域内个人和组织的利益。《城乡规划法》第四章就城乡规划的修改程序做了原则性的规定，该法第46条将"征求公众意见"作为总体规划实施情况评估的公众参

① 参见李卫华《行政参与主体研究》，博士学位论文，山东大学，2008年。

② 参见郭庆珠《论行政规划利害关系人的权利保障和法律救济——兼从公益与私益博弈的视角分析行政规划的法律规制》，《法学论坛》2006年第3期。

与程序的要求;① 而对于总体规划修改前的必经程序,该法第 47 条第 2款规定的是总结原规划的实施情况并向原审批机关报告,与详细规划的修改不同,其没有将征求利害关系人意见作为修改总体规划前的必经程序。② 从上述法律规定的侧面也可以看出,总体规划的内容一般不会对特定地块内的特定群体权益产生直接拘束的效果。与总体规划不同,无论是控制性详细规划还是修建性详细规划,其作为城市近期开发、建设的目标蓝图,均涉及建设用地性质、地块建设的具体安排和设计等内容,因此详细规划在制定和修改后,即使后续的规划许可行为尚未做出,其强制性内容也会对特定区域内的个人和组织的权利义务产生直接影响。据此,本书所探讨的城市规划利害关系人限于自身权益因制定、实施与修改详细规划而受到直接拘束的个人和组织。

第二节 城市规划利害关系人的权益要素

仅对城市规划利害关系人的内涵与外延有一个大致的认识,还不足以在司法实践中准确识别城市规划利害关系人的身份,特别是在行政诉讼的起诉人并非城市规划相对人的情形下。城市规划相关人的范围是有限的,不是所有相对人以外的利益主体都应被视为城市规划相关人。要合理地把握城市规划相关人的范围,就需要对城市规划利害关系人的构成要素进行细致分析。从语义层面看,城市规划利害关系人是由"城市规划"和"利害关系人"这个概念构成的。其中,"利害关系人"是核心概念,"城市规划"限定了"利害关系人"的指向范围。在"利害关

---

① 《城乡规划法》第 46 条规定:"省域城镇体系规划、城市总体规划、镇总体规划的组织编制机关,应当组织有关部门和专家定期对规划实施情况进行评估,并采取论证会、听证会或者其他方式征求公众意见。组织编制机关应当向本级人民代表大会常务委员会、镇人民代表大会和原审批机关提出评估报告并附具征求意见的情况。"

② 《城乡规划法》第 47 条第 2 款规定:"修改省域城镇体系规划、城市总体规划、镇总体规划前,组织编制机关应当对原规划的实施情况进行总结,并向原审批机关报告;修改涉及城市总体规划、镇总体规划强制性内容的,应当先向原审批机关提出专题报告,经同意后,方可编制修改方案。"

系人"这一概念中，"利害关系"是其关键部分，"利害关系"可以分解为"权益"和"因果关系"两个要素。① 据此，需从"权益"和"因果关系"两大要素出发，方能判定起诉人是否为城市规划利害关系人。"合法权益"是否存在是判定城市规划利害关系人的基础性要素，如果起诉人不享有城市规划行为所涉及的合法权益，那么就表明城市规划争议与其没有任何关联；若起诉人所主张的合法权益被证明是存在的，则可以认定其与城市规划争议已经产生了一定程度的关联。在城市规划的制定、实施和修改过程中，往往存在多方利益冲突与协调的问题，任何司法裁判只能选择争议其中的一方利益予以优先保护，此时有赖于法官通过利益衡量的方法，在起诉人的利益与其他当事人的利益之间进行比较与权衡，将享有较大利益的起诉人认定为利害关系人。

一　合法权益范围的界定

公民的权益数量庞大且种类繁杂，如果任何权益都被视为合法权益，则会产生滥诉的后果，使司法审查的启动被千差万别的个人诉求所绑架。因而，如何确定合法权益的范围成为判断是否符合"权益"要

---

① 目前，国内学者对"利害关系"的构成要素提出了一系列的不同观点。具有代表性观点有以下几种：(1) 二要素说。认为"利害关系"的构成要素包括：相对人或相关人有应受保护的利益；相对人或相关人应受保护的利益被行政行为的效力所影响，并且这种影响达到相当因果的程度。(2) 三要素说 A。认为"利害关系"的构成要素包括：存在合法权益；具有一个成熟的具体行政行为；合法权益和成熟的具体行政行为之间存在因果关系。(3) 三要素说 B。认为"利害关系"的构成要素包括：起诉人具有权益；权益必须是起诉人所特有的；起诉人的权益受行政行为直接影响。(4) 四要素说。认为"利害关系"的构成要素包括：客观上存在一个行政相对人（广义上的行政相对人，包括对象人和相关人）；行政相对人的合法权益受到不利影响；行政相对人对受到不利影响的合法权益有所有权；具体行政行为与合法权益受到不利影响之间存在因果关系。本书认为，四要素说虽然称得上一个自成体系的精致架构，但仍有简化的余地。"客观存在一个行政相对人"对"利害关系"所需考察的关联度并无实质性的影响，可以去除；而"本人特有权益"要件能够被"权益"要件所吸收，作为"权益"的一项性质加以讨论，因此也可以去除。依次类推，四要素说和三要素说 B 都可以简化为二要素说，即"权益 + 因果关系"。就三要素说 A 中的"成熟的具体行政行为"而言，其与原告资格的认定有着千丝万缕的联系，在很多时候，不具备原告资格恰恰是因为行政行为缺乏成熟度，但两者的着眼点不一致，原告资格着眼于行政行为与当事人权益之间的联系，行政行为的成熟度着眼于行政程序是否发展到适合法院裁判，两者是从不同维度描述同一事务，不宜将其作为"利害关系"单独的构成要素，因此可以将三要素说 A 中的"成熟的具体行政行为"要素去除，简化为二要素说。

素所要首先解决的问题。

通说认为，合法权益的确认路径主要有三种："法律未禁止的""法律确认的"以及"法律明确规定的"。① 在这三种路径下，合法权益的范围宽窄程度存在明显的差异。选择哪种路径最为合理，是一个值得深入探究的问题。

在行政诉讼法中，规定受案范围的条款具有明确合法权益的功能，可以从相关条款推断出合法权益大致的范围（见表2.2）。对于可诉的权益范围，1989年颁布的《行政诉讼法》第2条只是原则性地规定了当事人认为侵犯合法权益的即可提起诉讼，未限定可诉的权益外延，该法第11条第1款第8项在前7项所规定的财产权、人身权之外，肯定了以行政机关侵犯"其他人身权、财产权"为由提起的诉讼在法院受案范围内，同时第2款规定了"除前款规定外，人民法院受理法律、法规规定可以提起诉讼的其他行政案件"。对上述法律规定所界定的可诉的权益外延，国内学界存在不同看法。通说认为，第11条第8项可看作是对前7项具体列举的侵犯人身权、财产权未穷尽事宜的概括，侵犯其他权利的，须在法律、法规特别规定可诉的情况下，才能获得司法救济，因此"合法权益"等于"人身权、财产权+法律、法规规定的其他权利"。② 也有学者认为，第11条前7项列举的行为所涉及的不只是人身权、财产权，对于人身权、财产权以外的权益，如政治权、劳动权、文化权、受教育权等均是可诉的。③ 对此，笔者更倾向于第二种观点，因为在上述条款前7项所列的情形中，有部分权益难以纳入人身权或财产权的范畴，④ 即便前7项中隐含的部分权益内容，也不是"人身

---

① 参见沈岿《行政诉讼原告资格：司法裁量的空间与限度》，《中外法学》2004年第2期。

② 参见罗豪才主编《中国司法审查制度》，北京大学出版社1993年版，第51—53页；于安、江必新、郑淑娜编著《行政诉讼法学》，法律出版社1997年版，第95、96页；马怀德主编《行政诉讼原理》，法律出版社2003年版，第176—177页。

③ 参见姜明安主编《行政诉讼法学》，北京大学出版社1993年版，第176—177页。

④ 例如，依据《行政诉讼法》（1989年）第11条第1款第3项的规定，以"行政机关侵犯经营自主权"为由提起的诉讼在法院受案范围内。虽然财产经营权属于财产权的范畴，但是企业经营自主权比财产经营权的外延宽泛得多，经营自主权应被视为一种自由权，只是该权利的行使会带来财产利益。具体参见沈岿《行政诉讼原告资格：司法裁量的空间与限度》，《中外法学》2004年第2期。

权、财产权"所能完全涵盖的，如第 4 项所涉及的依法获得许可证照的权利，其在性质上即属于自由权的一种，而第 7 项所规定的"行政机关违法要求履行义务的"则对应的是更为广泛的权益受到侵害，这些条款至少说明人身权、财产权以外的某些权益也在法律、法规的保护范围内。需要注意的是，在第二种观点的解释下，第 2 款的作用不只是对第 1 款的补充，而且是对权益范围的限定，即将合法权益视为法律规范规定的权益。① 2014 年、2017 年修正的《行政诉讼法》在第 12 条第 1 款第 6、12 项中对可诉的权益范围均采用了"人身权、财产权等合法权益"的表述，而其第 2 款规定的内容则与 1989 年颁布的《行政诉讼法》第 11 条第 2 款相同。由此可见，尽管 2014 年、2017 年修正的《行政诉讼法》肯定了人身权、财产权之外的某些权益在受到侵害时也可以获得司法救济，但仍将合法权益的范围限定在法律规范规定的权益之内。

表 2.2　　行政诉讼法相关条款对合法权益范围的界定情况（笔者整理）

行政诉讼法中涉及合法权益的主要条款	对合法权益范围的界定情况	
《行政诉讼法》（1989）第 2 条	对合法权益外延未作界定	综合对上述法律条款的解释，得出结论为：合法权益限于法律规范规定的权益
《行政诉讼法》（1989）第 11 条第 1 项	人身权、财产权以及未涵盖在人身权、财产权范畴内的自由权（如企业经营自主权、依法获得许可证照的权利）和其他权益	
《行政诉讼法》（1989）第 11 条第 2 项	法律、法规规定的其他权益	
《行政诉讼法》（2014、2017）第 12 条第 1 款	人身权、财产权以及其他合法权益	
《行政诉讼法》（2014、2017）第 12 条第 2 款	法律、法规规定的其他权益	

---

①　此处对"法律、法规"应作扩大解释，将其理解为广义的规范性法律文件，即法律规范，而不限于狭义的法律、行政法规和地方性法规。因为，第 2 款中"法律、法规"的原意并非采用狭义的定义，只要全国人大或其常委会制定的法律未明确排除行政诉讼，任何规范性法律文件都可规定可诉的行政案件。具体参见沈岿《行政诉讼原告资格：司法裁量的空间与限度》，《中外法学》2004 年第 2 期。

虽然现行《行政诉讼法》将"合法权益"解释为"法律规范规定的权益",但这并不能说明按照合法权益而采取的第三条确认路径,即将合法权益的范围界定为"法律明确规定的权益",就是最为合理的。权益通常被理解为包括权利和利益,权利是法律明文规定的,而利益不以法律规定为前提。若将合法权益限于实定法明确规定的权益,则会把公众享有的某些未被法定化的正当利益,如审美、娱乐、环保以及精神享受等方面的利益,排除在法律保护的范围之外。这些未被法定化的正当利益通常隐含在法律的原则和精神中,需要从义务性条款或立法目的来推导,才能判断其是否存在,而仅从法律条文字面意思加以理解,往往难以将其清晰地读取出来。比如说,《城乡规划法》第 32 条规定,城乡建设和发展应当保护和合理利用风景名胜资源,统筹安排风景名胜区及周边乡、镇、村庄的建设。虽然该条款并未明确城乡建设和发展的受众享有什么权益,但从"保护和合理利用风景名胜资源"这一义务性的规定入手,可以推导出其享有观赏自然景观的利益。此外,从国外司法实践经验中,也可以发现一些值得法律保护的利益是从立法要求行政机关必须考虑的因素以及立法目的中派生出来的。以美国的哈德孙自然风景保护联盟诉联邦电力委员会案为例,联邦电力委员会让非营利的环境保护组织和地方市镇参与了一个在哈德孙河上修建水力发电站的规划许可程序,上述当事人反对该规划许可,并要求法院对联邦电力委员会的批准命令进行司法审查。在法院判定上述当事人是否享有起诉资格时,将《联邦电力法》规定委员会批准的项目应当"最大限度地适应于完成一个综合性规划,该综合性规划应改善或促进航道,以供州际或对外贸易之用或有助于州际或对外贸易,该综合性规划还应改进并充分利用水电的发展,以及促进其他有益之公用目的包括娱乐休闲目的"作为依据之一。最终,法院认定保护自然资源、维系自然美景和维护历史遗迹包含在"娱乐休闲目的"里,因此,《联邦电力法》是承认资源保护利益、审美利益和休闲娱乐利益的,联邦电力委员会在批准项目时应权衡各方面的因素。① 可以说,对"法律规范规定的权益"的理解方式

---

① Scen Hudson Preservation Conference v. FPC, 354 F. 2d608, (2d Cir. 1965). 另参见 [美] 理查德·B. 斯图尔特《美国行政法的重构》,沈岿译,商务印书馆 2011 年版,第 91—92 页。

决定了合法权益的范围。从法律解释的角度来看，对法律规范规定的权益可能存在不同的理解。如果仅对法律文本采用文义解释，那么对于合法权益范围的理解会局限于实定法明文规定的权益；若采用目的解释、体系解释、历史解释等其他法律解释方法，从法律的义务性条款、法律规定行政机关必须考虑的因素、立法目的所欲保护或调整的利益范围则可以推演出更多的利益为法律认可的利益。

考察世界各国的行政诉讼，不难发现无论是英美法系国家还是大陆法系国家，纳入司法救济范围的利益都愈加广泛，其合法权益的范围逐渐由"法定权利"向"值得保护的利益"扩展。

美国的原告资格认定标准经历了从"权利侵害"标准到"法定损害"标准再到"双层结构"标准，最后到"事实不利影响"标准的演变过程。[①] 在 1940 年之前要求必须是"权利"受到侵害，起诉人才具有起诉资格，到 20 世纪 40 年代后确立"法定损害"标准后，相对人想要获得司法救济，必须证明被诉行政行为侵害了其被宪法、法律或普通法所保护的人身上或经济上的权利或利益。进入 20 世纪 70 年代，随着由"事实上的损害"与"法律的标准"构成"双层结构"标准的确立，当事人受到事实上损害的利益只要属于法律或宪法保护或调整的利益范围以内即可获得司法救济。再到后来，有些学者又提出"事实不利影响"标准，即单一的事实上的损害标准，主张当事人只要其利益受到所指控的行政行为的不利影响，就具备原告资格，无论这种利益是否有特定法律的直接规定，目前该标准在实践中已为美国大部分州法院采用。

英国的原告资格认定标准以 1978 年为分界线经历了前后两个发展阶段。1978 年以前，司法审查中采用的是公法救济和私法救济相分离的做法，两种救济手段在程序上有着严格的区别，适用不同的原告资格认定标准。由于公法救济的原告资格认定因申请要求的差异而存在不同的标准，因此不便于当事人和法院进行实际操作。在 1978 年生效的《最高法院规则》把原告资格认定标准统一设定为"足够的利益"后，当事人无论是申请公法救济还是私法救济都要求对申请事项有足够的利益，而不像过去那样当事人必须具有权利时才能获得司法救济，这样不

---

① 参见王名扬《美国行政法》（下册），中国法制出版社 1995 年版，第 619—639 页。

管是权利、值得法律保护的利益还是合理期待利益受到不利影响，当事人均有可能获得原告资格。在实际操作中，法官通常拥有较大的自由裁量权，会结合具体的个案对"足够的利益"进行灵活的解释。虽然法官仍可以对不同的救济手段适用不同的"足够的利益"标准，但英国行政法关于救济手段的发展趋势是向着统一和宽大的诉讼资格方向前进的。①

在日本，明治时代的行政裁判法中曾以"权利损毁"为认定原告资格的标准。1962 年颁布的《行政事件诉讼法》确立了"法律上的利益"标准。在过去的一段时期内，法院对"法律上的利益"采用较为严格的解释，要求其必须是"法律上保护的利益"。这种解释一方面严格限定"法律"范围，明确"法律"应是行政行为的根据法令，不包括宪法和法理，且要求第三人利益必须从行政处分所依据的法规的要件中推导出来，而不能从该法规的目的中推导出来；另一方面，也将"法律上保护的利益"和公益、保护公益所带来的反射利益相区别。据此，对于与行政行为存在利害关系的第三人，只有当能够从该行政处分的法定要件中明确读取出保护第三人利益的目的，且第三人利益为不被一般公益可消解的具体的利益，其原告资格才能获得肯定。② 但此后相关判例对"法律上的利益"的解释逐渐放宽，对原告资格的判断基准经过了从"法律上是否保护"到"包含法律和关联法令，并考虑被侵害法益的性质"的变换。在 2004 年修改的日本《行政案件诉讼法》中，相关判例采用灵活解释"法律上利益"来放宽原告适格边界的做法得到认可与提倡。这样，环境利益、消费利益乃至危险设施周边居民的利益、处于竞争关系的第三人利益都可以成为原告适格的基础，只要能够从行政处分所依据的法令的宗旨和目的中推导出上述这些利益作为个别利益予以保护的法意。③

在法国，原告资格认定标准因行政诉讼类型不同而有显著的差异。

---

① 王名扬：《英国行政法》，中国政法大学出版社 1987 年版，第 200—203 页。

② 参见凌维慈《城乡规划争议中的原告资格——日本法上的启示》，《行政法学研究》2010 年第 3 期。

③ 参见王天华《行政诉讼的构造：日本行政诉讼法研究》，法律出版社 2010 年版，第 59—63 页。

完全管辖之诉的原告资格认定采用的是"权利"标准，当事人只有在主观权利受到侵害时才能提起诉讼，不包括利益受到侵害的当事人在内。在越权之诉中，对原告资格的认定采用的则是"利益"标准，只要有利益受到侵害，当事人即可提起诉讼，而不论该利益属于个人、集体还是公共利益。这里的利益包括物质利益和精神利益，但不包括纯粹的感情上的利益，且必须是现实利益和可以确定存在的将来利益。[①]

经过比较可以发现，虽然美国的"事实不利影响"标准、英国的"足够的利益"标准、日本的"法律上的利益"标准以及法国越权之诉的"权利"标准在具体表述上有一定的差异，但其核心内涵都是以利益为基点，即在原告资格认定标准上实行利益原则，只要当事人对涉诉行政争议具有实质利益损害，无论该利益是法律保护的利益还是事实上的利益，其原告资格都有可能获得认可。

自2014年《行政诉讼法》修改以来，我国行政诉讼原告资格认定标准由"法律上利害关系"发展为"利害关系"，这一调整实际上也为将法律未明文规定的正当利益纳入合法权益的范围预留了解释的空间。从行政诉讼法立法目的来看，保护公民、法人和其他组织的合法权益是其核心立法要义。但实定法的更新和完善往往滞后于社会经济发展的速度，当未能及时对一些新出现的权益加以明确规范和保障时，就无法满足社会主体日趋多元化的正当利益诉求。透过2014年《行政诉讼》对原告资格相关条款修改的动机，也能够看出为有效破解当前"立案难"的问题，更好地保障公民、法人和其他组织的起诉权利，对原告资格进行相对宽松的解释和留出适当的发展空间是必由之举。在"刘广明案"中，最高人民法院明确、直接地引入了域外法上的保护规范理论，将其作为判定"利害关系"的方法，使行政诉讼原告资格判断标准呈现出一种可操作化、客观化的转向。从该案件的裁判理由来看，最高人民法院已经意识到文义解释的局限性，即单纯以法条规定的文义为限界定权益范围，可能会影响法院做出正确的裁判，此时运用体系解释从"上下文脉络"中确定法律规范的旨意，能够避免对原告适格范围界定过于狭窄的问题；

---

① 参见杨临宏、黄金泉主编《中国行政诉讼的制度缺失及完善问题研究》，云南大学出版社2010年版，第55页。

若采用体系解释仍然存在法律规范不可适用的歧义时，则可采用目的解释的方法来扩张合法权益的范围，换言之，在依据法条判断是否具有"利害关系"存有歧义时，可参酌整个行政实体法律规范体系、行政实体法的立法宗旨以及做出被诉行政行为的目的、内容和性质进行判断，以便能够承认更多的值得保护且需要保护的利益属于法律保护的利益。①

基于上述分析，相比于第一种路径，按照第二种路径将合法权益界定为法律确认的权益，更符合立法机关和司法机关力图保持受案范围和原告适格范围宽窄适当的意旨。接下来需要探讨的问题是，相比于第三种路径，采用第二种路径来界定合法权益范围是否更合理。

考虑到规范意义上的合法权益是不易准确界定的，需要在个案中进行判断，并根据特定的情景加以理解和权衡，② 法官依托现有法律规范对合法权益的范围进行适当的扩展解释，可以弥补法律规定的空白，使起诉人的正当利益得到有效保护。若将法律未禁止的利益都视为合法权益，很容易导致合法权益的范围不受限制，有可能使纯粹基于个人的特殊情感和审美爱好等而产生的利益与法律要求行政机关应当予以保护的利益无法得到区分。例如，依据城市规划开展建设活动拆除了一些老旧建筑，给部分居民造成了心理上的遗憾；在某商业中心建造的地标建筑，过分追求新奇，不符合部分市民的审美标准；当事人是否可以将这些出于个人特殊情感和审美爱好产生的利益视为合法权益，以其受到侵害为由，提出救济请求呢？本书认为，虽然法律并不禁止此类出于个人特殊情感和审美爱好等产生的利益，但也不会轻易对其加以确认并提供特别的保护。

需要注意的是，尽管法官从现有法律规范的目的或义务性条款中推导出一些属于法律保护的利益，可以使更多的享有正当利益的起诉人被

① 参见章剑生《行政诉讼原告资格中"利害关系"的判断结构》，《中国法学》2019 年第 4 期。

② "合法权益"属于价值性不确定概念，即"须价值补充的概念"。这种概念的特色之一就在于"须于个案依价值判断予以具体化"。由于法律本身极为抽象，只有在具体的个案中予以价值判断后，其法律功能才能充分发挥，这种透过法律适用者予以价值判断，使其规范意旨具体化的解释方法，就是价值补充。具体参见王贵松《行政法上不确定法律概念的具体化》，《政治与法律》2016 年第 1 期。

判定为城市规划利害关系人，但实定法所保障的权益范围，特别是财产权益的范围依然会在很大程度上决定着城市规划利害关系人的外延。这主要是因为法官在"合法权益"的判断上不能完全脱离现有的法律规定，必须在妥当的法律制度下进行利益衡量，否则"在个案中的法益衡量"所做出的裁判就无从控制，由此导致法律刚性的软化与法官的恣意。出于平衡权利保障与遏制诉权滥用的双重考量，最高人民法院在"刘广明案"中确定的行政诉讼原告资格判定标准也将"合法权益"的范围限于法定权益，即公法领域的权利和利益。也就是说，行政机关应当"考虑、尊重和保护"的权益必须是法定的，这种"法定"主要是由行政机关做出行政行为时所依据的行政实体法和所适用的行政实体法律规范体系规定和确认的，对于私法上或者习惯法上的权益，如"债权人的普通债权和抵押权人的抵押权等民事权益，首先应考虑选择民事诉讼途径解决"，只有在有关行政法律规范对其加以保护的情形下，才能成为行政法上保护的权益。①

从改革开放后土地使用管理制度的变革来看，相关立法对于私人不动产权益的确认和保障程度跟城市规划利害关系人范围的大小有密切的关联性。在计划经济时期，我国城市土地完全无偿划拨使用，不存在法律上认可的独立的土地使用权，因而这一时期并无城市规划利害关系人的概念。在1988年颁布的《宪法修正案》与《土地管理法》对土地使用规则做出重大修改、1990年颁布的《城镇国有土地使用权出让暂行规定》对土地使用权予以规制之后，② 独立的土地使用权得到法律的承认，城市规划对土地使用权的开发控制要求与国有土地权的出让开始紧密地结合在一起。此后，宪法和法律对不动产权益做出进一步的确认与保障。2004年修正的《宪法》在确立"合理利用土地原则"的同时，

---

① 李年清：《主观公权利、保护规范理论与行政诉讼中原告资格的判定——基于（2017）最高法行申169号刘广明案的分析》，《法律适用（司法案例）》2019年第2期。

② 1988年修正的《宪法》删除了不得出租土地的规定，将1982年《宪法》第10条第4款改为"土地的使用权可以依照法律的规定转让"；1988年修正的《土地管理法》将1986年《土地管理法》第2条第2款修改为"任何单位和个人不得侵占、买卖或者以其他形式非法转让土地"，并明确"国家依法实行国有土地有偿使用制度"；1990年国务院颁布的《城镇国有土地使用权出让暂行规定》对土地使用权出让、转让、出租、抵押、中止等做出明确规定。

规定了土地征收和征用的补偿条款，为私人土地权利因遭受公权力的剥夺或过度限制而获得公正补偿提供了宪法依据。2007 年实施的《物权法》将"建设用地使用权"确认为一种新型的用益物权，标志着土地权利从产权转化为物权。此外，该法还设立了"业主的建筑物区分所有权"，并通过"相邻关系"的规定对相邻权益进行保护。2020 年颁布的《民法典》在现有法律体系中增加了"居住权"这一新型用益物权，该权利的设定意味着房屋权属复杂程度进一步提高，在不考虑抵押等情况下，一所住宅对应的权属可能分属多个主体，这将使依据城市规划开展的资源配置活动涉及更多的利益相关者。为此，需要扩大城市规划公众参与的广度与深度，并健全居住权相关估价和利益协调机制。① 在上述规制不动产权益的相关法律修改或颁布之后，城市规划利害关系人的概念开始逐步形成与发展，从规划区域内的土地使用权人、房屋权利人到规划区域外的相邻权人都被归入城市规划利害关系人的范畴内。随着土地所有权这种静态的土地权利完成了私有化的进程，由土地动态使用（如改变土地用途、土地开发强度）产生的利益配置问题则凸显出来。为此，需要城市规划的相关立法对土地发展权做出界定与确认，来调整因土地动态使用而产生的权利义务关系。② 同时，随着房地产开发和城

---

① 参见夏方舟《"民以住为先"：民法典"居住权"对国土空间规划的可能影响》，https：//www. 163. com/dy/article/FHKD525R05346KFL. html，2022 年 6 月 2 日。

② 土地发展权是指在改变土地用途或改变土地开发强度过程中所产生的分配增值收益的权利，包括农地发展权与市地发展权。虽然我国土地使用管理法律体系中并未明确"土地发展权"，但其一直隐性存在于围绕空间管制制定的各类空间规划与配套的规划管理体系中。城市规划是地方层面的"发展权配给机制"，其体系内的总体规划、详细规划通过分别管控不同的空间要素，来实现对土地发展权的综合配置，因此城市规划往往是公权力和私权利最直接、最容易发生冲突、交锋的领域。在土地权利体系中确认土地发展权，并建立由土地发展权归属与发展利益公平分配机制共同组成的土地发展权制度，将多元主体的利益诉求嵌入土地使用管理制度结构规范中，能够协调城市规划中公权力与私权利之间的冲突，有助于城镇化进程中更有效地保护耕地、限制开发和保护生态。具体参见田莉、夏菁《国家治理视角下的空间规划与土地发展权：挑战与出路》，《南京师大学报》（社会科学版）2022 年第 3 期；邵永昌《土地用途管制法律制度研究：以土地用途管制权为中心》，厦门大学出版社 2010 年版，第 155 页；田莉、夏菁《土地发展权与国土空间规划：治理逻辑、政策工具与实践应用》，《城市规划学刊》2021 年第 6 期；吕翾《中国语境下土地发展权的法理基础与入法路径》，《法治社会》2020 年第 2 期。

市公共设施建设的迅速发展，土地利用呈现出立体化的形态，如何在法律上对以地表上下一定空间范围为客体的空间权予以确认与保护成为我国城市规划与城市土地开发所面临的现实问题。① 当城市规划的相关立法对这些新型权利进行界定与确认之后，城市规划利害关系人的范围将会进一步得到扩展。

二　切身利益的认定

根据现行《行政诉讼法》第 2 条的规定，认为行政行为侵犯其合法权益的公民、法人和其他组织有权提起诉讼，应将"利害关系"理解为起诉人自身的权益受损与被诉行政行为之间存在关联性，即起诉人通常只有主张自己的合法权益而非他人权益或公众权益受到不利影响，法院才能将其判定为利害关系人。② 据此，如何对切身利益与他人利益、公共利益加以区分就成为城市规划利害关系人认定中必须解决的问题。

（一）切身利益与他人利益的区分

在原则上，起诉人若为他人利益提起诉讼，法院不会认定其与被诉行政行为之间具有利害关系。例如，行政机关依据规划在某地建设一条

---

① 空间权的核心在于空间使用权，它是指在土地使用权及其效力所及空间之外，对地表上下一定范围内的空间所享有的排他使用权。其权利人是土地所有权人以外的其他人；其客体是各种土地使用权及其效力所及必要空间范围之外的特定空间。高架桥、高架铁路、空中走廊、高压电线的设置、地下铁道、地下街道、地下商场、地下停车场、地下管道等为土地立体化利用的典型形态；而调整这种空间利用关系的法律，被称为"空间法"或"空间权法"。目前，将空间作为财产权客体而非管理对象的空间权立法尚未制定，至于涉及土地空间开发使用的地方法规也为数不多。具体参见黄国洋《规划过程中城市规划与私人财产权的权利冲突研究》，博士学位论文，同济大学，2009 年。

② 《行政诉讼法》是以私益诉讼为核心制定的一部诉讼法，尽管 2017 年修改时在第 25 条第 4 款中添加了公益诉讼的内容，但这并未改变《行政诉讼法》的本质属性。私益诉讼与公益诉讼之界限在于原告提起行政诉讼是否需要"利害关系"。但这一界限并非总是清晰的，它需要通过法律解释方法才能确定某种诉讼利益是私益还是公益。虽然公民、法人或者其他组织提起行政诉讼是为了保护自己的合法权益，但客观上它也具有监督行政机关依法行使职权的作用。就这个意义上说，对"利害关系"作目的性扩张解释也是具有正当性的。当然，《行政诉讼法》不承认公民、法人或者其他组织可以提起行政公益诉讼，但若检察机关不提起行政公益诉讼的话，适度扩张解释"利害关系"与《行政诉讼法》立法要旨也不相悖。具体参见章剑生《行政诉讼原告资格中"利害关系"的判断结构》，《中国法学》2019 年第 4 期。

公路，甲是因修建公路占地需要搬迁的住户，乙是公路旁边的住户。在规划制定的过程中，甲向规划机关提出异议认为需采取防护措施以避免乙受到噪声的干扰，而经过审批的规划并未采取这种防护措施。在此情形下，虽然甲是规划行为的相对人，但在是否采取防护措施上并不存在切身的实体利益。如果甲以其提出的异议未得到行政机关的采纳为由提起诉讼，则法院不会认定其主张的利益与被诉规划行为之间具有利害关系。① 主张他人利益的起诉人一般不被赋予原告资格的原因主要在于：一方面，从节约司法资源的角度考虑，在利益的享有者不愿意主张其切身利益或不需要通过司法救济途径就可以实现其利益的情况下，法院就没有必要针对这种利益给予救济；另一方面，享有利益的第三人通常可以更好地主张其切身利益，由第三人提起诉讼，法院便于裁判。②

　　然而，起诉人不得主张他人的权益并不是绝对的，因为有些权益介乎自己与他人之间。从现行《行政诉讼法》第 25 条第 2、3 款的规定③和 2017 年通过的《最高人民法院关于适用〈中华人民共和国行政诉讼法〉的解释》（以下简称《适用解释》）第 16 条第 2 款的规定④来看，起诉人不得主张他人的权益存在两种例外情形。第一种情形体现在有关原告资格转移的条款上，即当权益受到侵害的公民死亡或法人、其他组织终止，公民的近亲属或法人、其他组织的权利承受者享有原告资格。当然，原告资格转移的情形并非都意味着起诉人在主张他人的权益。当死者或已经终止的法人或其他组织的财产权益受到损害，其权利的继受人为此提起诉讼可以视为在维护自身的权益。而对于某些具有高度个人性质的权利，如人身健康权、姓名权、名誉权、著作权等，原告资格转移后所产生的结果为起诉人在主张他人的权益。在诉讼法理上，这被称

---

① 参见莫于川主编《行政规划法治论》，法律出版社 2016 年版，第 233 页。

② 参见王名扬《美国行政法》（下册），中国法制出版社 1995 年版，第 628 页。

③ 《行政诉讼法》（2017）第 25 条第 2、3 款规定："有权提起诉讼的公民死亡，其近亲属可以提起诉讼。有权提起诉讼的法人或者其他组织终止，承受其权利的法人或者其他组织可以提起诉讼。"

④ 《最高人民法院关于适用〈中华人民共和国行政诉讼法〉的解释》第 16 条第 2 款规定："联营企业、中外合资或者合作企业的联营、合资、合作各方，认为联营、合资、合作企业权益或者自己一方合法权益受行政行为侵害的，可以自己的名义提起诉讼。"

为诉讼担当。① 第二种情形体现在《适用解释》第 16 条第 2 款的规定上，即合营各方（具体指联营、合资、合作各方）认为合营企业的利益受到行政行为侵害的，均可以自己的名义提起诉讼。立法这样规定是考虑到合营各方的利益与合营企业本身的利益之间存在密切联系，行政行为侵害合营利益，有可能导致合营企业各方利益受损。

除了以上两种法定的例外情形外，还存在起诉人主张他人权益的其他情形。依据《城乡规划法》第 50 条的规定，② 对行政实体法的"准据规范"进行体系化分析，能够得出在规划变更损害业主对公共用地等方面权益的情况下，除了业主委员会外，业主自身也有权对涉及业主共有利益的变更规划许可行为提出诉讼的结论。不过，实务界一般认为因业主共有的利益受损引起的争议，应由业主委员会在履行一定手续后，以自己的名义提起诉讼，业主以个人名义起诉应当得到物业管理区域内 50% 以上业主授权，在没有授权的情况下，业主不能代表小区全体业主的利益起诉。如在蔡将雄等诉上海市宝山区规划和土地管理局规划许可案中，法院认为，被诉规划许可行为的内容为许可房屋门面的装修，涉及业主的共有权利。对涉及业主共有权利事项的诉讼，需经物业管理区域内 50% 以上的业主决议决定，选派诉讼代表人提起诉讼，由于蔡将雄等业主并非业主决议的诉讼代表人，因此其不具备行政诉讼原告主体资格。③ 而 2017 年通过的《适用解释》第 18 条④也仅认可业主委员会和专有部分占建筑物总面积过半数或者占总户数过半数的业主有权对涉

① 参见沈岿《行政诉讼原告资格：司法裁量的空间与限度》，《中外法学》2004 年第 2 期。

② 《城乡规划法》第 50 条规定："在选址意见书、建设用地规划许可证、建设工程规划许可证或者乡村建设规划许可证发放后，因依法修改城乡规划给被许可人合法权益造成损失的，应当依法给予补偿。经依法审定的修建性详细规划、建设工程设计方案的总平面图不得随意修改；确需修改的，城乡规划主管部门应当采取听证会等形式，听取利害关系人的意见；因修改给利害关系人合法权益造成损失的，应当依法给予补偿。"

③ 参见上海市第二中级人民法院行政裁定书，（2014）沪二中行终字第 583 号。

④ 《最高人民法院关于适用〈中华人民共和国行政诉讼法〉的解释》第 18 条规定："业主委员会对于行政机关做出的涉及业主共有利益的行政行为，可以自己的名义提起诉讼。业主委员会不起诉的，专有部分占建筑物总面积过半数或者占总户数过半数的业主可以提起诉讼。"

及业主共有利益的行为提起诉讼。最高人民法院之所以在其解释中做出这样的规定，主要是为了防止"原子化"个体业主的分散诉讼、群体诉讼或集团诉讼，而对规划许可类行政纠纷的原告资格进行了"组织化"的技术处理。①

此外，当社会团体为其成员权益提起诉讼时，实际上也是在主张他人的权益。在美国，法院一般认可社会团体具有原告资格，而无须同时满足以下两个条件：一是当事人本身因为受到对其不利的公权力行为的直接影响而具备了起诉资格；二是当事人在决定诉讼胜负的关键问题上，把诉讼主张建立在第三方权益基础上。② 允许社团团体主张其成员利益的理由在于"一个组织只有有效地代表其主体部分成员的利益，才能保证自身的生存，而任何竭力反对这种代表的成员可以退出"③。但若存在以下两种情形之一，社会团体则不宜主张其成员的利益：一是社会团体内部成员之间的利益分歧严重；二是某些利益主张必须由其成员自己决定提出。在我国司法实践中，社会团体主张其成员的权益尚未得到认可，主要是因为社会团体为其成员主张利益与现有的原告资格认定标准存在一定的出入，这需要立法做出例外的规定。但就"合法权益属于起诉人"的标准而言，在已具备原告资格的起诉人提出基于第三方权益的诉讼主张方面，仍存在司法裁量的空间，虽然这可能是一项大胆的司法探索与创新。④

（二）切身利益与公共利益的区分

对于旨在保护公共利益的法律，若能得到正当有效的实施，几乎每个个体都可能从中获益。从这个意义上来说，个人因公共利益无法得到维护而主张自身利益受损，并非没有道理。但由于这种获益是间接的，

---

① 参见倪洪涛《论行政诉讼原告资格的"梯度性"结构》，《法学评论》2022 年第 3 期。

② 参见沈岿《行政诉讼原告资格：司法裁量的空间与限度》，《中外法学》2004 年第 2 期。

③ 参见［美］理查德·B. 斯图尔特《美国行政法的重构》，沈岿译，商务印书馆 2011 年版，第 113 页。

④ 参见沈岿《行政诉讼原告资格：司法裁量的空间与限度》，《中外法学》2004 年第 2 期。

是几乎所有人均可享受的、难以分割的利益，起诉人的利益诉求往往不能获得法院的支持。在德国、日本，曾以"反射利益"① 的概念，将法律保护公共利益而间接地给个人带来的利益视为反射利益，排除在法律予以保护的个人利益的范围之外，② 即起诉人不能通过主张反射利益而成为适格原告。在我国司法实践中，若个人仅以行政行为侵害公共利益而使自身利益受损为由提起诉讼，法院也不会认定其具有利害关系人的身份。最高人民法院在"刘广明案"也明确了"与行政行为有利害关系"的主体一般限定为主张保护其主观公权利的当事人，不宜包括反射性利益受到影响的公民、法人或者其他组织。③ 也就是说，只有当起诉人主张的权益属于行政机关做出行政行为所依据的行政实体法要求行政机关"考虑、尊重和保护"特定的、个别的个人或组织的权益时，才构成公法上的利害关系。

需要注意的是，反射利益与法律保护的个人利益的界限是相对的，并非总是泾渭分明。法律规范规定的某种利益，存在利益享有者相对特定和利益享有者不特定两种情形。在前一种情形中，只有特定的个人或组织才有权主张法律规范所保护的利益。例如，《价格法》（1997）第41 条所保护的对象是买方的公平交易权，因价格违法行为而多付价款的消费者或者其他经营者属于相对特定的利益享有者，其依法享有要求退回多付的价款和给予赔偿的权利。④ 在后一种情形中，法律规范所维护的利益属于社会公共利益，一般没有特定的利益享有者，若相关规定明确、普遍地将请求权赋予到个体身上，则任何主体均可主张其所保护

---

① 所谓反射利益是指，个人因公法法规而获得事实上的利益，该个人不能单独对行政机关有所请求之谓。亦即客观之法基于公益目的，命令行政主体作为或者不作为时，就该单纯之反射效果，个人事实上所享受之利益，因法未赋予该个人得为裁判上主张自己利益之请求权，而只是一种事实上之期待与机会而已，故与主观之公权利有别。具体参见王和雄《公权理论之演变》，《政大法学评论》（台）1980 年第 43 期。

② 参见［德］弗里德赫尔穆·胡芬《行政诉讼法》（第 5 版），莫光华译，法律出版社 2003 年版，第 253—257 页；杨建顺《日本行政法通论》，中国法制出版社 1998 年版，第 200—203 页。

③ 参见最高人民法院行政裁定书，（2017）最高法行申 169 号。

④ 《价格法》（1997）第 41 条规定："经营者因价格违法行为致使消费者或者其他经营者多付价款的，应当退还多付部分；造成损害的，应当依法承担赔偿责任。"

的利益。例如,《商标法》(2019)第 10 条第 6、8 项所维护的民族平等之利益、道德风尚之利益属于社会公共利益,并无特定的利益享有者。① 根据该法第 33 条规定,对初步审定公告的商标,自公告之日起三个月内,任何人认为违反上述条款所维护的公共利益的,均可以向商标局提出异议。②

随着人权观念的深入发展,在德国和日本的司法实践中,如今呈现出由反射利益向法律保护的私人利益转化的趋势,即在传统上被认为属于反射利益的,有一部分通过判例确认为法律予以保护的个人利益,如公害设施影响范围内居民的利益、公共澡堂业户在一定地域内的独占性利益、邻近核电站的居民的健康利益等,这些判例大多发生在建设、建设规划、环境保护、经济调控等领域。德国行政法院在判例中发展出行政机关的顾及义务理论,以此理论为基础,赋予建筑许可的邻居和污染排放许可的第三人以公法权利。日本法院发展出"权利推定理论",即当难以区分反射利益与个人的法律利益时,推定其为个人的法律利益。不过,并非所有的传统上被视为反射利益的,都已经转化为法律予以保护的个人利益。例如,在德国,对地下水和饮用水的保护以及对文物的保护,都被认为属于纯粹的公共利益;在日本,铁路运输收费认可制度所保护的铁道运输者的利益,被认为是反射利益,利益者不能因反对运输收费提价而享有原告资格。③

实际上,个人利益与公共利益之间的关系十分复杂和微妙,两者在许多情况下是交织在一起的,这在城市规划领域中体现得尤为明显,因为城市规划行为具有综合多元利益形成公共利益的特性,往往会出现个

---

① 《商标法》(2019)第 10 条规定:"下列标志不得作为商标使用:……(六)带有民族歧视性的;……(八)有害于社会主义道德风尚或者有其他不良影响的。"

② 《商标法》(2019)第 33 条规定:"对初步审定公告的商标,自公告之日起三个月内,……或者任何人认为违反本法第四条、第十条、第十一条、第十二条、第十九条第四款规定的,可以向商标局提出异议……"

③ 参见〔德〕弗里德赫尔穆·胡芬《行政诉讼法》(第 5 版),莫光华译,法律出版社 2003 年版,第 253—257 页;杨建顺《日本行政法通论》,中国法制出版社 1998 年版,第 200—203 页。

人利益包含在公共利益之中的复杂情况。① 随着我国城市建设的快速发展，实践中出现了许多建设项目周边的居民或普通市民针对规划许可行为提起诉讼的案件。如在青岛市民状告规划局行政许可案中，起诉人以规划局做出的规划许可破坏音乐广场与周边的环境和谐为由，要求法院撤销被告的行政审批行为。② 又如，最高人民法院公布的两件有关城市规划许可的指导性案件，即沈希贤等182人诉北京市规划委员会颁发建设工程规划许可证纠纷案、念泗三村28幢楼居民35人诉扬州市规划局行政许可行为侵权案，都涉及了建设项目侵害周边居民日照、采光、卫生环境等利益的争议。在此类案件中，起诉人并不是规划许可的相对人，他们所主张的利益是作为规划过程中形成的公共利益的一个方面存在的。在利益多元化的社会中，若规划机关未能充分保护公共利益，使得作为公共利益一部分的个人利益受损，则很可能会导致利益配置的严重失衡和利益冲突的激化。因此，有必要单独针对包含在公共利益中的较为重要的个人利益给予法律救济，而不应将该项利益视为反射利益，不赋予其享有者以原告资格。这便带来一个问题：如何判断在城市规划许可案件中起诉人所主张的权益是自己的还是公众的，以此来认定起诉人是否具有利害关系人的身份？例如，在"南京紫金山观景台案"中，规划局对建观景台的许可损害的是南京市全体市民的权益，乃至赴南京紫金山旅游的外地游客的权益，其权益的享有者是不特定的，因此可以认为该规划行为损害的是公共利益。但从案件的事实层面来讲，被诉规划行为确实影响了两位提起诉讼的教师之权益，因为其购买了中山陵园风景区年票，就应当享有观赏自然景观所带来的精神上愉悦的权利。③ 可见，在特定利益享有者与不特定利益享有者之间没有明显的分界线。要确定起诉人主张的是否为切身利益，就必须分清哪些利益是不被规划所欲实现的公益消解的，且可以独立作为个人利益在主观诉讼中主张的。

---

　　① 参见凌维慈《城乡规划争议中的原告资格——日本法上的启示》，《行政法学研究》2010年第3期。

　　② 参见姜培永《市民状告青岛规划局行政许可案——兼论我国建立公益诉讼制度的必要性与可行性》，《山东审判》2002年第1期。

　　③ 参见宁晨豹《紫金山顶建"怪物"，教师状告规划局》，《羊城晚报》2001年10月19日第A19版。

　　对于如何区分切身利益与公共利益，我们可以借鉴日本司法实践中判断第三方"切身利益"的经验。在日本1962年《行政事件诉讼法》中，提起撤销诉讼的前提条件是具有"法律上的利益"，从当时的判例来看，法院认为"具有法律上利益者"除了包括行政相对方外，还包括第三方。但是，对于第三方受法律保护的利益范围采取严格的解释，若行政行为所依据的规范除了有实现公益目的之外，还有保护个人利益的旨趣，则这种利益就是"法律上保护的利益"；如果在实定法上无法找到这种利益受保护的意旨，那么只能认定它为反射利益。在城市规划案件中也在一定程度上采用了上述判断方法。例如，1983年东京高等法院在因国家铁路高架化项目带来的解除历史遗迹指定判决中指出："不存在为县民、国民以及学术研究者保存和活用历史遗迹而提供特别保护的规定"，他们所主张的利益是"通过正当运用法规实现公益保护，结果所产生的反射利益……并且学术研究者在保存利用古迹方面所获得的学问研究上的利益，在法规上并没有超过公益保护所带给国民的一般利益的程度进行特别保护，所以仍然被公益所涵盖，只能在维护公益时附带地受到保护"①。可见，在早期判例中所确定的第三方"切身利益"范围是相当狭小的，即必须是立法者专门要求执法者加以保护的个人利益。

　　然而，随着行政权广泛地介入市民的生活，如果拘泥于法规的明文规定，那么环境利益、消费利益乃至危险设施周围的居民利益、处于竞争关系的第三人利益可能都无法单独受到保护。基于此，在20世纪80年代后，法院开始采用将起诉者所主张的利益积极地读入法的目的和宗旨来认定原告资格的方法。这种灵活的解释方法在"原子炉设置许可无效确认之诉"的最高法院判决中得以确立。②继原子核反应堆案件之

---

　　① 参见凌维慈《城乡规划争议中的原告资格——日本法上的启示》，《行政法学研究》2010年第3期。

　　② 在这个案件里，核电设施设置地点的附近居民提起了行政诉讼，请求法院确认核电设施的设置许可无效。而实际上，相关法规并无明确表示要保护核电设施周边居民的个人利益。尽管如此，日本最高法院认为，"判断行政诉讼的原告资格"应当考虑到该法规意图通过该行政处分加以保护的利益的内容和性质。该法规的技术能力要件和灾害防止要件所要保护的不仅是作为一般性公益的公众的生命和健康安全及环境上的利益，还包括作为单个个人利益的那些居住在原子炉周围居民的生命和身体安全等利益。据此，法院认定了附近居民的原告资格。具体参见王天华《行政诉讼的构造：日本行政诉讼法研究》，法律出版社2010年版，第61—62页。

后，"川崎市开发许可撤销案"也采用了此种解释方法。在该案中，法院认为《都市计划法》第 33 条第 1 款第 7 项是开发许可的要件，该项旨在保持形成没有山崩的良好都市环境，同时也包含了将保护开发区域内外一定范围内居民免受山崩侵害生命安全的利益作为个别的利益进行保护的意思，因此该条也肯定了居住在可能遭受山崩灾害地区的居民具有原告资格。① 2004 年日本修改了《行政事件诉讼法》，新法在原法第 9 条的基础上增加了一款规定：必须考虑法令的宗旨和目的，同时要考虑行政机关在处分中所应当考虑的利益的内容和性质，在此基础上综合判断第三方是否具有法律上的利益，不能只根据处分所依据的法令文本。② 新法在不突破"法律上受保护利益说"底线的前提下，为司法适用提供了一个"开放的解释平台"。这点在其后的新判例——"小田急高架化诉讼大法庭判决"中得到了确认。在小田急案中，最高法院首先解释了城市规划法目的的规定，并且厘清了作为城市规划决定基准的法令之间的关系和含义，从而确定城市规划法上具有城市规划符合公害防止规划的义务性规定；然后，结合公害防止规划所依据的公害对策基本法的旨趣与目的，推导出行政机关在决定或变更城市规划时，为防止损害发生，应对有可能因大范围噪声、振动等而给健康或生活环境造成损害的地区采取综合性对策，以使该城市规划符合公害防止规划；进而考量了受害（包括噪声、振动等环境生活的公害）的内容、性质和程度（如离建设工程的远近、受害的反复性、显著性等），认定铁道建设项目周围居民的健康和环境利益并不能被消解在一般公益中，其为应当受到保护的个别利益；最后得出结论，城市规划项目区域周边的居民中，因该项目中的噪声、振动等而直接遭受健康或生活环境方面显著损害的人，具有法律上的利益，有权提起撤销之诉。③

① 参见凌维慈《城乡规划争议中的原告资格——日本法上的启示》，《行政法学研究》2010 年第 3 期。

② 参见王天华《行政诉讼的构造：日本行政诉讼法研究》，法律出版社 2010 年版，第 62 页。

③ 参见凌维慈《城乡规划争议中的原告资格——日本法上的启示》，《行政法学研究》2010 年第 3 期；肖军《日本城市规划法研究》，上海社会科学院出版社 2020 年版，第 169—170 页。

上述案例表明，第三方原告资格的问题出现在日本城市化高速发展的时期，法院解决这一问题的关键就是判定第三方利益是否可以独立于公益而受到保护。法院起初在认定第三方利益是否属于应受保护的个别利益时，严格依照法规明文规定，采用最狭义的解释，较大程度地限制了第三方"切身利益"范围。此后，第三方应受法律保护的利益范围逐步被扩大，主要是因为法院面对这一问题时加入了更多的考虑因素，包括城市规划法规及相关规范的目的、规划行为对第三方权益影响的程度等，从而实现了对"法律上的利益"的扩张解释，这对我国城市规划案件中第三方利益保护问题具有重要的启示意义。

以涉及建设工程规划许可的行政诉讼案件为例，长期以来，法院主要是以"涉及相邻权"作为判断提出诉讼的建设规划许可项目周边居民是否具有原告资格的依据，但仅适用这种单一判断方法很可能会给原告资格认定的准确认定带来一定的困难。一方面是因为民事法律规范所规定的相邻权范围较广，不动产相邻各方在采光、通风、通行、排水等方面形成的相邻关系均属于相邻权的范畴，尽管我国行政诉讼法已对第三方享有"相邻权"予以认可，[①] 但是否所有的构成民法上相邻权的利益都属于规划机关做出建设工程规划许可时必须加以特别考虑的利益，以及相邻权益受到影响的第三方是否都具备利害关系人的身份，仅以"涉及相邻权"作为判断标准可能会导致原告资格认定过宽的问题。另一方面是因为土地性质的改变和工程建设的空间布局不仅事关周边居民在采光、通风、噪声等方面的利益，也会对周边商业设施的客流量、业主的经营利益或居民生活设施的基本需求等产生重大影响，但这些利益往往难以归入相邻权法定的保护范畴，若严格依照"涉及相邻权"的标准来确定受保护权益的范围，则不能对第三方遭受的权益损失给予全

---

① 1999 年通过的《最高人民法院执行〈中华人民共和国行政诉讼法〉若干问题的解释》第 13 条规定："有下列情形之一的，公民、法人或者其他组织可以依法提起行政诉讼：（一）被诉的具体行政行为涉及其相邻权或者公平竞争权的；……"2017 年通过的《最高人民法院关于适用〈中华人民共和国行政诉讼法〉的解释》在第 12 条中也采用列举形式规定了"涉及相邻权或公平竞争权"等与行政行为有利害关系的形式。

面的救济。①

对此，可以参考日本相关判例中灵活解释"法律上的利益"的做法，来判断第三人主张的利益是否属于合法权益，不仅要根据规划许可所依据的法律规范文本，还应考虑该规范的宗旨和目的以及规划机关做出该规划许可时应考虑的利益内容和性质，若存在与之有共通目的的相关法律规范，也要对相关法律规范的宗旨和目的加以斟酌，以此确定在整个法律规范体系中有无通过该规划许可行为对第三方的个别利益加以保护的意旨，以便能够承认更多的值得法律保护且需要法律保护的利益属于合法权益。在确定第三方主张的利益是否属于合法权益的同时，也需要通过合理的方法将某些特定主体的利益从公共利益中区分出来，如对第三方遭受侵害的利益内容和性质、受侵害的形态和程度以及是否在事前规划程序中享有参与权等因素加以综合考虑，从而判断第三方所主张的个人主观上的利益是否独立于规划区域内居民的整体生活环境利益而存在。②

三　利益衡量方法在"权益"要素判断中的运用

囿于法律规则的不明确，在司法实践中，城市规划利害关系人的判定存在很大的裁量空间。不同的法官在面对同类问题时，往往会基于自身的价值判断做出不一样的认定结果。所以，在确定起诉人主张的利益是否符合构成城市规划利害关系人的"权益"要素时，利益衡量方法的运用就显得尤为必要，③ 这需要法官探寻立法的原意，在现有法律文本框架内，将利益位阶、社会通识、宪法和法律的基本原则作为利益衡量的重要标准，来比较与权衡各方当事人的利益，最终做出应当保护哪一方利益的价值判断。在城市规划争议中，对于"权益"要素的判断，往往需要就多元主体之间的复杂利益关系进行衡量。在城市规划运作过

---

① 参见凌维慈《城乡规划争议中的原告资格——日本法上的启示》，《行政法学研究》2010 年第 3 期。

② 参见凌维慈《城乡规划争议中的原告资格——日本法上的启示》，《行政法学研究》2010 年第 3 期。

③ 参见唐晔旎《论利益衡量方法在行政诉讼原告资格认定中的运用》，《行政法学研究》2005 年第 2 期。

程中，无论是在地方政府与开发商之间，还是在开发商与业主等利益相关人之间、地方政府与公众之间都可能产生空间利益冲突。具体表现在如下方面。

其一，有时开发商对建设用地的区位选择与城市政府发展规划不相符，当开发商的投资已经确定后，其资本就被固定在不可移动的空间上，此时政府因种种原因对已经确定的规划进行变更，则有可能给开发商造成较大的经济损失，如因依照新规划而开展的道路扩建而导致开发项目用地减少，以及因新规划变更开发项目用地性质而造成开发商前期费用的损失。

其二，在政府的发展规划与开发商对某一建设用地的开发意愿不一致的情况下，开发商基于自身的利益需要，时常会要求根据市场形势变化调整规划设计方案，改变用地性质和规划指标。由于开发商往往凭借其强大的资本优势，绕过规划部门直接向城市领导施加影响力，最终很可能导致规划许可被随意调改，进而给业主等利益相关人的权益造成损失，同时也使规划失去利益调控的功能，影响规划的稳定性和公正性。① 例如，开发商为达到利润的最大化，要求政府按照自己的意图调整规划，将本来用于小区公共设施或公共空间的地块用于商业开发，由此造成小区整体生活环境利益受损，或者提高开发强度，使出让合同约定的容积率发生明显的变化，从而损害了已经购房的部分居民的权益。

其三，因空间开发的负外部性，依据规划在建成区进行的空间开发活动难免会对周边地块居民的日照、景观、安全、卫生、安宁等方面权益造成严重影响，从而造成其生活质量下降和房屋经济价值的锐减。比如，在旧城改造中，政府和开发商为了提高容积率，通常会采用拆多层、建高层的开发建设模式，这些高层建筑一旦建成势必会对其北侧及东、西侧相邻地块形成巨大的阴影，由此导致相邻地块房屋产权人住宅的原日照时间大幅缩短。

其四，依照规划开展的旧城拆迁安置活动，是对历史形成的空间关系的强制性调整，也是最易引发地方政府与公众利益冲突的源头。对于

① 参见何子张《城市规划中空间利益调控的政策分析》，东南大学出版社 2009 年版，第 17 页。

大量聚集在旧城的城市贫困阶层人口，应将其在搬迁后享有公共物品和公共服务的质效纳入补偿考虑因素中。而既有的拆迁补偿主要集中于财产权益和居住权益方面，拆迁居民在就业、交通、环境等空间权益方面的补偿与改善往往会被忽视。此外，囿于拆迁补偿标准较低、安置不到位、回迁门槛过高等因素，底层群体在搬迁后难以维持原有的生活水平和状态，在很大程度上也激化了社会矛盾。

从城市规划中多元主体之间利益冲突与博弈的现状来看，地方政府与开发商明显处于优势地位，地方政府作为享有城市规划制定权、决策权和管理权的政治主体，在城市规划运作过程中扮演着理性经济人和公共利益代理人的双重角色，主导着城市土地和空间资源的配置，而开发商凭借其强大的资本，在城市建设项目选址、开发强度等方面已拥有不可忽视的话语权，故两者在城市开发建设过程中更易于实现自身的利益。相比而言，由于分散的城市居民个体对规划决策的影响力较弱，加之其对规划信息的知情权往往未能得到有效保障，无法及早地参与规划决策，其往往直到利益受损时才开始维权，权益救济的难度也随之增大；而社会公共利益的主体实质上是处于虚位的，这也决定了公益的实现不可能像其他利益那样依靠确定主体的逐利行为和活动，在因各主体的利益冲突而导致社会公共利益受损时，也无人或没有足够的力量为其辩护。[①] 可见，在城市规划多元主体利益的竞争格局中，除地方政府之外，开发商是最大的受益者，一旦权力与资本形成"合谋"，在缺乏健全法律制度制约的情况下，极易使社会公共利益和居民个体的利益造成侵害，从而带来城市空间整体利益结构失衡与城市资源分配不公的问题。

基于上述分析，在城市规划行政诉讼案件中，对多元主体间错综复杂的利益关系进行衡量时，须将实现个案正义、维持各方利益之间的平衡、最大化地实现各方利益作为目标，在社会公共利益得到维护的前提下，尽可能地对处于弱势地位的居民个体所主张的损害程度较大、相对重要的利益给予倾斜性保护。

---

① 参见何子张《城市规划中空间利益调控的政策分析》，东南大学出版社2009年版，第22—23页。

需要注意的是，并非城市规划行为涉及的所有利益都需要进行衡量，这就要求由裁判者加以分析和评估，从先前调查与汇集的有关利益中剔除不正当的、于法无据的、与本案关系不大的利益，不再将其纳入考虑和平衡的利益范围。对于经过利益分析后筛选出来的相对重要的、值得保护的利益，必要时应结合利益位阶序列和利益的价值优越性程度进行排序。① 就纳入衡量范围内的存在冲突公益与私益而言，不能当然地认定公益在任何时候都优先于私益，而是应结合具体的情况进行判断，一般须根据比例原则来确认利益的价值优越性程度，即在被牺牲的利益所造成的损失与被实现的利益所带来的收益之间进行比较与权衡，不能为了实现一个较小的公益而去损害一个较大的私益。

在规划行政许可案件中，往往存在当事人虽已经购买了房屋，但未实际占有和使用房屋，也未办理房屋产权登记，以规划许可侵犯其相邻权益为由提起诉讼的情形。在1999年通过的《若干解释》第13条采用列举形式规定了几类具备原告资格的情形后，享有相邻权益的第三人通常会被认定具备利害关系人的主体地位。但从严格的意义来说，不具备房屋实际使用人或产权人的身份的购房者不在相邻权人的范畴内，因此不能以"涉及相邻权益"为标准来认定其是否具备利害关系人的主体地位。2009年出台的最高人民法院《关于审理建筑物区分所有权纠纷案件具体应用法律若干问题的解释》第1条第2款也将既没有办理所有权登记又没有实际占有房屋的买受人明确排除在"业主"的范围之外。② 可以说，当这些房屋买受人的权益受到城市规划行为的不利影响时，其是否具备利害关系人的主体地位，在实定法上没有明确规定，这就需要法官运用利益衡量的方法加以判断。

例如，在唐小红诉苏州市规划局规划许可纠纷案中，原告唐小红所购买的商品房既未交付使用，也没有办理房屋产权登记，因此其既非房屋产权人也非实际使用权人，从严格意义上来说，其尚未成为相邻权

---

① 参见郭庆珠《行政规划及其法律控制研究》，中国社会科学出版社2009年版，第254—255页。

② 《最高人民法院关于审理建筑物区分所有权纠纷案件具体应用法律若干问题的解释》第1条第2款规定："基于与建设单位之间的商品房买卖民事法律行为，已经合法占有建筑物专有部分，但尚未依法办理所有权登记的人，可以认定为物权法第六章所称的业主。"

人。但基于原告即将成为房屋所有人的事实，法院认为原告对房屋享有较大的期待利益，若不及时承认其利害关系人的身份，非要等到领取了房屋所有权证才承认，那么对于保护其权益是不利的。考虑到行政诉讼应适当放宽对原告资格的要求，且交房日期也将临近，法院最终认定原告作为购买人与被告批准建造邻近原告所购房屋的配电间行为之间存在利害关系，具备本案诉讼主体原告资格。这里的"利害关系"不是基于纯粹的相邻权而产生的，其更接近于购买人对实现房屋买卖合同的期待利益。[①] 在本案中，规划局做出批准开发商给商业城项目建设配电间的规划许可行为，其目的是增进商业城的经济利益，而唐小红作为房屋的准产权人，对其即将交付的房屋享有期待利益，上述两种存在冲突的利益均是值得法律保护的利益，此时需要通过利益衡量来选择更为重要的利益给予优先保护。本审法院正是通过对唐小红的期待利益与开发商的经济利益进行比较与权衡，才得出"唐小红所享有的期待利益较大，必须为该利益提供受保护的机会"这一结论的。

可见，在判断当事人是否享有"合法权益"的问题上，裁判者为了对特定主体的权益给予优先保护，会适当放宽对原告资格的要求，未将"合法权益"的范围限于现有法律规范规定的权益，只要当事人享有法律上值得保护的利益，就肯定其具备利害关系人的主体地位，赋予其原告资格，这其中必然要经历了一个对各方主体的利益进行比较与权衡的过程。

第三节　城市规划利害关系人的因果关系要素

城市规划法律关系中"因果关系"要素存在的价值就是用来确定城市规划行为与权益受到的不利影响之间是否存在一定的关联性。可以说，"因果关系"要素与"权益"要素是一脉相承的，在确定起诉人所

---

① 参见陈勇、杜娟《唐小红诉苏州市规划局规划许可案——规划行政许可是否合法的判断标准》，《人民司法·案例》2008 年第 8 期。

主张的"权益"真实存在的基础上，还要证成其权益损害与城市规划行为之间存在一定的关联性，法院才能够认为起诉人有足够的利益推动行政诉讼的进行。① 总的看来，"城市规划利害关系人"的判定需要分两步走，即首先判断"权益"的有无，然后判断"权益"与城市规划行为之间"因果关系"的强弱，最终确定起诉人有无利害关系人的身份。

就"因果关系"的构成要素而言，其包含三个方面的内容，即"因""果""因与果之间的关系"。从辩证唯物主义的世界观和方法论角度考察，因果关系的产生建立在事物之间普遍联系的基础之上，是指两个事实之间的一种引起与被引起的本质的、必然的联系。其中，引起另一个事实发生的事实称为原因，被引起的事实称为结果。一般来说，所有对结果发生具有原因力的事实都可称为该结果事实上的原因。但事实上的原因仅反映了行为与结果之间天然的联系，即两者之间的引起与被引起的联系，这种联系不能保证作为原因的行政行为应对受该行为影响的所有结果均承担法律责任。

从法律层面上看，纯粹事实上的因果关系是不可能存在的，存在的只是作为法律现实的法律因果关系，即一种加害行为与危害结果之间的联系，这种联系是在立法或司法活动中确认或创造的，并构成了行为人承担法律责任的基础。② 也就是说，加害行为与危害结果之间的因果关系首先是自然现实，是客观存在的由人或自然的活动所造成的现象。其次，经过法律的确认或创造，其才成为法律因果关系即法律现实；从自然现实到法律现实不是一蹴而就的，需要经历一个合理的过程。③ 根据法律规定程度的不同，法律因果关系可分为两类，即法律上有明确规定的法律因果关系和法律上没有明确规定的法律因果关系。第一类是裁判者依据法律规范明确规定予以确认的结果，只需判断案件中事实因果关系与法律规定的因果关系十分重合或相近即可做出认定，如《适用解

---

① 参见李晨清《行政诉讼原告资格的利害关系要件分析》，《行政法学研究》2004年第1期。

② 参见李川、王景山《论法律因果关系》，《山东大学学报》（哲学社会科学版）1999年第4期。

③ 参见李川、王景山《论法律因果关系》，《山东大学学报》（哲学社会科学版）1999年第4期。

释》第 12 条以列举的形式规定了"涉及相邻权或者公平竞争权""在行政复议等行政程序中被追加为第三人""要求行政机关依法追究加害人法律责任"等与行政行为有利害关系的情形，[①] 若案件中事实因果关系与上述情形较为吻合，即可将其拟制为法律因果关系。第二类是为了确保个案公正，裁判者依据或立法宗旨、法律原则、司法政策、司法理念将某些法律规范中没有明确规定的但具有法律意义的事实因果关系予以确认所形成的法律因果关系。

通过上述分析，可以认为作为城市规划利害关系人构成要素之一的"因果关系"必定是法律关系，它是以城市规划行为与利害关系人权益损害之间事实因果关系为基础，由裁判者根据相关法律规范的明确规定或立法宗旨、法律原则、司法政策、司法理念等拟制的结果。

相比于"权益"要素，"因果关系"要素的判断更加缺乏法律上的依据，理论上也没有固定的标准，因此在实践中因果关系的确定缺乏操作性，相对难以把握。如何认定因果关系是理论界长期争议的问题，存在多种学说，主要学说包括直接因果关系说、必然因果关系说和相当因果关系说。笔者认为，采用相当因果关系说最为适宜。相当因果关系指的是除现实情形发生该结果外，依社会一般见解也认为有发生该项结果的可能，[②] 其强调的是一种高度的盖然性。在城市规划争议中，存在以下两种情形可以认为构成相当因果关系：一种是按照通常情况来理解，当存在某一城市规划行为时，利害关系人的权益就会发生变化，如果不存在该城市规划行为，则利害关系人权益一般不会发生变化。另一种是单独的城市规划行为并不会导致利害关系人的权益发生变化，只有在与城市规划行为做出时便已经存在的或者应当知悉的一些其他条件相结合的情况下，这种结果才会产生，如某一规划许可行为只有和被许可人的建设行为相结合，才会导致被许可项目附近地块居民的相邻权益受损的

---

① 2017 年通过的《最高人民法院关于适用〈中华人民共和国行政诉讼法〉的解释》第 12 条规定："有下列情形之一的，属于行政诉讼法第二十五条第一款规定的'与行政行为有利害关系'：（一）被诉的行政行为涉及其相邻权或者公平竞争权的；（二）在行政复议等行政程序中被追加为第三人的；（三）要求行政机关依法追究加害人法律责任的；……"

② 参见李川、王景山《论法律因果关系》，《山东大学学报》（哲学社会科学版）1999 年第 4 期。

结果。① 在认定相当因果关系时应注意以下两点：第一，相当因果关系具有客观性，不以人的意志为转移，城市规划行政主体是否意识到其行为可能影响利害关系人的权益，不影响相当因果关系的成立。第二，若利害关系人权益的变化是由城市规划行为与其他客观存在的条件引起的，在认定结果产生的原因时，也不能否认这些条件所具有的原因力。

一　城市规划行为对起诉人权益的实际影响之分析

尽管目前我国在司法实践中对于相当因果关系的判定尚未形成一套统一的、具有逻辑性的法则，但我们还是可以依据一些个案的裁判理由和裁判结果，找寻出判定相当因果关系的关键因素。本书认为，在城市规划行政诉讼案件中判定相当因果关系是否存在，首先需要确定城市规划行为对起诉人权益能否产生实际影响，如果得出的结论是肯定的，则表明城市规划行为与起诉人权益发生变化具有关联性；若城市规划行为不可能对起诉人的权益产生实际影响，那么城市规划行为与起诉人权益之间就不存在相当因果关系。

当前我国理论界和实务界的主流观点认为，"实际影响"是指行政行为对起诉人权益已经造成的影响或者必然会造成的影响。然而，在司法实践中，很难判断被诉行政行为对起诉人的权益影响是否必然发生，尤其是对具有较强变动性和技术性的城市规划行为。由于城市规划在本质上是对未来建设活动的安排，制定规划所依据的社会经济条件会随着时间的推移发生变化，规划也必须做出相应的调整以保障公益的实现。而规划的变更往往会导致受到规划影响的主体范围发生变化，即原先受规划影响的主体在规划变更后不受其影响，或者原先不受规划影响的主体在规划变更后受到规划的影响。城市规划的技术性则体现为规划活动的开展要依照相关的技术标准和规范，对于规划行为是否影响了利害关系人的权益也需要依靠专业知识才能进行准确判断。鉴于法院在处理专业性问题上并不具有优势，由其严格审查城市规划行为是否必然给起诉人权益造成影响并不现实。而从行政诉讼法的立法目的来看，其涵盖了

---

① 参见郑文武《论城乡规划利害关系人界定的理论标准和实践方法》，《规划师》2010年第 4 期。

"预防行政行为侵害合法权益"的意图，① 承认权益有遭受损害可能之人的原告资格，有助于将行政诉讼功能拓展至预防违法行政，通过司法资源的"提前支出"来避免更大的行政资源浪费。基于此，本书认为，对"实际影响"的判断不宜过严，根据社会通常观念，只要规划行为有相当可能性会影响到起诉人的权益，就可以认定其权益受到该规划行为的实际影响，至于起诉人的权益是否真正受到侵害，则是经过实体审查后法官做出实体判决时应当考虑的因素。例如，在认定建设用地规划许可是否能够对规划范围内的土地使用权产生实际影响的问题，需要将关注的焦点放在建设用地规划许可让土地使用者丧失使用权的现实可能性上。建设用地规划许可只是核定被许可人的用地位置和界限，不会直接产生土地使用权转移的法律效果，土地使用权是否转移取决于被许可人是否向土地管理机关申请，以及土地管理机关是否批准。但考虑到被许可人主动放弃申请的可能性几乎不存在，而对取得规划许可证的申请人做出批准用地又是土地管理机关的法定义务，如果不把这种土地使用权发生转移的具有现实意义的可能性认定为"实际影响"，则会导致土地使用权人的权益无法及时获得司法救济。② 据此，可以认为城市规划行政诉讼案件中的"实际影响"包含两个方面的含义：一是城市规划行为对起诉人权益已经造成影响；二是城市规划行为尚未对起诉人权益造成影响，但将来造成影响的可能性非常之高，这种影响包括城市规划行为对起诉人权益产生的法律效果与事实效果。

在行政诉讼中，法院之所以通常会将"实际影响"作为判断因果关系的关键因素，主要是因为相关司法解释明确了"对公民、法人或者其他组织权利义务不产生实际影响的行为"不可诉。③ 这一规定类似于

---

① 《行政诉讼法》（2017）第 1 条明确了"保护公民、法人和其他组织的合法权益""监督行政机关依法行使职权"的立法目的，这其中就蕴含了保护合法权益"不受可能的侵犯"和"事前监督"行政机关依法行政的意思。

② 参见沈岿《行政诉讼原告资格：司法裁量的空间与限度》，《中外法学》2004 年第 2 期。

③ 1999 年通过的《最高人民法院关于执行〈中华人民共和国行政诉讼法〉若干问题的解释》第 1 条第 2 款第 6 项规定"对公民、法人或者其他组织权利义务不产生实际影响的行为"不属于人民法院行政诉讼的受案范围。2014 年通过的《关于执行〈中华人民共和国行政诉讼法〉若干问题的解释》第 3 条第 8 项、2017 年通过的《最高人民法院关于适用〈中华人民共和国行政诉讼法〉的解释》第 1 条第 10 项均沿用了这一规定。

与美国司法审查中的"成熟性原则"，即对法院予以审查的对象限于能够对外产生确定效力的行政行为，将尚未成立的行为、尚未实施终了的行为或者尚在行政机关内部运行的行为排除在审查范围之外。司法解释做出如此规定背后的考量在于：一是保证规划机关正常行使职权。规划机关实施一个行政行为，往往会经历许多步骤。法院介入尚在进行的行政程序中，势必会影响行政管理的连续性与稳定性，影响行政机关职权的行使和职责的承担，甚至会影响行政管理目标的实现。二是确保案件的正确审理。提交法院审理的案件，行政机关与起诉人之间的争议性质应当是明确的。在行政机关尚未做出最终决定的情况下，因争议的性质尚不明确、当事方的权利义务关系未得到最终确定，很可能导致法院难以正确地审理案件、有效地裁判纠纷。三是降低解决争议的成本。由于行政行为具有动态性和过程性的特征，行政机关在做出最后的决定之前，先有一些预备性的、中间性的决定，这些预备性、中间性决定往往由最后的决定所吸收。如果法院对行政机关预备性、中间性决定就予以审查并做出裁判，既会增加办案的难度，也不利于彻底解决纠纷，因为起诉人如对最后决定不服，又得提起行政诉讼，这样无疑增加了当事人的诉累和诉讼成本。反之，待最终决定做出以后再提交司法审查，则法院可以将预备性、中间性决定和最终决定一并审查，彼时预备性、中间性决定违法将作为最终决定违法的理由来支持起诉人自身的诉讼请求，有助于彻底解决争议。① 接下来，笔者拟以"徐志豪与广州市规划局政府信息公开纠纷上诉案"和"谢新利与余姚市规划局等规划行政复议上诉案"为例来对城市规划争议中如何认定城市规划行为是否对起诉人权益产生实际影响进行具体分析。

在第一个案件中，上诉人徐志豪对广州市越秀区人民法院驳回其申请公开《广州市琶洲村改造规划》的诉讼请求不服，遂向广州市中级人民法院提起上诉。该案的争议焦点在于当行政机关在城市规划方案中确定了具体规划内容时，规划方案是否对其涉及范围内的房屋所有权人的合法权益产生了实际影响。一审法院认为，被告广州市规划局依据

---

① 参见石佑启《在我国行政诉讼中确立"成熟原则"的思考》，《行政法学研究》2004年第1期。

《政府信息公开条例》第 21 条、《广州市城市规划局依申请公开政府信息规定》第 7 条已明确告知原告对其申请的文件不予公开的理由和决定，即因该规划方案是过程性研究规划成果而决定不予公开，同时结合被告的答辩陈述及原告提供的现有证据正确等，也不能反映原告所要求被告予以公开的使用该名称的文件系符合公开条件的规划文件，由此认定原告要求撤销被告做出的依申请公开政府信息决定依据不足，应不予支持。二审法院查明了本案所涉的规划文件性质，认为被上诉人在事实上已根据《广州市琶洲村改造规划》等方案定出了琶洲村改造项目总规划用地、总建筑面积等规划内容，实际上等同于被上诉人在《广州市琶洲村改造规划》等方案的基础上做出了规划决定，据此，可认定《广州市琶州村改造规划》是结果性研究规划成果而存在，并非"过程性"文件，已经作为被上诉人规划审批的依据，具有可执行性，并得出该文件与上诉人的权利义务有直接的利害关系这一结论。在此基础上，二审法院认定被上诉人以《广州市琶洲村改造规划》是过程性研究成果作为其不公开的理由理据不足，原审法院予以支持不当，判决对上诉人和原审法院的处理予以纠正。① 在此案中，对城市规划方案性质的准确判断，即该规划方案为"过程性"文件还是规划成果，关系到对其能否给规划区域内房屋所有权人的合法权益带来实际影响的认定，也关涉其是否属于政府应当公开的信息范围。"过程性"文件具有非正式性、不准确性和未完成性的特征，一般不能对外产生确定的效力，由于最终的规划行政决定尚未做出，此时公开此类信息可能会对行政机关完成整个规划运作过程产生不利影响，因此在法律上也允许行政机关在存在正当理由的情况下对此类信息不予公开。而确定了具体规划内容的规划方案，实际上已形成城市规划的结果，意味着对其所涉及范围内的房屋所有权人权利义务做出了最终的设定，在此情形下，应当肯定其与房屋所有权人存在利害关系，属于政府应当公开的信息范围，房屋所有权人也有权申请公开方案内容。

在第二个案件中，上诉人谢新利对余姚市规划局核发的《建设项目

---

① 李广宇：《过程信息：徐志豪诉广州市规划局案》，载最高人民法院行政审判庭编《行政执法与行政审判》2013 年第 3 辑，中国法制出版社 2013 年版，第 133 页。

选址意见书》不服，遂向余姚市人民政府申请行政复议，在行政复议决定维持了该《建设项目选址意见书》后，又提起诉讼。一审法院认为，根据《城乡规划法》第36条的规定，建设项目选址意见书是需要以划拨方式提供国有土地使用权的建设单位向城乡规划主管部门申请核准的建设项目正式立项前的规划管理措施，其并不确定最终的规划设计条件，该行为尚未对相邻土地使用权人和房屋所有权人的相邻权益产生实际影响，谢新利与该行为之间不存在利害关系，因此不具备原告资格。随后，谢新利提起上诉，二审法院经过审理，认为原审裁定认定事实清楚，适用法律、法规证据正确，据此，驳回上诉，维持原裁定。① 在该案中，对规划局核发建设项目选址意见书的行为性质的判断，是认定其能否对上诉人相邻权益产生实际影响的关键因素。从性质上看，建设项目选址意见书是在建设项目的前期可行性研究阶段，由规划主管部门依据城市规划对建设项目的选址提出要求的法定文件，是保证各项工程选址符合城市规划，按规划实施建设的重要管理环节。② 由于核发建设项目选址意见书本身不确定最终的规划条件，因此其属于规划机关做出的预备性、中间性决定，不会直接产生影响上诉人相邻权益的效果，只有等到最终的规划设计条件得以确定后，才可能导致上诉人的权利义务发生变化。

从现有城市规划行政诉讼案例对"实际影响"因素的认定情况来看，法官对这一因素的判断主观性较强，尚未形成统一的判断标准，在尺度把握上容易产生一定的偏差，可能会因过于强调被诉城市规划行为对起诉人权益直接、现实的侵害而否认该规划行为与起诉人之间具有利害关系，进而影响对利害关系人诉权的保障。例如，在李家武诉重庆市彭水苗族土家族自治县人民政府行政批复案中，重庆高院的判决指出："上诉人李家武没有证据证明其房屋受损是因彭水县政府批准同意重庆彭水郁山古镇修建性详细规划方案设计造成的，彭水县政府批准同意重庆彭水郁山古镇修建性详细规划方案设计的行为并不直接对李家武的房屋设定权利、加负义务，不会对李家武的权利义务产生实际影响，故被

<hr>

① 参见浙江省宁波市中级人民法院二审裁判书，(2016) 浙02行终48号。
② 陈锦富编著：《城市规划概论》，中国建筑工业出版社2006年版，第120页。

诉行政行为与李家武没有利害关系，李家武没有原告主体资格。"① 在该案中，法院对"实际影响"因素的把握实际存在一定的偏差。修建性详细规划的功能是依据依法批准的控制性详细规划，直接对所在地块的建设项目做出具体的安排和设计，经过上级机关的批准，就对外产生了法律效力，为其涉及地块内的个人或组织的建设活动设定了相应的权利义务。虽然李家武的房屋不在建设项目范围内，但可以基于对相邻关系的考察来判断批准修建性详细规划的行为与李家武房屋受损的关联性，不宜简单地以该批准行为不直接对李家武的房屋设定权利、加负义务为由，否认修建性详细规划方案设计本身对房屋权利人合法权益产生影响的现实可能性，更不应把修建性详细规划批准行为与原告房屋受损之间因果关系的举证责任径直分配给原告，而应将这一因果关系作为法律解释问题来处理。②

综上所述，对"实际影响"因素的把握，需要掌握适当的尺度，从符合立法精神和目的角度加以考量，法院应在法律认可的权益范围内，尽可能地为合法权益受到行政行为侵害或将会受到不利影响的个人或组织提供诉权保障，在判断有无"实际影响"的问题上，宜结合起诉人享有权益的性质、行政行为的对外效力、行政行为涉及的空间范围等因素进行综合考量，不能单单从被诉行政行为是否直接针对起诉人的财产权益设定权利义务的角度来认定是否存在"实际影响"。

二　起诉人取得权益时点的分析

在个案中，对于起诉人主张的权益与被诉行政行为之间的关联性，仅依靠主观性较强的"实际影响"标准往往难以准确判断，即便能够证明城市规划行为对起诉人权益产生了实际影响，也只能确定城市规划行为与起诉人权益受到影响之间存在事实上的联系，这种联系并不意味着作为原因的城市规划行为对受到该行为影响的所有结果都要承担法律

---

① 程爽、刘津坤、张红梅：《人民司法案例：当事人对修建性详细规划批准行为没有诉权》，《人民司法（案例）》2019 年第 5 期。

② 参见鄢德奎《市域邻避治理中空间利益再分配的规范进路》，《行政法学研究》2021 年第 5 期。

责任，因此，法院通常还会对起诉人主张的权益何时与被诉行政行为之间产生关联性加以考量，由此来判断是否存在利害关系。最高人民法院认为："当事人主张的权益，应当是行政机关做出行政行为时已经存在和需要考虑的权益，原则上对于事后形成的权益或者已经消失的权益，当事人无权提起诉讼，除非存在因行政法律关系存续而事后受到影响等特殊情形或者法律有特殊规定。"① 也就是说，行政行为做出之后，有的具有持续存在的法律效力，当事人主张的权益应当为行政行为做出时的既有权益且值得保护的权益，在行政行为效力存续期间因法律事实或者行为产生或者消失的权益，原则上不能认定其与被行政行为之间具有利害关系。据此，我们也应将起诉人取得权益时点作为判断起诉人的权益是否与被诉城市规划行为之间存在相当因果关系的一个关键因素，以便通过更为客观、更具操作性的标准来度量起诉人的权益与被诉行政行为之间的关联性。接下来，结合一些典型的司法案例，分两种情况来讨论如何以起诉人取得权益时点为切入点来认定相当因果关系的存在与否。

（一）起诉人所主张的权益在城市规划行为做出之前便已客观存在

在起诉人取得权益先于城市规划行为做出的情况下，通常只要能够证明城市规划行为对起诉人权益产生了实际影响，就能够确定权益的受损与城市规划行为之间存在相当的因果关系。例如，在王锡钢诉宁波市规划局规划行政许可纠纷案中：原告王锡钢与第三人宁波万达置业有限公司在 2007 年 11 月 24 日订立商品房买卖合同，向第三人购买 48 克拉酒店商务楼 1 套，2009 年 11 月中旬房屋交付。2008 年 8 月 8 日，第三人向被告宁波市规划局申请要求将该项目的 47、48 层复式套型变更为单层套型，对 1、2 层商铺中的大部分商铺进行砌筑隔墙分割，同月 19 日被告同意调整。2009 年 9 月 28 日，被告向第三人颁布了建设工程规划许可证。此后，原告认为第三人对 48 克拉酒店商务楼工程项目的部分调整侵害了自身的合法权益，遂针对被告核发建设工程规划许可证的行为提起行政诉讼。法院经审理后，确认原告王锡钢与第三人宁波万达

---

① 章剑生：《行政诉讼原告资格中"利害关系"的判断结构》，《中国法学》2019 年第 4 期。

置业有限公司签订商品房买卖合同的时间先于被告宁波市规划局后向第三人颁发建设工程规划许可证的时间，即原告王锡钢所主张的权益是在被告做出建设工程规划许可行为之前就已经客观存在的，据此认定该建筑物的建设工程规划许可与原告的权益之间有利害关系，原告具有本案诉讼主体资格。①

在实践中，时常会出现民事法律关系与行政法律关系交织在一起的情况，当行政法律关系介入民事法律关系时，民事法律关系主体一般具备原告主体资格，但也存在诸如行政行为影响债权等例外情形。例如，在上诉人徐颖因行政复议不予受理决定一案中：2003 年 9 月 13 日，拆迁人上海新长宁有限公司与被拆迁人签订了房屋拆迁补偿安置协议，徐颖系被安置人之一。此后，由于动迁规模发生变化，上海市长宁区城市规划管理局对原建设工程规划许可进行了变更，向拆迁人上海新长宁有限公司核发了新的建设工程规划许可。徐颖认为原规划的变更，致使其协议上约定的回搬房屋价值降低，遂提起行政复议，要求撤销上海市长宁区城市规划管理局做出的新的建设工程规划许可。上海市规划局对徐颖提起的复议申请做出了不予受理的决定。徐颖不服，提起行政诉讼要求撤销上海市规划局做出的行政复议不予受理决定。一审法院认为，建设工程规划许可证的核发与徐颖没有法律上的利害关系，据此判决维持上海市规划局做出的不予受理决定。随后，徐颖又提出上诉，请求撤销原审判决及被诉行政行为。二审法院认为，徐颖对建设工程规划许可证中许可建造的部分建筑依据回搬协议享有债权，如认为规划变更行为致使回搬房屋与协议约定不符，可依据协议向拆迁人主张民事责任，据此认定变更规划的行为并未影响徐颖的合同权益，该规划变更行为与徐颖之间无法律上的利害关系。② 在该案中，虽然上诉人徐颖取得债权的时间先于规划变更的时间，但徐颖的债权属于私法上的权利，首先应考虑选择民事诉讼的途径来解决，徐颖是否具有原告资格，一般需要考虑行政法律规范是否对行政机关做出相应行政行为时的"斟酌义务"予以明确。若行政法律规范明确规定行政机关对债务人做出行政行为时应当

---

① 参见宁波市鄞州区人民法院行政判决书，（2010）甬鄞行初字第 24 号。

② 参见上海第二中级人民法院行政判决书，（2005）沪二中行终字第 313 号。

考虑债权人的债权，则行政机关与这些债权人之间就形成法定的行政法律关系；如果行政法律规定没有做出明确规定，则行政机关没有义务去考虑法律规定之外的权益，但上述主体的权益因行政行为受到实际损害，且无其他救济途径的，可以认定其具备原告资格。由于在该案中并不存在行政法律规范明确规定行政机关对债务人做出行政行为时应当考虑保护债权人的债权之情形，而徐颖此前也未尝试通过民事诉讼途径来解决纠纷，因此最终法院认定变更规划与其合同权益之间没有利害关系，是有理有据的。对于债权人以行政机关对债务人所作的行政行为损害其债权实现为由提起行政诉讼的问题，《适用解释》第13条也做了相应的规定，即人民法院应当告知其就民事争议提起民事诉讼，但行政机关做出行政行为时依法应予保护或者考虑的除外。

（二）起诉人所主张的权益在城市规划行为做出之后才取得

一般而言，当民事法律关系介入行政法律关系时，除非存在特殊情况或法律有特殊规定，民事行为的主体不具备行政诉讼原告资格。例如，在张建明等75人诉常州市规划局规划行政许可案中：2009年10月28日，江苏省常州市规划局向九龙仓公司颁发了时代上院项目建设工程规划许可证。2010年4月至2011年8月，张建明等75人陆续与九龙仓公司签订商品房买卖合同。其中，商品房买卖合同上标明了建设工程规划许可证的证号，建设工程规划许可证的详细内容也在售楼处予以公示。张建明等75人认为该建设工程规划许可证与中华恐龙园南侧地块控制性详细规划不符，侵害了其合法权益，遂提起行政诉讼，请求撤销该建设工程规划许可证。该案的一审法院和二审法院均认为，九龙仓公司与常州市规划局发生行政法律关系的时间早于其与张建明等75人发生民事法律关系的时间，张建明等75人是在对自己购买房屋的现有规划条件知情且认同的情况下与九龙仓公司签订购房合同的，因此，在后发生的民事行为未受到在先发生的行政行为的影响，张建明等75人与被诉行政行为不存在利害关系，不具备原告的诉讼主体资格。[①]

法院之所以一般不认可当事人在行政行为做出后取得的权益与被诉行政行为之间的利害关系，主要是基于以下考量：一方面，行政机关不可

[①] 参见江苏省常州市中级人民法院二审裁定书，（2013）常行终字第57号。

能预见到行政行为做出后形成的利益关系的具体样态，也无法获知与该行为可能产生联系的主体及发生联系的原因。如果轻易地赋予与行政行为事后取得联系的主体以诉权，则任何人均可通过主观创设法律关系的方式来取得原告资格，这无疑会加重司法机关的负担并影响行政效率，而在诉讼程序中行政机关无法基于这种"联系"而对事前做出的行政行为予以有效回应与答辩，也会引起诉讼程序先天"权利失衡"。另一方面，由于行政行为做出后形成的利益主体具有不特定性，使得继后的可能受到侵害的利益具有等同于基于一般公共利益所产生的反射利益的特点与属性，因而其不能成为行政法上承认的且应予以特别保护的私人利益。[1]

　　总的来说，不同于对"权益"要素的判定已形成的较为客观、明晰的标准，对"因果关系"要素，特别是有无"实际影响"的判定，目前仍缺乏充分的法律依据，在理论上和实务中也尚未形成统一、固定的标准，这也是"因果关系"要素可操作性相对较弱的一个重要原因。即使在实行判例法的国家，经过多年的丰富积累，也无法彻底解决因果关系的衡量问题，更大程度上是依赖法官的个案判断，其中经验主义的成分更多一些。[2] 因此，在"利害关系"的判断上，"权益"要素的运用要比"因果关系"要素更为广泛和成熟，这在全球也成为一个普遍的趋势。从"权益"和"因果关系"这两大要素之间的关系来看，"因果关系"存在被"权益"吸收的可能性，这是因为最高人民法院在判断"利害关系"问题上引入的保护规范理论，实际是一种采用了规范目的说立场的因果关系理论，当法院对因果关系的判断采用这一学说的立场时，即便起诉人主张其既得权益遭受行政行为侵害构成了事实因果关系，也往往需要通过对行政主体义务性条款的推定，来确定起诉人主张的权益在被诉行政行为依据的法律规范保护范围内，才能将这种事实

---

　　① 参见李剑峰、肖云璐《"与行政行为"是否具备利害关系应以行政行为作出之时为判断时点》，http://tzcourt.taizhou.gov.cn/art/2020/12/8/art_56702_3001572.html，2022年6月16日。

　　② 李晨清：《行政诉讼原告资格的利害关系要件分析》，《行政法学研究》2004年第1期。

因果关系确认为法律因果关系。① 可以说，两大要素之间并非界限分明的，而是不断渗透和促进的，这也是"利害关系"判断标准动态发展的体现。考虑到我国未实行判例制度，且法官的整体素质有待提高，要准确把握"因果关系"仍存在一定的困难。② 据此，应根据我国的实际情况，采用以"权益"要素为主，以"因果关系"要素为辅的模式来解决行政诉讼中城市规划利害关系人的判定问题。

---

① 参见黄宇骁《行政诉讼原告资格判断方法的法理展开》，《法制与社会发展》2021 年第 6 期。

② 参见李晨清《行政诉讼原告资格的利害关系要件分析》，《行政法学研究》2004 年第 1 期。

第三章

城市规划利害关系人的权利范畴

权利是指特定主体为实现一定利益，依法直接享有或依法为他人设定为一定行为或不为一定行为的可能性。其强调的是利益主体之间的平等互利，要求规划权力必须秉持公正的立场予以确认和保护，不得随意干涉和损害。① 换言之，权利既是让某项事物按照未被法律禁止的方式运作的正当性诉求，也是私人从事某种活动免受他人特定行为干扰的自由。根据美国法理学家德沃金的定义，城市规划利害关系人的应有权利来源于一系列社会认同的政治规范原则，如正当程序、平等、合理性、人的尊严或公共利益。当这些政治规范原则被规定在城市规划法律制度所承认的权利渊源中，它们就会转化为城市规划利害关系人享有的法定权利。其中，宪法或宪法性文件、法律、法规及规章、确认规划权利具体适用的判例法和法院判决以及行政法基本原则均可成为城市规划利害关系人法定权利的来源。② 从权利与权力的关系来看，政府的规划权力是公权力的一种重要表现形态，而城市规划利害关系人的权利则是公民权在城市规划法上的具体表现形式，两者之间既存在相互对立、相互制约、相互抵消的一面，又有相互依存、相互补充、相互协调的一面。换言之，两者之间的结构形态始终处于一种互动之中，城市规划法律规范所确认的利害关系人权利构成了政府规划权力行使的正当性框架。因此，通过实定法明确界定城市规划利害关系人的各类权利，并给予分类承认，不仅有助于构建相对完备的权利保障体系，而且能够有效地形成对政府规划权力的制约。

囿于城市规划内容较为复杂、规划本身具有动态性特征以及对城市

---

① 参见吕世伦、宋光明《权利与权力关系研究》，《学习与探索》2007 年第 4 期。

② 参见赵宁《土地利用规划权力制度研究》，法律出版社 2015 年版，第 76 页。

规划相关基础理论的研究不够成熟，要对城市规划利害关系人所享有的具体权利进行较为全面地概括并加以详细的分类并非易事。目前仅有少数学者的研究涉及这一方面。对此，孟鸿志教授认为规划利害关系人的权利主要有：（1）查阅相关规划资料的权利；（2）对规划草案表示意见和提出异议的权利；（3）参与听证的权利；（4）规划存续请求权；（5）规划执行请求权；（6）规划补救措施请求权；（7）损害赔偿请求权。① 郭庆珠教授认为，规划利害关系人的权利形态以规划的确定为界限表现为不同的内容：在规划确定前，利害关系人主要享有提出建议权、知情权、提出异议权和参与听证权；在规划确定后，利害关系人主要享有规划确定裁决救济权和规划保障请求权。② 本书认为，对城市规划利害关系人的权利形态可以从状态与过程两个方面来理解，先将其分为实体权利和程序权利两大类型，再分别对城市规划利害关系人实体权利和程序权利的类型做出进一步的划分。

第一节　城市规划利害关系人的实体权利

实体权利是一种静态的权利，在城市规划行政法律关系中，表现为利害关系人对某项实体利益所享有的受法律保护的资格和权能，其具体内容包括但不限于生命、名誉、人格、自由和财产。实体权利所反映的是权利目的或权利结果要素，其表明了主体对社会资源的一种合法拥有状态。③ 实体权利为行政权的行使设定了静态标准和界限，要求行政主体关注行政行为的结果正义。考虑到城市规划所涉及的利害关系人实体权利的范围非常广泛，难以一一进行详尽阐释，本书主要就财产权、住宅权、环境权这三类受城市规划影响较大的实体权利的内涵、价值功能及实现方式加以具体论述。

---

① 参见应松年主编《当代中国行政法》，中国方正出版社 2005 年版，第 1065 页。

② 参见郭庆珠《论行政规划利害关系人的权利保障和法律救济——兼从公益与私益博弈的视角分析行政规划的法律规制》，《法学论坛》2006 年第 3 期。

③ 参见王锡锌《行政过程中相对人程序性权利研究》，《中国法学》2001 年第 4 期。

一　财产权

财产与财产权是两个在语义上有所区别的概念。财产指的是权利的客体，即具体的物，如土地、房屋、汽车等；而财产权则是指私人对财产拥有的全部权利，包括对财产占有、使用、收益和处分的权利，其既是财产在法律上的表现，也是法律对财产的认可或确认。①

从性质上看，财产权兼具私人性和社会性的双重属性，财产权的私人性决定了其具有排除其他人侵害的效力，而财产权的社会性决定了其从来不是一种没有限制的权利，特别是 20 世纪后半叶以来财产在城市化进程中被赋予了更多的社会义务，西方国家的现代财产理论也愈加强调了公权力依据公共利益对财产进行限制的必要性，这体现为"财产所有人的社会责任的增加和个人权利相应地减少"。正如美国法学家霍尔德所言，为了土地所有人的利益，也为了整个社会的健康、安全、宗教、道德等总体福利的利益，土地的使用必须受到政府的限制，任何时候政府都不可能对土地的使用毫不关心。② 可以说，进入现代社会后，对私有财产的绝对保护已成为历史，财产权不仅应受"权利有害行使之禁止"原则的限制，同时，基于公益的正当理由，国家还可以经由立法、行政与司法的权力运作行为，对财产权的成立、范围、存续、行使和实现等做出限制或剥夺。③

从范围上看，财产权涵盖了一系列具有金钱价值的权利。传统意义上的"财产权"以所有权为核心，近代宪法中的财产权概念，基本上指的就是财产所有权。然而，随着社会的发展与经济权利的拓展，财产权已经从更为广泛的意义上被界定。现代意义上的财产权，指的是一切具有财产价值的权利，不仅包括物权、债权、知识产权和继承权等传统意义上的私权，还包括国家为个人提供的物质和非物质性帮助或福利，

① 石佑启：《私有财产权公法保护研究——宪法与行政法的视角》，北京大学出版社 2007 年版，第 10 页。

② 参见［美］约翰·E. 克里贝特、科温·W. 约翰逊、罗杰·W. 芬德利等《财产法：案例与材料》（第七版），齐东祥、陈刚译，中国政法大学出版社 2003 年版，第 37 页。

③ 参见房绍坤、王洪平主编《不动产征收法律制度纵论》，中国法制出版社 2009 年版，第 28 页。

譬如救济金、补助金、特许、公物的使用等"新财产权"。①本书所研究的是公法上的财产权,在范围上限于城市规划中需受到干预和获得保护的财产权,以不动产财产权为主,不包括诸如债权、抵押权等私法上的权益。就城市规划所涉及的财产权,主要包括国有土地使用权、房屋所有权、土地发展权、相邻权、生产经营权和其他财产性权利。

就城市规划权与利害关系人的财产权之间的关系而言,两者往往会产生直接的冲突,因为城市规划的功能在于通过规定土地使用功能、容积率、密度与周边建筑的关系等对财产权进行限制,从而增加社会共同财富及其使用效率。正如某学者所言:"城市规划理论所关注的正是如何制约私有的土地产权,发挥政府在城市发展中的作用以形成有序的空间秩序。"②总的来看,政府行使城市规划权可能给利害关系人的财产权带来的影响主要体现在以下几个方面。

其一,基于公共利益的需要,政府通过制定规划来开展旧城改造和新城建设,在实施规划的过程中,后续进行的土地征收、房屋拆迁活动将会导致权利人的国有土地使用权和房屋所有权的丧失。

其二,为了满足特定需要,政府会一般采用规划指标来设定土地开发的性质、面积大小、容积率、建筑密度、绿地率、高度、土地的退让、建筑形态的要求等来对既有的市区街道的不动产使用和维护做出直接管制,涉及土地发展权的规划一旦被批准,私人只得依据规划的要求行使土地开发的权利。如为保持历史街区的原貌,通过制定规划的方式在特定地段限制改变建筑物的外貌,要求权利人依照规划的要求在特定范围内或特定条件下使用建筑物。

其三,由于在城市建成区所进行的各项开发建设中各项土地利用活动之间具有关联性,并产生了一定的外部效应,政府在依据城市规划对城市空间资源进行配置时,难免会涉及对地块使用中相邻关系的调整,进而可能对利害关系人在截水、排水、通行、通风、采光等方面的相邻

---

① 参见石佑启《私有财产权公法保护研究——宪法与行政法的视角》,北京大学出版社2007年版,第11页。

② 何明俊:《西方城市规划理论范式的转换及对中国的启示》,《城市规划》2008年第2期。

权益构成一定程度的限制。以老浙大直路之争为例，因一个旧城改造项目的实施，将一条名为"老浙大直路"的 7 米宽的城市公共道路围进了翰林花园这一住宅小区内，由此引发了老浙大直路周边居民的历史传统的通行权与翰林花园居民的享受安宁和不受打扰的权益之间的冲突，老浙大直路周边居民主张开放该通行要道，而翰林花园居民则认为老浙大直路属于住宅小区的一部分，应由围墙和大门保护。由于双方争执不下，于是 32 名老浙大直路居民以规划工程许可为由对规划局提起行政诉讼，最终规划局以含糊表态未支持封闭小区为代价换取了老浙大直路居民的撤诉。①

其四，因城市规划本身具有未来导向性的特点，在其实施过程中存在诸多不可预测的变量，加之立法对修改规划的事由和程序缺乏明确具体的约束性规定，地方政府不断变更既定规划往往成为一种常态，这对相信规划的严肃性和稳定性而对自身利益进行一定处分的企业来说，很可能会对其生产经营权造成减损。例如，因城市规划多次被调整，从 1999 年至 2009 年，台州市经济开发区的 11 家企业在 10 年间被迫易地搬迁 3 次，尽管在此期间其获得了相关地块的使用权，但由于该地块性质由工业用地调整为商住用地而不能用于工业生产，这些企业因此错过最好的商机和行业发展的黄金时间，前期投入的大量生产成本也无法得到回报，其所遭受的经济损失难以估算。②

通过上述分析可以看出，城市规划对土地使用的规范和管制会给利害关系人的财产权带来不同程度的不利影响。其中，程度较重的表现为因实施规划而进行的土地征收、房屋拆迁活动所导致的财产权丧失以及因规划本身限制财产权超过一定限度而构成的管理性征收；程度较轻的表现为因规划对土地利用的管制而造成私人财产价值的贬损。可以说，在民主法治建设深入推进、物权制度日益完善的时代背景下，城市规划权行使的正当性不可避免地受到财产权保护的挑战。毫无疑问的是，城市规划权与利害关系人财产权之间的矛盾并非不可协调，公共利益与个

---

① 参见徐行《翰林花园道路之争》，《都市快报》2003 年 11 月 14 日第 A8 版。

② 参见沈雁冰《11 家民企遭遇"规划变更"之痛——台州"马拉松式购地"事件调查》，《法律与生活》2010 年第 2 期。

人利益的一致性决定了两者存在互利共赢的可能。具体而言，利害关系人不动产的保值与增值，有赖于城市整体功能的提升、周边环境质量的改善、周边公共服务设施和基础设施的增加，也就是利用邻里正效应的发挥，能够避免邻里负效应的影响。① 而政府通过城市规划合理引导城市建设发展，以功能分区的方式来避免污染产业对居住区的侵害，从而使各个居住区拥有公共服务设施和基础设施，使城市整体环境和品质逐步得到改善，这在维护公共利益的同时，也在一定程度上实现了对利害关系人财产权的保护。因此，对城市规划来说，在适当的界限上达成财产权保护和限制之间的平衡是其存在和发展的内在需求，这要求将城市规划建立在现代产权制度之上，合理清晰地界定城市土地利用中的各类产权，并构建起财产权保护与公共利益维护之间的法治协调机制。

鉴于规划权力与财产权之间形成的是一种相互依存、相互抗衡的关系，以财产权这一概念和体系囊括城市规划中具有财产价值的权利，并以此构筑有效制约城市规划权的一种宪法基本权利，有助于实现城市规划中公权力与私权利的结构性均衡。其理由主要在于：一是财产权是宪法中的一项公民基本权利，目前我国对财产权保障已逐步形成一套相对完整的法律规范体系，将城市规划中具有财产价值的权利归入财产权的范畴，可以通过宪法和法律确定的对财产权的保障制度对这些权利给予有针对性、无漏洞的保护，进而促进市场主体积极性的发挥，优化城市空间资源配置，维持城市的健康和有序发展。二是城市规划中单独存在的公民财产性权利，以其单薄的力量来对抗强大的公权力是十分困难的，只有将这些单独存在的权利纳入统一的财产权范畴内，才能实现对规划权力的制约与抗衡，② 严格地限定公权力行使的边界，推动政府职能向维护市场秩序、进行宏观调控转变。

在城市规划和城市建设中长期以来存在的争议和纠纷实际上都是围绕财产权的自由与限制这一核心问题而展开的，为了有效协调城市规划权与利害关系人财产权之间的冲突，有必要在城市规划制度中采用"财

---

① 参见何明俊《建立在现代产权制度基础之上的城市规划》，《城市规划》2005 年第5 期。

② 参见陈国刚《论城市规划与私有财产权保障》，《行政法论丛》2006 年第 1 期。

产权有限自由与适度限制"模式，即财产权的自由在公共利益和他人利益面前是有限制的，同时对财产权自由的限制也是有限度的，以有限的公益和适度的限制权力为特征。① 在计划经济时期，我国在财产权限制模式上采用的是无限限制模式，即采取行政命令的方式直接掌握包括土地与不动产财产资源在内的国家绝大部分经济资源。那时，尚未出现与城市规划权相抗衡的私有财产权的概念，而且城市规划立法对规划权力几乎没有限制，对于规划管理，民众只有服从的义务。自20世纪90年代初确立社会主义市场经济发展目标以来，私有财产在我国社会财富中所占的比重越来越大。随着2004年宪法修正案的出台以及2007年《物权法》的颁布，我国逐步建立了确认与保护私有财产的法律制度。此外，2008年实施的《城乡规划法》，相比于1990年施行的《城市规划法》，最显著的变化在于增加了有关规划权力的程序规制和规划损失补偿的内容。上述法律规范的制定与实施，为在城市规划制度中对采用财产权有限自由与适度限制模式提供了必要的条件。

在财产权有限自由与适度限制模式下，将城市规划权对财产权的限制保持在适度的范围内，需要具备以下要素：一是规划权力的法定性。对城市规划来说，特别是详细规划，其作为强制性规划，通常会对公民的自由和财产起到干预的效果，或者给公民的权益造成较大的变动。为防止规划权力的过度扩展，私人财产权因受到限制而被掏空，在城市规划领域中应当适用法律保留原则，以明确规划权力行使的界限。这要求城市规划权对财产权的限制范围与方式均由法律来确定，而不能由行政法规或更低位阶的规范性法律文件来创设。若上位法违法授权下位法制定通过城市规划管制土地利用的规范，则授权无效；对于无效的管制规范所造成的损失，受害人可以请求国家赔偿或者请求有权机关确认管制法令无效。② 二是规划目的的正当性。这要求城市规划权对利害关系人财产权的限制必须是出于公益目的，若规划本身或者是依据规划做出的

---

① 参见金俭《论不动产财产权有限自由与适度限制的模式与原则》，《河北法学》2009年第2期。

② 参见郜永昌《土地用途管制法律制度研究：以土地用途管制权为中心》，厦门大学出版社2010年版，第140页。

管制行为不符合公益目的，则其应属无效，利害关系人可要求规划机关对其损失予以赔偿。由于公益是有范围限制的，这种利益必须是为不确定的多数社会成员所共享的，故合理地判断公益尤为重要。在公共利益的判断上，应当在坚持公平正义价值观的基础上，以该项利益受益人的多寡作为判断标准，在采用多数人原则的同时，不得随意地损害少数人的利益。这要求在城市规划中建立完备的公众参与机制，只有保证各方主体享有同等的机会去参与利益竞争，并在规划决策形成中实现妥协，这种利益博弈的结果才会是公共利益本质的体现。三是规划程序的正当性。在限制私人财产权的规划决策做出之前，规划机关应给予利害关系人知悉规划方案、提出异议、进行陈述与申辩及参与听证的机会，并充分考虑其全部意见。四是规划手段的合比例性。规划权力的行使必须考虑规划目的与规划手段之间的关系。从纵向来看，不能超越规划目的设置规划手段；从横向来看，不能因规划手段而对个别财产权人造成难以承受的特别负担。① 总之，财产权有限自由与适度限制模式从目的、依据、程序、手段等要素入手，明确了城市规划权对财产权适度限制的界限，维持了公共利益和私人财产利益之间的平衡。

二　住宅权

住宅权，又被称为适宜或充分住房权，是指公民有权获得可负担的适宜居住的、有良好的物质设备和基础服务设施的，同时可以保证居住者安全、健康并使其能够有尊严地生活的住房权利。住宅权是社会保障法上的概念，与民法上的居住权有本质的区别，后者仅指对某一不动产空间的使用权。② 对这一概念，应作广义的解释，即将其看作人们的一种安全、平静、有尊严地生活在某处的权利，不能将仅给予经济弱势群体遮风避雨的住宅视作住宅权的全部内容。这要求所提供的住宅在费用上是居住者可负担的，住房质量符合安全和健康的标准，且其周边具有

---

① 参见郜永昌《土地用途管制法律制度研究：以土地用途管制权为中心》，厦门大学出版社 2010 年版，第 140 页。

② 参见曾哲《论国民的适当住宅权》，《武汉大学学报》（哲学社会科学版）2013 年第 5 期。

能够满足居住者生活、就业、教育、医疗等基本需求的基础设施。①

从国际范围来看，住宅权已被各国法律承认并为国际社会所接受，许多重要的国际人权公约都明确规定了公民住宅权的保障要求。早在1948 年，联合国《世界人权宣言》第 25 条第 1 款就提出："人人有权享受为维持他本人和家庭的健康和福利所需的生活水准，包括食物、衣着、住房、医疗和必要的社会服务……"联合国《经济、社会和文化权利国际公约》第 11 条第 1 项也规定："本公约缔结各国承认人人有权为其本人和家庭获得相当的生活水平，包括足够的食物、衣着和住房，并能不断改进生活条件。各缔约国将采取适当的步骤保证实现这一权利……"我国已于 2001 年加入该公约，政府有积极采取适当措施来保障公民住宅权实现的国内和国际义务。可以说，住宅权是一项基本人权，而宪法的基本原则就是保障人权，建立完善的保障性住房制度有助于实现宪法保障人权的目的。②

受自然资源、经济发展水平、政治、文化以及个人与家庭收入等诸多条件的制约，对于经济弱势群体而言，仅凭自身的努力不能完全实现住宅权，此时需由国家履行基本民生扶助和积极保障义务，对住房市场进行直接的干预，帮助其解决住房问题。这一点早已成为世界各国政府的共识，美国、英国、德国、法国、日本均通过其房屋法给社会低收入者提供住房补贴、公共住房等，使低收入者可以在市场上购买到或租到其可负担得起的住房。③ 我国政府在 20 世纪 80 年代开始进行住房改革，实行了 40 多年的住房商品化、市场化政策之后，相当一部分城镇居民的住房条件获得了实质性改善，但 20 世纪 90 年代后期以来的住房商品化也带来了城市房价不断攀升以致超出普通居民承受能力范围的问题，严重阻碍了中、低收入者，特别是低收入家庭住宅权的实现。事实证明，将本应由政府主导、政府调控、政府参与、政府保障的公众住房问题过分地依赖市场化来解决，由此弱化政府在保障民众基本住房需求方

---

① 参见金俭《论公民居住权的实现与政府责任》，《西北大学学报》（哲学社会科学版）2011 年第 3 期。

② 参见赵宁《土地利用规划权力制度研究》，法律出版社 2015 年版，第 85 页。

③ 金俭：《论公民居住权的实现与政府责任》，《西北大学学报》2011 年第 3 期。

面的责任，这种模式不利于保障城市居民尤其是中低收入者住宅权的实现。[①] 为此，过去的十几年来，根据社会经济形势的变化，国家不断地调整城市居民住房保障政策，旨在建立健全市场配置和政府保障相结合的住房制度，加强廉租房、经济适用房等保障性住房的建设和管理，以满足贫困人口等弱势群体的基本住房需求。

作为一种综合性的行政手段，城市规划对房地产市场的宏观调控起着重要的作用，不仅如此，其对于公民住房保障的意义也同样不可忽视。从城市规划的目的来看，其不只是解决城市空间布局的技术性问题，更为重要的是通过合理调控城市空间资源来应对空间贫困、空间隔离等社会极化现象，最终实现城市发展中空间的公平、公正与正义，因此为公民提供舒适的住房和生活环境是其应有之义。《城乡规划法》第1条将"改善人居环境"作为立法的目的和宗旨，明确了政府运用规划权力来保障和实现公民住宅权的义务。此外，该法第29、31、34条将"基础设施建设、公共服务建设和居民住房建设"作为城市规划制定和实施的主要内容，并特别提及了对城市中低收入居民和进城务工人员的住宅权的保障。但上述条款只是一些原则性的规定，尚缺乏具有可操作性的实施细则，政府保障公民住宅权、改善人居环境的责任并未落到实处。在实践中，由于城市规划往往被地方政府当作圈地和商业开发的工具，城市规划的制定和实施反而给经济弱势群体住宅权的实现带来了一定的负面影响。在高房价形成的购房者阶层过滤机制和政府拆迁安置房选址的规划政策的双重作用下，城市低收入居民和外来人员虽有机会迁入适住性较强的安置房和公共住房，或者获得经济补助，从而使自身的居住条件得到一定程度的改善，但也容易因住区区隔而影响其获取适当的公共服务、资源附属设备和基础设施，以致进一步降低其住宅权的可实现性。[②] 以深圳蔡屋围的城中村改造为例，改造后返回原址的90%为高收入人群，10%为原村民，此前居住在城中村、为商务区服务的配套

---

① 参见李静《权利视角下保障性住房建设中的政府法律责任》，《兰州大学学报》（社会科学版）2015年第2期。

② 参见包振宇、朱喜钢、金俭《城市绅士化进程中的公民住宅权保障》，《城市问题》2012年第3期。

服务人口，如从事餐饮、酒店、休闲、安保、快递、理发等职业者，不得不因为高房租而搬离至较远的地带居住。而距离带来的交通成本、时间成本等则导致其配套服务人口要求更高的薪酬，由此造成区域的商务成本上涨，大大挤压了低收入人群的居住和就业空间。[①] 对此，著名社会学家孙立平指出，在我国一些大城市改造的过程中，低收入群体失去了赖以为生的社会生态网络，成为利益受损者。政府绝不能对这个贫富分区的过程听之任之，或者刻意用纯化居住分区等方式加以推动，而应当努力让贫富群体都有机会共享市中心的公共资源。[②]

　　为了使城市规划能够充分发挥其保障居民住宅权的应有功能，我国需要制定城市住房规划实施办法，进一步明晰政府部门运用规划权保障居民住宅权的职责与分工，从而使《城乡规划法》规定的"改善人居环境"的立法目的和宗旨得到落实。在土地供应环节，政府应当保证住房用地尤其是保障性住房用地的供应，保障性住房用地规划由法律加以规范和强制实施，以此提供一种相对安全稳定的机制来弥补城市土地市场分配的缺陷。在保障性住房用地规划的相关法律规范中，应以维护社会公平为目的，以提升效率为手段，将优先安排部分土地用于满足单个居民住宅权实现的需要作为政府的义务。[③] 这要求城市规划部门充分发挥控制性详细规划及各专项规划在指引城市用地资源配置方面的作用，为中低收入人群预留保障住房用地；同时，土地管理部门从制度建设的角度予以配合，采用直接划拨土地、土地租赁等方式来回避市场价格的冲击，从而确保城市土地的使用不单纯以经济性为衡量标准，而是着眼于社会住房保障问题的妥善解决。[④] 在城市住房规划选址过程中，政府必须充分考虑住房的宜居性，规划选址应当远离城市工业园区尤其是污染较为严重的区域，还应按照人口数在住房周围提供充足的配套基础设

---

① 参见邓志旺《城市更新对人口的影响——基于深圳样本的分析》，《开放导报》2015年第3期。

② 郭湘闽：《我国城市更新中住房保障问题的挑战与对策——基于城市运营视角的剖析》，中国建筑工业出版社2011年版，第92页。

③ 参见赵宁《土地利用规划权力制度研究》，法律出版社2015年版，第86页。

④ 参见郭湘闽《我国城市更新中住房保障问题的挑战与对策——基于城市运营视角的剖析》，中国建筑工业出版社2011年版，第77页。

施和优质的公共服务设施，以满足居民的生活和工作需要。廉租房、经济适用房等保障性住房的规划选址应尽可能避免集中化，避免因居住空间的阶层化区隔的加剧而引发新的社会歧视和贫富差距。① 具体而言，在有条件的地方可以试点多阶层混合社区的规划理念，改变目前城市社会保障性住房规划中安居社区内部阶层均质化、外部与绅士化社区隔离的做法；强调社会住房设计中社区阶层多元化、景观多样化、公共服务多层次化的特征，通过多阶层的适度混居，改变基础设施和公共服务在城市社会空间中不均衡的现状；确保基础设施以及优质教育、便捷交通等公共服务对中低收入阶层的可达性，从而确保居民住宅权的实现。②

三　环境权

所谓环境权，是指人们合理利用环境资源满足自身需求并享有在健康和舒适的环境中生存的权利。20 世纪六七十年代，伴随世界性环境危机的频发和国际环境保护运动的高涨，环境权这项新型法律权利也在欧美、日本等工业发达、环境污染严重的国家应运而生，从一些国家的实定法中可以找到有关环境权基本内容的明文规定。例如，美国《国家环境政策法》（1969 年）第 1 条规定："保证为全体国民创造安全、健康、富有生命力并在美学和文化上优美多姿的环境。"日本《东京都防治公害条例》（1969 年）规定："全体市民都享有健康、安全和舒适生活的权利，此项权利不得遭受公害侵犯。"此后，环境权得到国际社会愈加广泛的认可，其作为一项基本人权，在 1972 年 6 月召开的联合国人类环境会议上通过的《人类环境宣言》中被正式承认。该宣言指出："人人都享有自由、平等、舒适的生活条件，有在尊严和舒适的环境中生活的基本权利，并且负有保证和改善这一代和世世代代的环境的庄严责任。"20 世纪 80 年代以后，环境权相继被越来越多的国家写入宪法和环境保护基本法。在我国，虽然相关法律尚未直接规定环境权，但从

① 参见金俭《论公民居住权的实现与政府责任》，《西北大学学报》（哲学社会科学版）2011 年第 3 期。

② 参见包振宇、朱喜钢、金俭《城市绅士化的公民住宅权保障》，《城市问题》2012 年第 3 期。

《宪法》《环境保护法》到《民法典》均对环境权的内涵有不同程度的反映，在某种程度上构成了对环境权益进行保护的间接根据。[①]

就环境权的基本内容而言，其涵盖范围较广，且会随着时代变迁而发生变化，应将其看作包括清洁空气权、清洁水权、合适的日照权、环境审美权、安宁权、通风权在内的一系列子权利的总和。[②] 但对环境权范围的界定也不宜大而全，不应将开发利用环境资源的权利囊括在其中，因为环境权属于生态性权益，而开发利用环境资源的权利属于经济性权益，两者之间更多地表现为一种相互冲突、相互制约的关系。此外，环境权的实质性内容也不应包括环境知情权、参与权、请求权、求偿权等权利，因为其属于环境权的派生性权利，并不是环境权所特有的、本质性的权利。[③] 在外延上，环境权与相邻权存在一定的交集，传统相邻权的内容一般包括土地通行和占用、相邻通风权与采光权、相邻取水权与排水权、铺设管道等权利，但《民法典》对相邻权内容的界定已经超出了传统相邻权的范围，如第294条规定了"不动产权利人不得违反国家规定弃置固定废物，排放大气污染物、水污染物、土地污染物、噪声、光辐射、电磁辐射等有害物质"，这实际上将保护范围延伸至环境权保护的范围，从而形成了环境权与相邻权相互交叉的部分，一些学者将这部分权益界定为一种结合环境权与相邻权的新型权利，即环境相邻权。环境相邻权的确立在很大程度上可以弥补传统相邻权范围较为狭窄的不足，随着城市现代化发展而大量建造的邻避设施所带来的噪

---

① 《宪法》（2018）第9条和第26条规定了国家保护、改善环境和保护自然资源方面的义务，这些"环境条款"充分体现了公众环境权"国家保护义务"，对公众环境权的解释具有指引功能。《环境保护法》（2014）第1条明确了"保护和改善环境，防治污染和其他公害，保障公众健康"的立法目的，其中暗含了保障公众环境权的意旨。《民法典》（2020）保留了《民法总则》确立的绿色原则，在第9条中规定"民事主体从事民事活动，应当有利于节约资源、保护生态环境"，并在物权、合同制度中设计了绿色条款，为公众设定了环境保护义务，根据权利义务对等原则，能够推导出公众享有与之相对应的环境权益。具体参见韩敬《国家保护义务视域中环境权之宪法保障》，《河北法学》2018年第8期；刘长兴《环境权保护的人格权法进路——兼论绿色原则在民法典人格权编的体现》，《法学评论》2019年第3期。

② 参见李挚萍《环境法的新发展——管制与民主之互动》，人民法院出版社2006年版，第235页。

③ 参见孙磊《环境相邻权研究》，博士学位论文，黑龙江大学，2014年。

声、废气、污水、辐射、恶臭、粉尘等一系列有害物质不可避免地会对周边居民的合法权益造成严重损害，若仍将法律上保护的权益范围局限于"不动产权利人之间的相毗邻"，势必不能满足应对日益复杂的环境纠纷之需要，而将污染物对不相邻的远距离的区域造成的权益损害纳入环境相邻权救济的范畴内，则有利于构建完善的权利保护体系和解决环境诉讼的难题。① 基于上述分析，对于城市空间中的环境权，根据对公民的生存和生命造成影响的程度，可以分为三类：一是不可量物侵害排除权，即个体免受废气、噪声、粉尘、污水、辐射等有害污染物侵害的权利；二是与居住相关的生活便利权，即享受城市"舒适"环境的权利，主要包括相邻安宁权、采光权、通风权、清洁空气权、清洁水权等权利；三是美学体验权，即在城市中享受城市的"美"，或者是体验宜人的空间环境的权利，如眺望权、景观权等。②

　　相比于传统权利的主体，环境权的主体具有复合性。就传统权利而言，权利的主体一般来说是特定的个体，即单一的自然人或法人。而环境权的主体既可以为单一的个体，也可以为一个地区的一群人，甚至可以为全球范围内的一代人。③ 这主要源于环境权的双重属性：私益性和公益性。从私益性角度来看，环境利益为每一个个体所享有；从公益性来看，环境利益不可分割地为全人类整体所共有。环境的私益性和公益性并不是相互冲突的两种属性，人们在追求环境公益的同时，环境私益也能够得到满足，反之也是如此。如政府从环境公益的角度出发进行合理的城市规划，最终受益的是在此生活的每个居民个体，其环境私益就此得以实现；同样的，当某一部分居民为追求自身的环境私益，对影响到自身生活质量的排污工厂提起诉讼，当工厂最终被勒令停止超标排

---

　　① 环境相邻权扩大了传统相邻权的相邻范围，环境相邻不再以土地相邻近为唯一判断要件，"而主要基于环境的生态性、地理上的连接性、生态的连锁性和环境影响的广泛性而发生的更大范围的'相邻'"。也就是说，只要不动产在被不动产权利人使用过程中，其他人主张这种使用对其造成了损害，而这种损害又是可以通过环境介质如空气、水等传递，对他人不动产的使用产生了影响，即可认定侵犯其环境相邻权。具体参见孙磊《环境相邻权制度的确立路径与完善重点》，《学术交流》2014年第5期。

　　② 参见赵宁《土地利用规划权力制度研究》，法律出版社2015年版，第82页。

　　③ 参见查庆九《现代行政法理念——以可持续发展为背景》，法律出版社2012年版，第63页。

污，该区域的环境公益也得到了维护。① 环境权主体的复合性决定了在绝大多数情况下其实现非个人之力所能及，需要政府权力的介入和干预，公民个人也将更加积极主动地与政府合作，为保护公民自身的环境权益乃至整个社会的环境公益而努力，这在一定程度上推动着行政法的变革，促进公民与政府相互制约又密切合作的现代行政法架构的形成。②

　　长期以来，由于人们对城市规划的指导思想和功能定位的认识产生了一定的偏差，自然环境的整体性保护未能在城市规划领域中得到足够的重视。从城市规划制度及实践来看，奉行的主要是人类中心主义思想，即把解决人类如何更好地生活的问题作为规划的核心目的，将规划中自然生态空间环境视作人类生存目标的附属物，而对城市规划的功能定位也更多地强调了其经济发展功能，没有充分考虑城市的自然地理条件和环境容量，由此导致城市在整体上负载了过多的生产建设项目，生态环境不断因城市空间的无序开发而遭受破坏。③ 具体而言，因城市规划引起的生态环境破坏主要表现为以下两类：一是侵占公共的生态空间环境资源。这类问题是由某些主体为了自身利益侵占公共的生态环境资源所引起的，如在规划失控的情况下，许多本应为公众共享的生态空间被私人豪宅或星级宾馆所占据。除了企业或个人的空间开发行为会侵占自然生态环境资源外，地方政府出于追求短期经济效益或本行政区经济利益的目的，也有可能占用规划中的绿化隔离带，造成城市绿地敞开空间被破坏。可以说，生态空间资源被侵占不仅会带来城市生态环境恶化的后果，而且容易造成城市建设偏离规划所预想的"组团式"空间形态布局。④ 二是污染生态空间环境。此类问题产生的根源在于因规划不合理而未能避免空间开发的负外部效益，某些主体进行空间开发活动获

---

① 参见朱春玉《环境权范畴研究述评》，《山西师大学报》2003 年第 3 期。

② 参见查庆九《现代行政法理念——以可持续发展为背景》，法律出版社 2012 年版，第 65 页。

③ 参见何子张《城市规划中空间利益调控的政策分析》，东南大学出版社 2009 年版，第 23—24 页；魏健馨、刘威《城市规划的宪法学考察》，《内蒙古大学学报》（哲学社会科学版）2016 年第 4 期。

④ 参见何子张《城市规划中空间利益调控的政策分析》，东南大学出版社 2009 年版，第 24 页。

取自身利益的同时，所造成的生态环境恶化代价却由其他区域的主体来承受。一般而言，当污染性企业的规划选址位于城市的上风向、水源边或者临近居住区时，一旦其投入生产，就有可能给城市的大片区域造成污染。例如，2007 年厦门的 PX 化工项目曾引起广泛的争议，其原因就在于该项目所在地距离城市生活区过近。当 PX 化工项目动工之后，出于对环境污染的担心，部分购房者要求退房，邻近化工区的某中学也面临学生要求转学的问题。实际上，该项目的建设已经损害了邻近的海场新城的居民及开发商的利益，也损害了与海沧隔海相望的厦门本岛居民的利益。[①] 同样的，2017 年 3 月，南京市规划局发布的《南京市仙林副城新港—炼油厂片控制规划 NJDBa010—18 规划管理单元图则调整（公众意见征询)》也引起过极大的争议。该方案将用地性质由一类工业用地调整为三类工业用地,[②] 并调整了相关控制指标，这意味着中国石化公司烷基苯厂可能会从尧化片区搬至高校集中、住宅密集的仙林片区，将给这一片区的空气、土壤等环境带来严重污染。因此，该规划方案公布之后，立即遭到仙林片区居民的强烈反对。[③]

　　面对规划失序带来的城市生态环境恶化危机，应坚持宪法生态主义的立场，以"人类和生态共同利益"思想作为城市规划的指导理念，以城市居民与整体生态环境之间的和谐作为城市规划的最高原则，将实现城市内部的自然生态系统、经济系统和社会系统的协调发展作为城市规划的最终目标，来从观念层面矫正以往城市规划实践中出现的错误和偏差。[④] 同时，在城市规划法律制度设计中，也需要重视对环境权的内容辨识以及对权利保障机制的构建，从而助力环境权益保护水平的提升，确保规划决策的科学性和正当性。

---

　　① 参见朱红军《厦门果断叫停 PX 应对公共危机》，《南方周末》2007 年 5 月 28 日。

　　② 根据《城市用地分类与规划建议用地标准》，一类工业用地是对居住和公共设施等环境无干扰和污染的工业用地，三类工业用地是对居住和公共设施等环境有严重干扰的工业用地。

　　③ 参见王灿、杨漾《南京烷基苯厂搬迁尚未正式决策，工业片区搬迁计划进展缓慢》，https：//www.thepaper.cn/newsDetail_forward_1647801，2022 年 7 月 10 日。

　　④ 参见魏健馨、刘威《城市规划的宪法学考察》，《内蒙古大学学报》（哲学社会科学版）2016 年第 4 期。

　　为保障公民的环境权，预防和减轻城市规划实施后可能给环境造成的不利影响，许多国家法律上设置了规划项目环境评估机制。1992 年，英国出版了有关开发计划和区域规划的指南《规划政策导则》，这标志着其对发展规划进行环境评价的开始，该指南还对 1990 年《城镇和乡村计划法案》进行了修改，要求地方政府在起草其规划时应考虑环境因素。在德国，1990 年颁布了《环境影响评价法》，其中包含了规划环评的内容，空间规划、州级区域发展规划或纲要、地区空间规划、建设指导规划都需要进行环境影响评价。① 在美国，自 20 世纪 90 年代以来，在规划机构审批中开始对关于开发造成的物质损害环境问题加以考虑。美国许多州的立法已经将环境因素作为是否批准开发申请的相关因素。规划立法试图采用防止或限制环境危害的方法来规范住宅小区开发的选址与设计。这些法案普遍制定了一个强制环境影响评估程序，或者规定规划部门享有拒绝对环境产生负面影响的规划申请建议书的权力。② 在我国，项目环境影响评价作为一项法律制度是在 1979 年确立下来的，此后陆续制定的环境保护法律都包含了此项原则规定。直至 2002 年，《环境影响评价法》的颁布不仅将项目环境影响评价写入实定法，还将规划环境影响评价作为一项法律制度正式确立下来。我国城市规划环境影响评价的主要内容包括规划分析、环境影响分析评价、环境影响缓解措施、跟踪管理和公众参与。其通常考虑以下因素：规划的实施是否可能对相关区域、流域和海域的生态系统产生整体性的影响；规划的实施是否可能对环境和人体健康产生累积性的影响；规划的实施在经济效益、社会效益与环境效益三者之间的关系如何。可以说，环境评价制度的建立和实施，对达到在开发建设活动源头预防城市生态空间破坏的目的，发挥了不可替代的作用。③

　　对构建相对完备的环境权保护机制来说，通过行政诉讼的途径排除规划行为对利害关系人环境权的侵害，同样是不可或缺的。但目前通过

---

　　① 参见杨健《城市规划中的环境影响评价制度研究》，硕士学位论文，中山大学，2010 年。

　　② 参见赵宁《土地利用规划权力制度研究》，法律出版社 2015 年版，第 83 页。

　　③ 参见刘小忠《小议新城市规划环评》，《中国高新技术企业》2009 年第 24 期。

司法途径保障环境权仍面临一定的困难。我国立法者基于对环境权的概念界定存在难度、环境问题形成的复杂性等因素的考量，尚未在宪法和环境保护基本法中明确提出环境权这一概念。而在涉及环境利益保护的行政诉讼案件中，当事人往往因无法直接援引环境权的相关法律条文，其诉求难以得到法院的支持。例如，在 2004 年百旺家苑业主诉北京市规划委员会议案中，原告称被告违法发放建设工程规划许可证，侵害了邻近社区居民的"相邻环境权"，而法院则以"原告所主张的'相邻环境权'没有实体法律规范作为依据"且"不能证明其与被诉行政行为之间存在法律上的利害关系，因而不具有行政诉讼的主体资格"为由，驳回了起诉。① 即使是在未驳回起诉的案件中，法院在判决时一般也对环境权问题避而不谈。如在"沈希贤等 182 人诉北京市规划委员会颁发建设工程许可证纠纷案"② 中，法院是以被告违反法定程序为由判决撤销被告向第三人颁发建设工程规划许可证的，对于环境权并没有加以论述。但是，原告起诉的根本原因在于自身环境利益受到现实的威胁，并不是程序违法，程序违法并不一定导致结果的不公正。③

　　本书认为，实定法上未对环境权做出明确规定不应成为通过行政诉讼途径保障公民环境权益的障碍。主要理由如下：一是环境权概念下所涵盖的部分权益内容，如采光权，能够从各地城市规划技术规范的义务性条款中推导出来，权益受到威胁或损害的利害关系人可以依据这些实体规范主张司法救济。例如，《南京市城市规划条例实施细则》（2007）第 43 条对新建房屋建筑间距提出了严格的要求，需要开发方和建筑方综合考虑建筑物周围的环境、日照、通风、采光、消防等各种因素。深圳、青岛、天津等地的城市规划技术规范也对住宅建筑间距做出了类似的规定。从这些义务性条款的规定可以推定出，居住者在日照方面的利益属于公法上保护的利益；同时，相关规定对建筑间距系数或最低日照时间的限定也明确了这一利益得到实现的合理程度，避免了将这种利益

---

① 参见梁从诫《2005：中国的环境危局与突围》，社会科学文献出版社 2006 年版，第 204 页。

② 本案例选自《中华人民共和国最高人民法院公告》2004 年第 3 期。

③ 参见徐涛《论我国行政许可第三人的范围确定》，《天津法学》2012 年第 1 期。

主张扩大到极限以致影响建设开发者的利益或土地合理利用的公共利益。可以说，这些规定虽然避开了环境权的权利话语，但其仍将居民日常生活中对采光等利益正当的诉求作为受法律保护的利益对待。① 二是在具体案件中，法院通过斟酌城市规划法规及环境保护规范的宗旨和目的、规划机关做出规划许可时应考虑的利益内容与利益范围，以及规划许可对起诉人权益的影响程度，可以适度扩张可诉的环境利益范围，使利害关系人涉及环境保护的诉求获得支持。在行政诉讼案件中涉及的环境权益一般具有公共性与私人性融合的特征，虽然环境权旨在保护环境公益，但仍可以作为主观权利成为由集体成员行使的集体权利，甚至成为公民针对国家的环境保护请求权。② 如前所述，环境权的保护在很大程度上依赖于国家环境保护义务的履行，如行政机关通过审批环境影响评价报告，对建设项目可能带来的环境污染等后果进行审查，并将其控制在合理的范围内，其在维护社会公共利益的同时，实际上也保护了建设项目周边的特定小区居民的环境利益。③ 因此，当行政机关对某建设项目做出的规划许可将会对特定小区居民的健康、安全等相对明确的利益产生严重影响时，若能够从整个法律规范体系中读取出将这些居民的个别利益加以保护的意旨，则可以认定其主张的环境权益应受法律保护。

由此可见，通过赋予法院在认定原告资格方面较为灵活的解释权，根据环境保护相关法律规范的立法目的、义务性条款的规定，来推导原告的主张能否被确认为"法律上受保护的利益"，即可将某些值得保护的环境利益纳入司法救济的范围内，而无须借助于权利的创设。近年来，我国不少法院在民事诉讼领域正尝试建立环境公益诉讼办案机制，在行政诉讼领域中也允许行政行为的利益相关者主张其诉求。囿于缺少全国性的统一机制，各地法院在审查标准和判决依据方面尚难统一，但可以肯定的是，在现有司法体制下通过灵活解释法律来促进环境利益的保护并逐步建立可操

---

① 参见周卫《权利创设还是法益扩张——论我国保障环境权的路径选择》，《南京工业大学学报》（社会科学版）2015 年第 3 期。

② 王锴：《环境权在基本权利体系中的展开》，《政治与法律》2019 年第 10 期。

③ 参见刘长兴《环境权的内容辨识与实践路径考察——以典型案例为对象》，《人权法学》2022 年第 3 期。

作的实体规范的方式，远比创设权利更容易得到实施。①

第二节　城市规划利害关系人的程序权利

　　任何一种实体权利都需要经由程序来获得保障或实现。对于权利的研究无法回避以下问题：利害关系人应当按照什么方式、步骤和形式来行使权利？当利害关系人所享有的权利受到侵害时能够通过什么途径获得救济？救济权利又该如何行使？等等。这些问题的提出要求我们关注程序权利存在的价值。②

　　程序权利是指在行政程序法律关系中由利害关系人所享有的、由行政程序法所规定或确认的、与行政主体的程序性义务相对应的各种权利的总称。从实体法上来看，程序权利是利害关系人所具有的做出一定行为的能力，此种能力为其行使和主张实体权利提供了程序上的保障。③由于实体权利只是权利主体的一种期待可能，其本身的状态是相对静止的，因此只有通过利害关系人行使程序权利，对行政权运行的各个环节进行监控和约束，才能保障其实体权利最终实现，如规划区域外的相邻权人只有参与到城市规划的制定程序中，积极表达自己的主张和意见，才能使其采光权益得到维护。程序权利除了具有保障实体权利实现的工具价值外，还具有自身的独立价值，具体表现为维护公民人格尊严、保障利害关系人与行政主体程序地位平等、促进行政权力运作合理化等。程序权利所具有的独立价值，通过促进利害关系人与行政主体之间的沟通，防范行政权力的滥用，从而发挥其参政和控权的功能。④　程序法治

---

　　①　参见周卫《权利创设还是法益扩张——论我国保障环境权的路径选择》，《南京工业大学学报》（社会科学版）2015 年第 3 期。

　　②　参见王锡锌《行政过程中相对人程序性权利研究》，《中国法学》2001 年第 4 期。

　　③　参见胡敏洁《行政相对人程序性权利功能分析》，《江南大学学报》（人文社会科学版）2002 年第 2 期。

　　④　利害关系人以权利主体的身份参与行政程序，了解相关行政信息、表达自己意见、反驳行政主体提出的主张，在一定程度上使自身的意见融入行政决定之中，从而参与了行政机关意志的形成。这一过程实质上就是参政，只是这种参政与在其他场合对行政管理活动提出批评、意见或建议在方式上有所不同。

的意义就在于确立和保障公民的程序权利，故探究程序权利有助于促进行政程序制度的完善和发展。

因规划本身所具有的特性，实体法不易对城市规划自由裁量权进行有效的规制，此时程序权利"过程性控权"的优势就凸显出来。城市规划利害关系人的程序权利能否得到法律的确认和保障，在很大程度上关系到规划决定是否具备合理性与科学性，规划目的能否有效实现，社会各方利益能否得到协调与平衡。此外，考虑到城市规划利害关系人的实体权利类型难以寻求统一的标准，但其程序权利的类型却容易被概括和识别，因此深入探讨城市规划利害关系人的程序权利，比单纯研究其实体权利更为实用和有效。从过程的角度看，城市规划是由一系列动态连续的行为构成的，在不同的规划行为阶段，利害关系人所享有的程序权利也有所差异。城市规划利害关系人参与的程序大体上可分为行政程序和救济程序。① 在行政程序中，城市规划利害关系人享有的程序权利主要有知悉权、获得通知权、查阅卷宗权、要求说明理由的权利、建议权、陈述权、异议权、申辩权、听证权等。在救济程序中，城市规划利害关系人享有的程序权利主要包括提起申诉、复议、诉讼的权利，陈述、辩论的权利，规划实施请求权，规划补偿、赔偿请求权等。本书将上述程序权利归纳为知情权、表达权、听证权、申请权四种类型，对其内容进行详细阐述。

一　知情权

美国政治家托马斯·杰斐逊曾说过，"政府的基础源于民意，因此，首先应该做的就是要使民意正确。为免使人民失误，有必要通过新闻，向人民提供有关政府活动的充分信息"②。可见，知情是公民参与国家管理的前提，并对国家权力的行使有直接的制约作用。如果行政不公开，那么公民对于公共事务的参与就缺乏足够的必要而确切的信息，就

---

① 这里的行政程序是指行政主体做出涉及利害关系人权益的规划决定的过程，为形成规划决定的"事前程序"，大体上可分为规划制定（修改）程序和规划实施程序。救济程序是指对违法规划决定造成损害后予以补救的过程，为"事后程序"，主要包括行政申诉程序、行政复议程序和行政诉讼程序。

② 李步云：《信息公开制度研究》，湖南大学出版社 2002 年版，第 1 页。

无法对行政机关进行及时、准确、有效的监督。

知情权，又称知悉权、了解权，是指个人和组织依法享有的知悉并获取与自身利益相关的各种信息的自由与权利。其在作为一项独立的个人权利的同时，又兼具参政权、自由权、请求权和社会权的性质。从世界范围来看，知情权正式作为宪法明确规定的权利始于1949年，由《德国基本法》第5条第1款第1句明确规定于"言论自由"权利之下："人人享有以语言、文字和图画自由表达、传播其言论的权利并且不受阻碍地以通常途径了解信息权利。"[①] 在城市规划中，知情权是指利害关系人对制定、实施和变更规划的重要步骤的相关信息所享有的全面了解的权利。知情权具体表现为：信息获悉权、获得通知权、查阅卷宗权、要求说明理由的权利等。

信息获悉权是指利害关系人有权知悉城市规划过程涉及的所有信息，涉及国家秘密、商业秘密和个人隐私的除外，主要包括规划的内容、规划所依据的法律和政策、规划的实施标准、救济途径等。利害关系人享有的信息获悉权是与城市规划机关承担的信息公开义务相对应的，这要求政府全方位地向社会公开规划的过程和其所掌握的规划信息。除了规划的编制过程要公开外，其确定过程也要公开；不仅最终的规划内容要公开，在其之前的规划草案内容也要公开。信息获悉权除了需要宪法的明文规定予以保障外，更需要通过相关法律法规建立行政公开制度进行具体落实。在国内外的城市规划法律规范中，均有一些关于规划公开内容的规定。这种要求源于规划公开之于推动城市规划过程有序展开的重要意义以及对于保障利害关系人参与规划决策、获得权利救济的必然需要。

获得通知权是指城市规划运行过程中，利害关系人有从城市规划行政主体那里获知涉及自身权利义务事项的明确通知的权利，通知的信息主要包括规划行为的内容、依据、理由、救济途径等。例如，规划许可的申请人有权获知规划机关做出的受理或不予受理的书面决定以及准予许可或不予许可的书面决定。

---

① AusfuehrlichdazuJarass/Pieroth，GG，6. Aufl. 2002，Art. 5，转引自刘飞主编《城市规划行政法》，北京大学出版社2007年版，第182页。

查阅卷宗权是指利害关系人在城市规划过程中享有的阅览、抄写、复印或摄影城市规划机关所收集和制作的与城市规划案件有关的卷宗材料的权利。利害关系人通过阅览卷宗，可以及时地了解城市规划机关所掌握的于己不利的资讯，有助于在城市规划机关做出最终决定之前为自己进行申辩，从而维护自身的合法权益。建立案卷制度是对查阅卷宗权的首要保障，这要求城市规划行为主体在制定、实施和修改规划过程中应将相关的依据、证据、材料、信息、手续等形成完善的案卷；在此之外，还需要建立查阅卷宗的程序制度以保障所有的利益相关者可以通过便捷、有效的方式来查阅卷宗。①

要求说明理由的权利是指利害关系人有权要求规划机关在决定书或裁决书中说明做出规划决定的理由。具体而言，规划机关不得凭借主观臆断做出规划决定，应当详细说明做出规划决定的事实依据、法律依据以及进行自由裁量时所考虑的各种因素。要求规划机关说明理由，能够对城市规划自由裁量权起到一定的控制作用，使人们对城市规划程序的公正性充满信心。尽管要求说明理由的权利常常与正式听证程序相关联，但实际上在非正式程序中要求行政主体说明理由更为重要，因为在非正式程序中行政主体往往享有更多的裁量权。②

二 表达权

表达权是指公民通过言论、出版、集会、游行和示威以及其他各种途径公开发表自己的思想、主张、观点和看法的权利。表达权是民主社会最重要的一项人权，对个人而言，表达权是个人人格的自我表达和自我实现的重要保障；对社会而言，表达权是实现基于人民自治的民主政治的重要手段。表达权作为公民的一项基本权利，兼具防御权和受益权的属性。作为防御权的表达权，其内涵为"公民的表达自由不受国家的干涉和侵犯"，这主要是通过在宪法和法律中确认公民的表达自由来实现的。作为受益权的表达权，其内涵可以表述为"国家应积极作为来保障公民表达权的实现"，其主要体现为以下两方面的要求：一是当公民

---

① 参见李卫华《行政参与主体研究》，博士学位论文，山东大学，2008 年。

② 参见胡敏洁《论行政相对人程序性权利》，《公法研究》2005 年第 1 期。

表达权受到他人或组织的妨碍时，政府有义务排除妨碍，为公民表达权的实现扫清道路；二是政府有义务为公民依法行使表达权提供必要的场所和媒介。①

在城市规划中，表达权是指利害关系人为了维护自身合法权益而参与规划决策，就涉及自身利益的事实和法律问题公开阐明自己主张的程序权利。表达权的行使不仅体现了利害关系人与行政主体平等的程序主体地位，而且改变了规划行为的单方面意志性，使规划的结果注入了各方利益主体的意志与诉求，并在各方主体之间形成更多的共识和更高的认可度。

城市规划利害关系人享有的表达权可以细分为建议权、陈述权、异议权和申辩权四项权利。建议权主要是指利害关系人有权在规划机关编制规划的过程中提出意见或建议。严格意义上来讲，规划编制机关听取利害关系人的意见和建议并非必经的程序，其可以灵活掌握，采用口头、书面或者座谈会等形式听取意见或建议，因为后面设有专门供利害关系人提出异议的程序，甚至是听证程序。② 陈述权是指利害关系人就涉及的城市规划事实予以陈述，并提出相应主张及说明来支持该主张理由的权利。由于利害关系人一般亲身经历过城市规划案件事实的发生与发展，因此确认其陈述权有助于实现行政程序的平等和案件实体结果的公正，也有利于城市规划行政主体全面了解案件的事实真相以做出正确处理。③ 异议权指的是利害关系人有权在规划公告后，就规划的内容向规划机关提出异议，并被记录在案，由规划机关负责处理的权利。例如，德国《行政程序法》第73条第4款规定，任何人的利益受规划影响的，均有权在展示之后的两个星期内以书面或口头表达，由行政机关记录在案的方式，向听证机关或所在乡镇提出对规划的异议。④ 异议权具有一定的对抗性质，因为规划机关必须按照相关的程序对异议的内容进行考量，以决定是否采纳，并给予充分的理由说明，这不仅能促使规

---

① 参见房亚明《宪政视野下表达权制度构建》，《长春市委党校学报》2010年第4期。

② 参见郭庆珠《行政规划及其法律控制研究》，中国社会科学出版社2009年版，第261页。

③ 参见李卫华《行政参与主体研究》，博士学位论文，山东大学，2008年。

④ 参见莫于川主编《行政规划法治论》，法律出版社2016年版，第163页。

划机关充分审查规划决定，而且有助于利害关系人及时了解规划机关已经做出的决定并对其合理性进行评价，从而增进两者之间的博弈与协商。[1] 申辩权是指利害关系人就规划制定机关或者其他利害关系人陈述的相反事实以及提出的不利主张，进行对质、反驳、抗辩，以消灭或改变对其不利的指控或决定的权利。[2]

总的来说，利害关系人行使表达权的目的不只是阐明自己的主张，更在于改变规划机关可能做出的不利决定。但要使利害关系人的主张能够影响规划结果，除了需要健全相应的程序权利制度之外，还必须提高利害关系人参与规划的组织性，以增强他们与政府对话的能力。

三　听证权

听证是行政程序法治的核心内容，其源于"自然公正""正当程序"原则的要求，它是指行政机关在做出任何行政决定之前，特别是对利害关系人的不利处分，须听取利害关系人的陈述或申辩。只有借助于规范化的听证程序，才能确保利害关系人真正享有民主参与的机会，并且通过"平衡行政权和相对方权利"的功能，来有效地监督行政权力的行使。在城市规划运行过程中设置听证程序，不仅能够体现给予利害关系人以消极防卫的机会之作用，更具有沟通与整合各方意思，以求达成规划行为的最大合意之功效。借助于听证程序可以让利害关系人通过有效的方式参与城市规划制定和修改，从而使最终的规划结论能够在全面、充分讨论的基础上形成；退一步而言，即使经过听证程序未能改变规划的结果，听证过程的程序价值也不能被忽视，因为其为利害关系人提供了在自身利益受到规划决定影响前发表意见、提出证据的机会，反映了法律程序对个人尊严的承认与尊重。

为了保证规划的正当性，制定和修改规划的程序中一般都会规定听证的内容。听证的主持机关一般为规划编制机关的上级机关或者其他的中立机关。主持听证的机关在听证举行前的一定期限内应告知听证日期

---

① 参见胡耘通《行政规划利害关系人权益保障研究》，硕士学位论文，西南政法大学，2008年。

② 参见刘飞主编《城市规划行政法》，北京大学出版社2007年版，第185页。

和场所，并通知规划编制机关和利害关系人参加。如果城市规划涉及的利害关系人数量众多，无法确保所有的人都能参加听证，此时应确定筛选机制，以保证参加听证的利害关系人代表在地域、职业等方面的均衡性，使不同利益主体的代表都有机会表达自己的主张。①

根据听证程序的繁简，可将行政听证分为两种形式：正式听证和非正式听证。在正式听证中，行政机关必须举行审判型的口头听证，行政决定以听证记录为限，从而对行政行为据以做出的事实、证据和依据进行全面审查。参与者在正式听证中应当具有广泛的程序权利。例如，在美国标准的听证程序中，利害关系人一般具有以下的权利："1. 由无偏见的官员作为主持人的权利；2. 得到通知的权利；3. 提出证据和进行辩护的权利；4. 通过相互质证及其他正当手段驳斥不利证据的权利；5. 请律师陪同出席的权利；6. 只能根据听证案卷中所载的证据做出裁决的权利；7. 取得全部案卷副本的权利。"② 虽然在正式听证中行政机关与利害关系人的意思沟通和交流最为充分，但采用正式听证的形式不免耗时费力，因此正式听证一般只适用于对利害关系人的合法权益或社会公共利益产生重大影响的行政行为。具体到城市规划领域，主要是指"有关一定地区土地的特定利益或重大公共设施的设置"③。而非正式听证一般适用于对利害关系人权益产生影响较小的事项，其程序设置较为简便，形式上的公正性也相对较弱。在非正式听证中公众没有提问和口头辩论的权利，仅仅是通过书面提出意见，因此行政机关的决定几乎不受公众评论意见的限制。④

从表面上看，听证权的行使在一定程度上影响了行政效率，但实质上却符合效益原则。主要理由如下：其一，在听证过程中，可以有效疏导民愿，避免了因民愿得不到宣泄而积聚成"怨"所造成的不良后果。其二，听证可以将不合理的规划所带来的隐患消除在事前，以省却事后救济的开支。其三，在听证过程中，利害关系人参与并影响城市规划决

---

① 参见郭庆珠《行政规划及其法律控制研究》，中国社会科学出版社 2009 年版，第 261 页。

② 王名扬：《美国行政法》（上册），中国法制出版社 1995 年版，第 384 页。

③ 翁岳生编：《行政法》（2000）（下册），中国法制出版社 2002 年版，第 1069 页。

④ 参见莫于川主编《行政规划法治论》，法律出版社 2016 年版，第 163 页。

定的拟定与形成，由此增强了规划决定的正当性和可接受度，从而保证规划能够顺利实施，大大节省了执行的成本。①

四　申请权

申请权是指利害关系人就有关事项向行政主体提出请求、启动行政程序的权利。虽然这类申请权利是程序性的，但其内容既有可能表现为实体性的利益请求，如申请颁发许可证等；也有可能是请求开始或进入某种程序，如申请举行听证或参与听证程序。② 申请权是利害关系人获得城市规划程序主体资格的条件，其就法律规定的某类特定事项向规划机关提出申请，可以促使城市规划法律关系的形成。利害关系人拥有申请权，意味着其享有要求规划机关如何行使规划权力的权利，从而起到防范规划权力恣意行使的作用。

在城市规划程序中，申请权可以细化为如下权利。

其一，申请规划许可权。城市规划的实施有赖于对建设项目的规划许可得以完成。根据《城乡规划法》的相关规定，土地使用和建设项目应当符合城市规划，包括符合详细规划的原则、相关规范和修改的程序，行政相对方开展建设活动必须依法取得规划主管部门的批准文件。申请规划许可权是与规划许可审批职权相对应的一项权利，它是指建设单位或个人有权向规划主管部门提出申请，由规划主管部门向其颁发规划许可证，准许其在规划区内使用土地或者进行建设。现行的城市规划实施管理实行的是"一书两证"制度，即由城市规划主管部门根据依法审批的城市规划和有关法律规范，通过向被许可人核发建设项目选址意见书、建设用地规划许可证与建设工程规划许可证，对各类建设用地和各类建设工程进行组织、控制、引导和协调，将其纳入城市规划的制度轨道。③

其二，申请听证权。听证是听取意见的一种特殊形式。规划机关在做出重大不利决定之前，都应当告知利害关系人享有申请听证的权利。

---

① 参见刘飞主编《城市规划行政法》，北京大学出版社 2007 年版，第 184 页。

② 参见方世荣《论行政相对人》，中国政法大学出版社 2000 年版，第 100 页。

③ 参见陈锦富编著《城市规划概论》，中国建筑工业出版社 2006 年版，第 119 页。

至于是否需要听证做出决定，一般取决于利害关系人的申请。

其三，申请回避权。回避裁决与自己有关的争议是程序公正的基本要求。在城市规划案件中，存在如下情形，利害关系人有权申请回避：一是规划机关工作人员与其所做出的规划决定存在利害关系；二是规划机关工作人员与某一方利害关系人存在利害关系；三是有足够证据能够证明规划机关工作人员无法秉公办案。当存在上述情况，利害关系人向法定机关提出回避申请后，法定机关应在一定期限内予以答复。如果法定机关对利害关系人的回避申请予以驳回，则必须就不准予回避向其说明理由。该项申请权的法律意义在于：通过利害关系人的判定将可能不公正主持程序和裁决的行政官员排除在行政程序外，从而消除利害关系人对结果不公正的怀疑。①

其四，申请救济权。当制定完成的城市规划文本经批准并对外公布之后，会出现两种情形：一是规划得以存续，并且逐步得到实施；二是因发生变更或废止，规划未得到履行。无论在哪种情形下，利害关系人的权益均有可能受到不利影响，此时其有权提起申诉、复议或诉讼，从而启动救济程序。在救济程序中，因规划行为所处的阶段不同，利害关系人享有的请求保障其实体利益的权利也有所差异。

（1）规划撤销请求权。根据行政法治的基本要求，城市规划必须符合现行的行政法律规范，不得与之相冲突。当城市规划行政主体所确定的规划与现行的法律规范相冲突时，利害关系人可以请求撤销已经生效的规划。被请求撤销的规划既可以是规划方案内容违反现行法律的规定，也可以是规划的确定违反了相应的法律程序。②

（2）防护措施请求权。为了避免规划的实施对利害关系人合法权益可能造成的严重影响，一些国家的行政程序法明确规定在规划的实施中规划确定机关应采取相应的保护性措施，以消除不利后果。如《联邦德国行政程序法》第73条第2款规定："……规划确定机关须要求规划承担者采取必要预防或设立和保持有关设施，以保护公共福利，或避免对他人正当利益造成消极后果。如该等预防或设施无济于事，或与规划

---

① 参见章剑生《论行政相对人在行政程序中的参与权》，《公法研究》2004年第1期。
② 王青斌：《行政规划法治化研究》，人民出版社2010年版，第209页。

不可协调，当事人有权请求适当的金钱补偿。"对此，我们可以适当借鉴国外立法经验，在未来出台的《行政程序法》中对行政机关采取防护措施的义务予以明确规定。当城市规划的实施中需要采取相应的保护性措施，而已经确定的城市规划中又缺少此内容时，可赋予利害关系人请求规划确定机关增加此类措施的权利。

（3）过渡措施和补救措施请求权。该项请求权旨在减少规划变更或废止后给利害关系人所造成的信赖利益损失。已经按照原规划采取了相应的处置，因规划的变更而遭受权益损失的利害关系人，可以依据该项请求权，要求规划机关为此采取过渡措施，如在一定时间之前对利害关系人给予预告或分阶段实施规划，或者提供一些适应性帮助。如对因规划变动而受不利影响的利害关系人给予补助、辅导，以保障其能够逐渐适应新的情况。① 这样，借助于相应的过渡措施和补救措施，一方面维持了规划的必要变动，另一方面尽可能地考虑到利害关系人的信赖利益保护。

（4）规划存续请求权。规划存续请求权存在的目的是通过维持规划的稳定性，反对规划的变更或终止，从而保护规划形成的行政法上的权利义务关系。但在原则上法律不承认普遍意义上的规划存续请求权，利害关系人更多行使的是"排除违法变更、废止请求权"而非存续请求权。② 这是因为规划的变更一般是基于公共利益的需要，而一旦赋予利害关系人规划存续请求权，势必意味着个人的利益优于规划变更的公共利益，规划变动所欲维护的公共利益就难以实现，规划的灵活性也无从体现。但也存在例外的情况，即如果某项规划是利害关系人做出特定行为的动因，并且其对规划的存续具有值得保护的信赖利益，同时该信赖利益大于变更规划的公共利益，则规划存续请求权得以成立。③

（5）规划实施请求权。此项权利的取得，主要源于已经确定的城市规划具有法定的拘束力，无论是行政机关还是利害关系人都应当尊重

---

① 参见杨临宏主编《行政规划的理论与实践研究》，云南大学出版社2012年版，第24页。

② 马怀德主编：《行政程序立法研究：〈行政程序法〉草案建议稿及理由说明书》，法律出版社2005年版，第374页。

③ 姜明安主编：《行政程序研究》，北京大学出版社2006年版，第123页。

和执行规划，不应做出违反城市规划的措施或决定。当规划确定裁决做出以后，规划确定机关负有组织实施规划的义务。如果规划确定机关没有采取必要的措施履行其义务，而利害关系人已依照规划安排了自身的生产生活，为避免因规划未得到执行而给其权益造成严重损害，则应允许利害关系人请求法院责令规划确定机关遵守规划，停止违反规划的行为或者采取规划所要求的措施。

（6）规划补偿、赔偿请求权。在规划存续且得到履行的情况下，若利害关系人的财产权或其他权益已经或将会受到规划行为的侵害，则此时重点考虑的应是如何对规划造成的损害后果予以弥补与恢复。当违法的规划行为造成了行政相对方的合法权益受损，请求人可以依据《国家赔偿法》《城乡规划法》等相关法律的规定，先向赔偿义务机关要求赔偿，若赔偿义务机关不予受理、逾期不处理或者请求人对处理结果持有异议，则请求人可以寻求司法救济。即使规划本身是合法的，但其存续和履行也有可能对公民合法权益产生过度的限制，在构成"特别牺牲"的情况下，就会带来规划补偿问题。与行使规划赔偿请求权不同，请求人既可以在损害发生前，也可以在损害事实发生之后向规划机关提出规划补偿要求。

综上所述，城市规划利害关系人通过行使程序权利能够在规划权力的运行过程中对其进行有效制约，从而弥补"着眼于权力运行结果、确定实体规则标准来控制权力"的传统控权模式的不足，最终实现行政主体与行政相对方之间权利义务的平衡。可以说，保障程序权利的行使是实现实体权利的必然要求，也是整个城市规划利害关系人权利保护体系趋于完善的必由之路。①

---

① 参见胡敏洁《行政相对人程序性权利功能分析》，《江南大学学报》（人文社会科学版）2002 年第 2 期。

第四章

城市规划利害关系人权利保护
所遵循的原则

无论城市规划以何种方式和程序来制定与实施，其目的都是最大化地实现公共利益，即通过引导和管制土地发展与用途，以促进公众健康、安全、方便与舒适为依归，为市民缔造一个组织更完善、效率更高和更称心的居住环境。① 可以说，公共利益既是私人权利所必须容忍的范围，也是城市规划权行使的疆界和对私人权利干预的正当性基础。但公共利益是一个典型的不确定概念，实定法不可能对其进行明确界定，政府在公共利益的判断上必然享有广泛的自由裁量权。一旦政府不当地行使城市规划自由裁量权，则很可能会给利害关系人的权利造成严重损害，从而导致城市空间利益配置的失衡，使得城市规划的正当性遭受质疑。这里需要解决的问题的是，城市规划裁量权应当怎样行使，才能不超出立法机关所设定的公共利益服务目标。换句话说，就是如何将城市规划权对利害关系人权利的干预控制在合法、合理的范围内，从而实现公共利益和私人利益的平衡。

在构造上，规划法律规范与传统法律规范存在明显的差异。前者采用的是目的程式的"目的—手段"模式，行政机关在目的和手段的指引下制定与实施规划，就是法的实现，既不涉及法律要件成就的问题，也未明确所产生的法律效果；后者采用的是条件程式的"要件—效果"模式，明确了当法律要件成就时，会产生什么样的法律效果，因此，行

① 参见王柱国、王爱辉《城市规划：公共利益、公众参与和权利救济——兼论修订〈中华人民共和国城市规划法〉》，《国外城市规划》2004 年第 3 期。

政机关依据相应的法律规范行事是法律的执行。可见，一般意义上的行政裁量仅限于法律要件成就时，在法律规定的授权范围内决定法律效果是否产生或产生何种法律效果；而规划裁量不以具体案件事实涵摄于法律要件作为前提，而且不受法律效果的限制，只要根据一定目的和手段的指引，即可做出利益衡量和价值判断，设定达成目标的途径、适当的操作日期以及目的和手段的关系，进而形成相关的秩序规范，所以法律赋予规划裁量的空间明显要大于一般意义上的行政裁量，且两者在本质上也有区别。①

　　正是由于规划裁量与一般意义上的行政裁量之间存在较大的差异，要通过明确的法律规则对城市规划裁量权行使的主体、条件、范围、种类、幅度等各方面的要素做出全面、具体的规定是不可行的，更谈不上制定出相应的城市规划裁量基准。基于此，法律原则对于确定城市规划权干预利害关系人权利界限的关键作用就应当受到重视。有学者指出，对于公共利益等不确定的法律概念，大多数国家"是由执法者根据其法律理念，根据其对应法律的目的、原则、精神的理解，就具体个案的情形对之做出其认为最适当的解释"②。如果我们不将法律原则视为可以通过法律解释从抽象的法律规定中读取出来的立法者的本意，就无法发现"规则"止处的"法律拘束"并未结束。③一般而言，宪法和行政法的基本原则不直接调整和规范行政行为的实施和行政争议的处理。但当城市规划争议涉及复杂的利益衡量与协调问题，由于缺少明确具体的法律规则予以调整而给规划机关或纠纷处理机关留下广泛的自由裁量空间时，可以适用宪法和行政法的一些基本原则作为规划机关实施相应行政行为和纠纷处理机关做出裁决的依据，从而起到确定城市规划权干预利害关系人权利的界限作用。本书认为，平等原则、比例原则、信赖保护原则以及正当程序原则分别从不同的侧重点出发对城市规划裁量权的行

---

　　①　参见郭庆珠《行政规划及其法律控制研究》，中国社会科学出版社 2009 年版，第236—237 页。

　　②　姜明安：《界定"公共利益"完善法律规范》，《法制日报》2004 年 7 月 1 日。

　　③　王天华：《裁量基准与个别情况考虑义务——从一起特殊案件反思我国的行政裁量理论和行政裁量基准制度》，载王周户、徐文星主编《现代政府与行政裁量权》，法律出版社2010 年版，第 267 页。

使做出了相应的规制，为合理确定城市规划权对私人权利干预的界限提供了重要的理论指引，因此城市规划利害关系人的权利保护应当遵循这些宪法和行政法的基本原则。

第一节　平等原则

随着经济体制由计划经济转向市场经济，我国城市空间利益的格局发生了深刻的变动，城市规划的功能也发生了相应的改变，进而推动了城市规划立法价值取向的深刻调整。在此种情势下，必然要求政府在通过城市规划进行利益配置时遵循平等原则。该原则侧重于从"价值取向"上对城市规划裁量权的行使做出规制，它不仅要求城市规划行政主体在做出规划行为时不得给予任何一方利害关系人歧视或特权，而且应将城市规划行政主体与利害关系人之间的主体地位平等作为城市规划法律制度构建的前提。

一　平等原则在城市规划中适用的社会背景

通过对城市规划制度环境变迁的考察，可以看出平等原则是在城市空间利益格局变动与城市规划功能改变的社会背景下逐步适用于城市规划领域的。在 20 世纪 50 年代以来的 30 年间，我国实行的是计划经济体制，这种体制最根本的特征是社会各项资源都由国家按计划统一配置，包括工业生产项目的选址、城市建设资金的统一调配和土地资源的无偿行政划拨。在那一时期，国家是城市建设的唯一投资主体和城市空间资源控制主体，城市建设自然也以国家利益为出发点，地方政府和单位企业没有空间形成独立的利益需求。在这种城市空间利益结构单一的格局下，城市规划只是从属于经济计划、落实经济计划的技术手段，其主要功能不是指引城市空间发展、分配和调节社会利益，而是将项目计划具体化为城市空间布局和用地安排。①

---

① 参见何子张《城市规划中空间利益调控的政策分析》，东南大学出版社 2009 年版，第 44—45 页。

　　始于 20 世纪 90 年代的市场经济改革，改变了计划经济时代土地、住房、资金等资源由国家统筹分配的局面。在此之后，土地被允许有偿出让、转让，住房能够作为商品进行交易，城市建设可以通过多种渠道来引资。当土地、住房等不动产进入市场流通环节后，私人主体可以从中获得资金，进而用来投资城市建设项目以获取更高额的利润。① 随着城市空间资源配置方式由国家完全控制转向以市场调节为主，这为新的利益主体的成长提供了广阔的空间。经过 30 多年的过渡，我国新型的城市空间利益格局已经形成，这种格局具有以下特点。

　　其一，利益形态多元化。在市场经济体制下，满足国家利益的需要不再是城市建设唯一追求的目标，市民个人利益、开发商利益、地方政府利益和社会公共利益开始成为稳定的利益形态。

　　其二，利益主体差别显性化。在计划经济时期，强调个体利益对国家利益的无条件服从，平均主义的分配机制使得个体利益的实现程度差异并不明显。而在市场经济条件下，个体利益需要日益受到重视，各利益主体的自我意识也不断强化，因而利益主体的分化日渐明显。由于个体禀赋和外在条件等方面的差异，导致了利益主体实现利益能力的差异，从而扩大了利益主体之间的差别。

　　其三，利益关系复杂化。在计划经济体制下，利益关系相对简单，因为利益主体单一且利益差别小，而在经济转型时期，利益关系则随着利益主体的多元化以及利益主体间差别的显性化而呈现出复杂化的趋势。这种趋势使得利益结构呈现政策网络化的模型，增加了利益协调的难度。②

　　其四，利益冲突的强化。目前，空间资源的短缺是制约我国城市化进程的重要因素。围绕城市开发建设所进行的旧城改造、土地征收、耕地保护、生态环境和历史文化资源保护等活动都有可能产生激烈的利益

---

　　① 参见张萍《城市规划法的价值取向》，中国建筑工业出版社 2006 年版，第 106 页。

　　② 我国经济体制的改革，改变了城市规划过程中各方主体间的利益关系，市场主体与社会主体的利益诉求不断增强，并谋求与政府的互动。同时，分权化使地方政府形成了自身的利益，为实现其利益诉求，需要与市场主体和社会主体互动。在这种互动关系中，政府依然占据主导地位，由此形成了"政策网络"的主体利益结构。具体参见何子张《城市规划中空间利益调控的政策分析》，东南大学出版社 2009 年版，第 134 页。

冲突。当土地和房产涉及的空间利益成为各级政府、开发商、市民争夺的焦点时，各方主体之间的激烈利益冲突往往会导致底层群体的利益和社会公共利益受损。

在新型的城市空间利益格局下，城市规划的主要功能发生了重大的转变，其协调各方主体利益关系的功能开始凸显出来。制定和实施城市规划背后的动力，是各方主体利益诉求的博弈，城市规划其实是一个公共政策的决策过程。2005 年发布的《城市规划编制办法》第 3 条规定："城市规划是政府调控城市空间资源、指导城乡发展与建设、维护社会公平、保障公共安全和公众利益的重要公共政策之一。"这一规定的出台标志着城市规划作为公共政策的定位已经以法律制度的形式得到确认。随着党的十六届四中全会提出"构建社会主义和谐社会"的目标，在经济发展的同时更加关注社会问题，让更多的群体享受发展带来的利益成为保证社会公平稳定和国家长治久安的必由之举，政府的角色开始由原先的经济建设型转向公共服务型，这就必然要求城市规划的功能也要做出相应的改变，即作为政府提供公共服务的方式之一，发挥其应有的利益调控、维护主体间利益关系的均衡的功能。在我们充分认识到城市规划这种应有的功能之后，就应将我国城市规划法律制度完善的重点放在对相关利益主体界定、利益确认方面，以及如何为利益主体之间达成妥协和共识提供合法有效的途径与基本行为规范方面。

综上所述，在计划经济体制下，无论是个人利益、集体利益还是社会利益都与国家利益高度统一，政府以外的主体没有参与规划过程的动力。利益主体的单一性，使得城市规划只是被视为执行国家经济计划的技术手段，其利益协调功能根本没有存在的空间。可以说，在计划经济体制下，公众只是作为城市规划的客体存在的，而市场也没有发挥自身力量的机会，因此在城市规划运作过程中谈不上对城市的治理和对利害关系人权利的保护。随着市场经济体制之下新的城市空间利益格局的形成，城市规划的利益调控功能愈发显现出来。市场经济体制的发展不仅推动了利益分化，还促进了私人主体权利意识的觉醒。这使得市场主体和社会主体产生了参与城市规划运作过程并利用城市规划确定的规则维护自身利益的诉求。如果城市规划的制度设计不能坚持公平、公正和公开的原则，那么未受益的群体很有可能通过非理性的方式来表达自身的不满，从而影响规划目标的实现。因此，在城市规划制度设计中，必须保证各方利益主体都享有平等参与规划制定和实施的权利和机会，以此发挥政府、社会与市场的协同治理作用，协调城市化进程中不同利益主体的冲突，充分保障弱势群体的利益，维护社会公平正义。

二　平等原则在城市规划中适用的法律价值基础

从国家利益本位到社会利益本位的立法价值调整是平等原则在城市规划中适用的法律价值基础。在国家利益本位的计划经济体制之下，政府与开发建设单位之间没有明显的利益分歧，有效率地完成上级指令是它们的共同目标，所以城市规划的实施主要是由政府运用行政手段来推进的。① 因此，在改革开放以前，城市规划的法治建设并未受到重视。随着计划经济体制向市场经济体制转型，城市利益主体日渐分化，市场获得了资源配置的决定性地位。此时，政府单纯依靠行政手段来实施管理，已经难以实现城市规划的目标，因为"在市场经济体制下，城市规划的规划性作用是作为政府、市场和公众之间的契约体现的"②。这就需要引入法律手段来保证城市规划的严肃性和稳定性，防止政府滥用城市规划自由裁量权，损害其他主体的合法权益。从 1984 年《城市规划条例》的颁布到 2008 年《城乡规划法》的实施，我国城市规划立法的价值取向定位经历了一个从国家利益本位到社会利益本位的调整过程，也正是因为立法价值取向的调整，在城市规划的法治建设中，人们才开始将城市规划利害关系人的权利保护作为重要议题予以讨论。

（一）定位于"国家利益本位"价值取向的城市规划立法

1980 年全国城市规划工作会议的召开是城市规划法治建设的开端。至 1990 年初，我国城市规划立法步入了发展的高峰期。《城市规划条例》和《城市规划法》是这一时期最为重要的立法。1984 年，国务院颁布了《城市规划条例》，这是国家首次以行政法规的形式来规范城市规划的内容、编制、审批、管理等事项。1990 年施行的《城市规划法》

---

① 参见王郁《国际视野下的城市规划管理制度——基于治理理论的比较研究》，中国建筑工业出版社 2009 年版，第 1—2 页。

② 孙施文:《现代政府管理体制对城市规划作用的影响》,《城市规划学刊》2007 年第 5 期。

是我国城市规划领域的第一部法律，这代表着我国城市规划的法律规范体系开始形成。

从 20 世纪 80 年代初到 90 年代初，这一时期的城市规划立法仍然带有计划经济的烙印，在价值取向上定位于"国家利益本位"，即不仅在核心法规有关立法目的的条款中充分体现国家利益本位的价值取向，① 而且在立法的内容中也明显体现了国家利益的需要。这一时期的城市规划立法主要规范两大类基本内容：一是政府的规划权力。伴随城市大规模开发建设活动的兴起，城市规划指导城市空间发展的作用和地位日益凸显。为了进一步发挥城市规划的作用，势必要允许政府在城市规划区内进行管理建设。对此，《城市规划条例》将城市规划作为政府的法定行政职能确定下来，赋予政府编制、审批规划和控制开发建设的权力，并规定了编制审批规划的分级制度和相应程序。在此基础上，《城市规划法》通过建立以选址意见书、建设用地规划许可证、建设工程规划许可证为核心的"一书两证"的规划许可制度，在城市建设项目的选址、建设用地的规划管理、建设工程的规划管理等方面设立了程序要求，为城市规划实施建立了可靠的法律平台。二是编制规划的技术性要求。立法者主要从完善城市规划技术的角度尝试解决城市建设中遇到的新问题，如对规划编制体系以及编制方法的改革。《城市规划条例》没有细分总体规划和详细规划，而《城市规划法》则将分区规划、控制性详细规划分别从总体规划和详细规划的类别中划分出来。综观《城市规划法》实施后的立法状况，对城市规划制度的革新仍然集中在完善规划编制技术方面，即出台配套的实施规范，如《城市规划编制办法》（1991）、《历史文化名城保护规划编制要求》（1994）、《城镇体系规划编制办法实施细则》（1995）等。② 显然，这段时期的城市规划立法有着鲜明的工具主义特征，即以满足国家需要和政府规划管理职能的实施为法律保障的落脚点，以各层次的编制技术规范为主要内容，没有明确体

---

① 例如，《城市规划法》第 1 条规定："为了确定城市的规模和发展方向，实现城市的经济和社会发展目标，合理地制定城市规划和进行城市建设，适应社会主义现代化建设的需要，制定本法。"该法的立法目的主要在于"确立城市规划的权威性"，强调从技术角度加强城市规划发展，而非从公共利益和政策的角度来把握城市规划发展。

② 参见张萍《城市规划法的价值取向》，中国建筑工业出版社 2006 年版，第 72—73 页。

现规划维护公共利益的目的，缺乏基于保障个人权利的需要而对规划权力进行约束的规范，如针对行政主体行为的责任约束和偿付规则。

为什么 20 世纪 80 年代初到 90 年代初的城市规划立法反映的仍是计划经济体制下的利益关系？其原因在于：其一，虽然在这一时期我国已经开始推行改革开放的政策，但市场经济的发展目标尚未确立，计划体制对于整个社会经济的影响仍在延续。因此，城市规划领域中的各种利益需求关系不可能从根本上摆脱计划经济的影响而即刻显现出来。其二，法律制度的发展一般都落后于社会现实的诉求。美国法理学家博登海默认为，法律的时滞问题会体现在法律制度的不同层面，此缺陷源于法律本身的价值取向和刚性结构，以及与其控制功能相关的限度。① 可以说，尽管 20 世纪 80 年代以来我国土地使用权市场化改革使国家集权式土地资源的计划配置体制发生了根本变化，但由于传统行政法并没有转型，作为行政法律制度构成部分的城市规划法律制度尚未完成从国家利益本位向社会利益本位、行政权力主导向多元利益均衡的转变，因而市场主体和社会主体的利益诉求还没有被纳入城市规划法律制度所调整的范围内。②

（二）定位于"社会利益本位"价值取向的城市规划立法

作为我国城市规划领域现行的主干法，《城乡规划法》于 2007 年10 月颁布，自 2008 年 1 月施行。这部法律的出台改变了原来城乡规划"一法一条例"的立法状况，标志着对城乡进行统一规划的法律体系的诞生，我国城市规划立法开始进入完善期。为贯彻实施《城乡规划法》，各地方政府纷纷出台了"配套办法"，国务院也相应地制定了一些行政法规以完善城乡规划法律体系，如制定了《历史文化名城名镇保护条例》，修订了《村庄和集镇规划建设管理条例》，出台了《城乡规划法实施细则》。

相比于《城市规划法》，《城乡规划法》具有划时代的进步意义，主要体现在以下几个方面。

---

① ［美］E·博登海默：《法理学：法律哲学与法律方法》，邓正来译，中国政法大学出版社 1998 年版，第 402—403 页。

② 参见赵宁《土地利用规划权力制度研究》，法律出版社 2015 年版，第 192 页。

第一，凸显了城市规划作为公共政策的属性以及提供公共服务的功能。该法第 1 条明确了"协调城乡空间布局，改善人居环境，促进城乡经济社会全面协调可持续发展"的立法宗旨，强调对社会公共利益的维护。从该法的内容上看，重视资源节约、环境保护、文化与自然遗产保护的规定，是保障城市规划中社会公共利益基本构成的体现；而规定对各类公共服务设施用地的保护、优先安排基础设施和公共设施建设以及总体规划中的强制性内容，是对社会公共利益基本载体保护的体现；强调"先规划后建设"的原则以及规划作为城市开发建设行为准则的法定地位，是从制度上明确了城市规划作为公共政策对城市建设的指导作用。①

第二，改变了原来只由行政机关内部商议规划决定的模式，使公众参与到城市规划的决策过程。《城乡规划法》强调了规划制定过程的公众参与，提出了规划公开的原则，将公众的知情权作为基本权利，明确了公众表达意见的途径，提出对违反公众参与原则的行为进行处罚。

第三，规范了城市规划的修改程序。《城乡规划法》在"城市规划的修改"一章中详细规定了城市规划的修改程序，明确了启动修改程序的五种法定情形、修改程序中的利害关系人参与以及对利害关系人因信赖原规划而遭受的损失给予补偿。②

第四，强化了对规划主体的制度激励与约束，特别是完善了关于监督检查和法律责任的规定。在《城乡规划法》第 35 条新增的条款中，有过半数与监督监察内容相关。此外，该法在新增的"监督检查"一章中规定了包括上级机关监督、社会公众监督以及人大监督在内的多种监督方式。除了为相对人的违法建设行为设定了法律责任之外，该法还规定了行政主体违法的情形及其法律后果。

---

① 参见何子张《城市规划中空间利益调控的政策分析》，东南大学出版社 2009 年版，第 64 页。

② 《城市规划法》采用的修改模式是局部或较小的变更，由规划拟定机关进行，但是要报同级人大常委会和原审批机关备案，而重大的变更要报原审批机关批准。《城乡规划法》关于规划修改的规定基本上改变了《城市规划法》所采用的模式，即除了近期建设规划的修改之外其他规划的修改都必须经过原审批机关的批准，批准的过程适用规划编制的程序。在这种情况下，如果规划编制的程序规定有公开、听证或由有关人大或人大常委会审议等内容的，规划的变更同样也要遵循这些内容要求。具体参见郭庆珠《行政规划及其法律控制研究》，中国社会科学出版社 2009 年版，第 311—312 页。

通过上述分析，可以看出《城乡规划法》与《城市规划法》相比，最为主要的区别在于，其立法价值取向由"国家利益本位"转向了"社会利益本位"，相应地，其立法重心也由规范城市规划的行政职能和技术过程转移到调整城市开发建设中的利益分配。《城乡规划法》强调了对社会公共利益的保障，在调整城市规划领域中的多元利益关系中找到了一个竞争、对话和妥协的支点。以保障社会公共利益为价值取向的立法精神，包含了个人权利被承认和尊重的理念。公共利益源于个人利益，又以个人利益为归依，因此要实现公共利益必须完成对城市规划利害关系人的权利承认和界定，并确保其权利在合法合理的制度框架内得以实现，使利害关系人行为的外部负效应得到控制。可见，在对公共利益的保障过程中，包含了实现多元利益相互妥协并达至平衡的要求。城市规划立法在协调多元利益分配关系时，对于城市居民利益需要加强保障；对于开发商利益，在保障其充分发挥市场动力作用的同时，也要对其利益扩张可能侵害其他利益进行有效的制约；对于地方政府利益，需要进行有效的约束，确保政府权力的行使不过分侵害个人权利，并保障其权力的行使立足于社会公共利益目标。总之，对各方主体的利益分配关系的协调是围绕社会公共利益的实现而展开的。① 在社会利益本位的价值取向下，《城乡规划法》体现出现代行政法的特征，即在具体的制度安排中关注了行政主体权力与行政相对方权利的平衡配置问题，确立了相应的政府责任和行为规则，同时也为市场主体和社会主体维护自身的合法权益提供了相应的渠道。

综上所述，在社会主义市场经济体制下，作为公共政策的城市规划要发挥其指引城市空间发展、分配和调节社会利益的作用，其法律制度安排必然要在充分尊重各方利益主体的合法权益的基础上，保障各方主体为自身利益进行辩护、交易和救济的权利，同时针对各方主体的行为确立明确的约束和激励机制，防止其侵害其他主体的合法权益。怎样运用城市规划合理配置城市空间和土地资源不是纯粹的技术性问题，其更多地表现为价值判断问题。立法者通过制定城市规划的法律规范，在多元利益之间寻找平衡和妥协的过程中，势必要关注各种利益竞争背后的

---

① 参见张萍《城市规划法的价值取向》，中国建筑工业出版社 2006 年版，第 161—162 页。

公平与效率之间的价值选择问题。一方面，行政主体在规划过程中应当公正地分配社会资源，另一方面行政机关也需要通过城市规划实现社会资源利用效率最大化，这就涉及如何处理公平与效率的关系。在计划经济时期，城市规划建设中的利益关系相对单一且高度统一，社会资源的公平配置与高效利用之间的价值冲突尚未显现，所以当时的城市规划法侧重于对规划行政职能和规划技术过程的规范，而非回应城市资源开发建设过程中的利益调控和价值判断问题。随着社会主义市场经济的发展，城市规划以不同于计划经济时期的配置方式为新的利益主体的成长提供了广阔的空间。市民利益、开发商利益、地方政府利益、社会公共利益开始成为稳定的利益形态，由此形成多元利益相互重叠、相互竞争、相互制约的城市空间利益格局。在城市规划建设中，正是由于不同利益诉求的竞争与博弈，使得公平和效率之间的关系呈现出复杂动态的特征，进而给人们对两者的价值判断和选择增添了困难。当通过立法规制城市规划时，不可避免地会遇到这样的价值选择困惑：是"效率优先，兼顾公平"，抑或"公平优先，兼顾效率"，还是采取"公平与效率兼顾"这一更为折中的态度。而无论选择何种态度，总会遇到公平与效率无法兼顾的情形，此时我们只能在它们之间进行权衡并相互妥协。① 需要注意的是，权衡并不意味着城市规划没有相应的价值标准。公平与效率何者为先要结合问题所属的领域做出不同的判断。在生产领域里应该以效率为先，因为只有提高社会生产效率使得社会财富总量增加，才能更好地保障各方主体平等地享受公共服务；而在生产领域之外的再分配领域，则应当贯彻平等原则，尽可能地消弭社会矛盾。② 现代城市规划是针对"市场失效"而产生的，它通过对市场效率的盲目追求进行制约，从而起到弥补市场缺陷的作用。虽然城市规划对提升城市建设的效率具有重要意义，但其终极价值意义并不在于达成市场效率的最大化而在于摒弃市场理性的失灵、实现社会资源分配的公平。③ 这向

---

① 参见张萍《城市规划法的价值取向》，中国建筑工业出版社 2006 年版，第 168—169 页。

② 参见［美］阿瑟·奥肯《平等与效率——重大的权衡》，王忠民、黄清译，四川人民出版社 1988 年版，第 7 页。

③ 参见王华兵、秦鹏《论城市规划的公共性及其制度矫正》，《中国软科学》2013 年第 2 期。

我们传递了一个信息，即政府在以城市规划为手段配置公共资源的过程中，除了要保证资源的开发利用效率外，更应当遵循平等原则，将保障社会公共利益作为城市规划法的重要内容之一。因为在现有的城市空间利益结构中，对公平与效率关系的处理主要表现为如何协调市民利益、开发商利益、地方政府利益之间的关系，而社会公共利益正是这些利益之间进行对话的一个中立的结合点。

但是，在当前我国城市规划管理中，存在价值观错位的现象，地方政府往往会因片面追求经济效率和政绩而违法或不当行使城市规划权力，由此产生许多与城市规划相关的利益配置不公平的问题。对于诸多公平性缺失的问题，只有通过在城市规划法中落实平等原则、加强具体的制度设计才有可能得到有效解决。

三　平等原则在城市规划中的适用要求

平等是指人基于"人"的属性，在人格尊严上要求得到同等对待，在权利的享有上得到公平的分配。[①] 平等既是宪法的一般原则，又是公民所享有的一种基本权利。宪法中的平等意味着立法、执法、司法、守法方面的平等，在法律层面的平等则意味着公民在法律适用和法律的内容等方面一律平等。我国《宪法》（2018）第 5 条第 5 款规定："任何组织或者个人都不得有超越宪法和法律的特权"，在第 33 条第 2 款进一步明确："中华人民共和国公民在法律面前一律平等。"除了一般性规定外，现行宪法还对平等权做了其他相关的具体性规定，如第 4 条规定了"各民族一律平等"、第 34 条表述了"公民在选举权和被选举权方面的平等"、第 48 条规定了男女平等。总之，在整个宪法规范系统中，既有有关平等权的一般性规定，又有涉及民族平等、政治权利平等、男女平等具体性规定；既有授权性规范，又有禁止性规范；既有有关平等权的正面规定，又有有关反特权、反歧视的反面规定，因此具有相对详尽的、完备的规范内容。[②]

考虑到人生而所有的某些特质一般是无法被改变的，如种族、肤

---

① 参见杨春福主编《法理学》，清华大学出版社 2009 年版，第 406 页。

② 许崇德主编：《宪法》（第四版），中国人民大学出版社 2009 年版，第 177 页。

色、智力等，故要消灭这些差别，实现绝对的平等是不可行的。但人的尊严是所有人均具有的，他们也因此享有自由而平等地发展人格的权利，这就是近代平等理念产生的原因，在近代宪法规范中表述为人在"法律上的平等"（égalietédavant la loiGleichheitvor dem Gesetz）或在"法律上的平等"（Equality under the Law）。1789 年法国《人权与公民权宣言》宣布："在权利方面，人人生来而且始终是自由平等的。"从此之后，几乎所有国家的宪法都规定了平等原则和平等权利。然而，近代宪法所确立的平等理念，存在一定的历史局限性，即只讲求保障形式上的平等，保障人们在各种社会活动的起点上的机会均等，而完全忽略了人们现实生活中的各种差异。纯粹保障形式上的平等，尽管可以通过所谓公平的自由竞争为一部分人实现与他人在现实意义上的平等提供一种可能性，但却不可避免地加剧社会成员之间的贫富分化。有鉴于此，现代宪法已逐渐从单纯保障形式上的平等转向追求实质上的平等。实质上的平等理念是对形式上的平等理念的修正，它允许在考虑合理差别的前提下，针对不同的人及不同的情事做出相应的差别对待，以达到法律内在所期待的恢复经济强者与经济弱者之间对等关系的目的。[1] 也就是说，实质上的平等并非禁止差别对待，而是禁止"恣意"的差别对待。对于何为"合理差别"，平等原则本身并没有提供实质性的判断标准，所以在不同的具体案件中，需要通过比例原则对牵涉在问题中的各种利益进行衡量。[2]

在行政法上，平等原则既适用于行政主体处理利害关系人之间的相互关系，也适用于处理行政主体与利害关系人之间的关系。对于平等原则，应根据不同的情势采取不同的适用方式。基于此，我们将行政法上的平等原则分为同等对待原则和差别对待原则两项子原则。同等对待原则适用于具有相同情形下的形式上的平等。当适用于行政主体处理利害关系人之间的相互关系时，同等对待原则主要体现为以下两个方面的内容：其一，处于同一行政法律关系中的不同利害关系人，行政主体应一视同仁对待，不得歧视某一利害关系人；其二，在处理不同时间段出现

---

① 许崇德主编：《宪法》（第四版），中国人民大学出版社 2009 年版，第 178 页。

② 参见姜昕《比例原则研究——一个宪政的视角》，法律出版社 2008 年版，第 152 页。

的性质相同或相似的事件时，行政主体应以对待以往利害关系人的标准来对待现在的利害关系人，法律另有规定的除外。适用于处理行政主体与利害关系人之间的关系时，同等对待原则的内涵主要表现为：行政主体与利害关系人之间的主体资格和法律地位平等，并且同等地受到法律约束。差别对待原则是在考虑到不同利益主体之间存在明显差别的情况下，通过采用不同的对待标准，以实现实质上的平等。当适用于处理不同利害关系人之间的关系时，差别对待原则体现在以下两个方面：一是行政主体应根据利害关系人的不同情况而做出与之相应的处理；二是行政主体应按照不同情况设定利害关系人享有权利和履行义务的比重，即在同一行政法律关系中，利害关系人按照其所起的作用的大小来享有权利和承担义务。[①] 适用于处理行政主体与利害关系人之间的关系时，差别对待原则的内涵表现为：由于在行政主体与利害关系人的实体权利义务分配上，存在量或质的不等价、不对称的状态，因而行政主体在事实上处于优势的地位。为了改变双方权利义务不对等的状况，法律应在程序上为行政主体设定更多的义务，并相应地增加利害关系人的程序权利，以提升利害关系人的程序地位，使双方权利义务在总体上达到平衡，从而防止行政主体利用其权力和优势地位压制利害关系人。[②]

城市规划作为政府配置公共资源的一种行政方式，平等原则是其须遵循的基本原则之一。通过对这一原则的贯彻，能够从价值层面上有效规制和约束政府所拥有的城市规划裁量权。对此，城市规划的法律制度设计不仅应当体现规划机关平等对待各方利害关系人的要求，还需要通过程序权利和义务的合理配置，改变利害关系人与规划机关在事实上地位不平等的状况。具体而言，城市规划的法律制度设计应在以下三个方面贯彻平等原则。

（一）确保各方利益主体在参与规划程序方面的平等

主体的平等性不仅仅要求保障各方的主体地位平等，也要求各方主体有平等参与的机会和表达意见的渠道。其中，主体地位的平等是先决

---

① 参见王春业主编《行政法与行政诉讼法》，中国政法大学出版社 2014 年版，第 44 页。
② 参见杨解君《行政法平等原则的局限及其克服》，《江海学刊》2004 年第 5 期。

条件，地位不平等将影响参与机会的平等和表达意见方式的平等。[①] 主体平等的意义在于保证程序以及通过程序而产生的结果符合"形式正义"（formal justice）的要求，使各个当事人成为理性的、负责的主体。没有主体的平等，则无法建立一个有效的博弈平台，就难以形成公平的结果。[②] 鉴于城市资源的分配格局实际上是由城市规划确定的，而不同利益主体在城市空间利益竞争格局中所处的实际地位以及对规划决策的影响力存在较大差异，要实现城市资源开发中利益的公平分配，就更需要保障每个利害关系人在城市规划运作过程中享有平等的尊严与表达意见的资格，确保自身权益受到规划影响的个人或组织能够有效地参与到城市规划制定、实施和修改的过程中，成为平等的规划程序参与者。这势必要求在城市规划中构建完备的信息公开机制、公众参与机制和权利救济机制，在赋予利害关系人一系列程序权利的同时，为规划机关设定与之相对应的程序义务，从而确保规划立项、起草、审批到实施的全过程中，规划权力都能受到有效的监督，避免出现利益配置的失衡。在规划决策做出前，利害关系人享有平等获取信息的权利；在做出规划决策过程中，利害关系人享有平等地参与到规划制定、实施和修改程序中进行陈述、对质、辩论的权利；做出规划决策后，也必须保证利害关系人享有平等地寻求救济的权利与机会。这些权利的享有和行使不因主体身份、地位、财产多寡、受教育程度不同而有不合理的差别。只有这样，才能让各方利益主体通过平等对话、竞争达成妥协或者相对一致，从而有效制约和监督地方政府所拥有的规划权力，并且防范开发商这一强势利益集团的过度利益扩张，以此为公共利益和弱势群体利益的维护与实现奠定基础。

（二）保障社会各种群体在享受基础设施和公共设施方面的平等

城市空间资源的配置不只是程序性问题，其更是实体性问题，依据城市规划实行的空间分区制、公共服务设施布局以及其他公共资源的分布均会影响公民的机会与发展。对此，需要从法学视角来关注公民权利在城市空间资源配置上实现的方式和过程的平等性问题，即基础设施和

---

① 汪进元：《论宪法的正当程序原则》，《法学研究》2001 年第 2 期。

② 参见石佑启《私有财产权的公法保护研究——宪法与行政法的视角》，北京大学出版社 2007 年版，第 143 页。

公共服务设施布局与供给的合理性问题，具体表现为居民能否平等地得到享有保障性租赁住房、公共交通、道路、供水、排水等基础设施，以及学校、医院、绿地等公共服务设施的机会。[1]《城乡规划法》第 29 条第 1 款的规定可以被视为对公共利益在城市规划中具体实现形式的表述，其体现了平等保护各类社会群体的受益权利以及照顾弱势群体生存的要求。[2] 但在现实生活中，地方政府往往对建设商业中心、文化中心、科技创新基地等项目感兴趣，而对与公众生活关系更为密切的基础设施建设缺乏热情。[3] 以保障性住房规划为例，一些地方政府因过分强调房地产对当地 GDP 增长的带动作用，过多依赖房地产税收和土地收入增加财政收入，从而削减安居工程保障性住房建设用地的供应，导致保障性住房规划和供应量明显不足。此外，在保障性安居工程住房的建设中，地方政府也往往因过度追求市场效益而将微利型的保障性用地全部规划在城市郊区、边缘性差的地区，不考虑相关的设施配套。[4]

针对城市规划在城市空间资源配置方面存在的平等性缺失问题，需要通过以下三个方面的途径加以消解。

一是完善城市规划中有关基础设施和公共服务设施的内容。城市规划对城市空间利益的调控功能，不仅体现为对单一地块的性质与开发强度的明确，还反映在对一定区域内的用地结构及基础设施和公共服务设施的布局和供给的确定上。鉴于城市规划法制改革的关键在于将城市开发建设的重点放在满足公众基本物质需要和保障公民基本权利方面，城市规划的未来发展方向应是逐步淡化规模预测以及用地性质与范围的界定，转而注重通过公平合理地配置基础设施和公共服务设施以增进公共利益。这要求在对城市空间资源配置开展现状调查的基础上，对未来趋势进行预测，并根据预测确定满足居住、学校、公园、医院等各种用地

---

① 参见何明俊《空间宪政中的城市规划》，东南大学出版社 2013 年版，第 11 页。

② 《城乡规划法》（2019）第 29 条第 1 款规定："城市的建设和发展，应当优先安排基础设施以及公共服务的建设，妥善处理新区开发与旧区改建的关系，统筹兼顾进城务工人员生活和周边农村经济社会发展、村民生产与生活的需要。"

③ 参见王华兵、秦鹏《论城市规划的公共性及其制度矫正》，《中国软科学》2013 年第 2 期。

④ 参见赵宁《土地利用规划权力制度研究》，法律出版社 2015 年版，第 177 页。

的空间需求，鉴于空间资源的稀缺性，城市规划应尽可能地在有限的空间中合理布置各种用地。[①] 目前，现行《城乡规划法》第 17 条已将有关基础设施和公共服务设施用地方面的内容作为总体规划的强制性内容。[②] 考虑到总体规划内容的实施有赖于控制性详细规划的具体落实，所以还应在控制性详细规划中对相关内容予以深化和细化。与总体规划不同，《城乡规划法》对控制性详细规划编制的内容未做出具体规定，在中央和地方层面需要制定和完善有关控制性详细规划的法规和规章，以尽可能地明确和详尽规定公共产品供给的要求。同时，也要加强不同层次的规划之间关于公共产品内容的衔接，注重公共产品供给中的经济效益与社会效益统一，发挥促进社会公平和经济发展的作用。[③]

二是健全政府绩效考评机制。一方面，应将公众确立为政府规划绩效的评估主体，实现政府自身评估、专家评估和社会评估的并重，形成自上而下的监督和自下而上的监督相结合的绩效考评机制，强化政府的公共服务职能。在此基础上，通过民间渠道进行的考核评估，可以采用民意测验、社会调查等方法，定期采集广大居民对城市规划配置城市空间资源公正性与合理性的满意程度。另一方面，要将改善民生作为政府绩效考核的重要指标，将关系到城市空间资源配置的内容，特别是保障性住房、排水、供电、供气、通信、道路、医疗、教育等基础设施和公共服务设施的布局与建设纳入政府绩效评估指标体系之中。

三是发展包容性规划制度。包容性规划在西方发达国家并非是一个全新的理念和制度，但在我国却是近些年才开始研究和探索的新型规划模式。《国家新型城镇化规划（2014—2020 年）》明确提出了"以人为本和公平共享是新型城镇化的首要原则"，以及"建设包容性城市"的发展目标。其中，"以人为本和公平共享"必然要求城市规划以平等作为价值取向，而建设包容性城市的发展目标需要通过包容性规划的制定与实施

---

① 参见何明俊《空间宪政中的城市规划》，东南大学出版社 2013 年版，第 115—116 页。

② 《城乡规划法》（2019）第 17 条第 2 款规定："规划区范围、规划区内建设用地规模、基础设施和公共服务设施用地、水源地和水系、基本农田和绿化用地、环境保护、自然与历史文化遗产保护以及防灾减灾等内容，应当作为城市总体规划、镇总体规划的强制性内容。"

③ 陈浩、周晓路、张京祥：《建构城乡规划的边界观——对实现国家治理现代化的回应》，《规划师》2014 年第 4 期。

来逐步实现。鉴于我国提出包容性规划的目的是矫正当前城市化进程中空间资源配置中存在的公平正义缺失的问题，包容性规划的编制应建立在对进入城市的权利、城市更新中的空间分异和空间贫困三个基本问题进行评估与判断，进而找出城市空间资源配置不平等、不公正现象产生的根源，同时将空间融合、保障性住房体系、基本公共设施分布均等布局作为规划重点解决的问题。就包容性规划与现行城市规划之间的关系而言，前者并非要取代后者，两者之间应是一种相辅相成的关系。包容性规划可与现行规划模式结合在一起进行编制，让不同类型的城市规划承担相应的规划内容，即城市总体规划应承担起战略目标和宏观包容性政策的制定任务；控制性详细规划应包含包容性发展控制的导则及微观政策的内容。当然，包容性规划也可采用专项规划的编制模式，即将对空间利益格局的现状评估、战略目标的制定、近期政府行动规划、包容性政策的制定等方面的内容纳入专项规划当中。需要注意的是，无论采用哪种模式，包容性规划的包容性政策等空间管治的导则都要落实在政府行动规划中，落实到控制性详细规划中，通过对建设项目的管控，以此来实现包容性规划中的战略目标，促进空间生产中的正义。①

（三）促进城市发展成本分担方面的平等

城市发展成本的不平等分担是城市规划中公平性缺失的表现之一。城市规划通常会将城市发展中的成本转嫁到普通居民身上并通过城市化的外部特征和总体效益掩盖社会群体之间的成本分担不均，从而形成负外部性。② 如城市规划引起的拆迁、征收往往会让规划区域内的土地所有权人和房屋所有权人失去原先的生活空间、社会网络以及生存方式，而开发商则在城市规划的实施中获取了额外的利益。可以说，城市规划成本的外溢会使一部分主体受益，而另一部分主体则蒙受损失，如果对这种成本分担不平等的现象不进行任何干预和修正，那么将会进一步加剧贫富分化，增加弱势群体的相对剥夺感，进而激发社会矛盾。为此，

---

① 参见何明俊《包容性规划的逻辑起点、价值取向与编制模式》，《规划师》2017 年第9 期。

② 参见王华兵、秦鹏《论城市规划的公共性及其制度矫正》，《中国软科学》2013 年第2 期。

应依据平等原则，健全规划补偿制度和开发利益公共还原制度，以社会收益为标准，针对个人收益的不同情况进行差异化处理，即对个人在土地利用中占有的超过社会收益的部分予以收回，对个人收益少于社会收益的部分进行补偿，最终使各方主体之间的利益达至平衡的状态，从而有效解决城市发展成本分担不平等的问题。①

当城市规划针对特定个人的财产权施加了过重的限制，使其财产权遭受了严重的损害，此时财产权人实际上是为公益需要而做出了特别牺牲，基于城市开发成本均等分担的要求，必须对财产权人所遭受的损害进行合理补偿。② 在对规划给私人权益造成的特别牺牲给予补偿时，应贯彻平等补偿的要求，不仅针对同一案件中受害人的相同情况，补偿义务机关必须按照同一标准来确定具体补偿数额，而且针对不同案件中受案人的相同情况，补偿义务机关也应当同等对待，即遵循先例。当然，平等补偿并不意味着绝对的均等，而是一种在"合理差别"内的平等对待，因此面对受害人的不同情况，补偿义务机关必须给予差异对待，在确定具体补偿数额时，不能采用"一刀切"的方式。一方面，应根据规划行为对受害人生产、生活和长远利益的影响程度来确定补偿的额度；另一方面，也需要考虑到地区的差异性，依据各地不同的经济发展水平因地制宜地进行补偿。至于如何判定受害人的情况相同或情况不同，能够作为处理机关判断依据的应是案件事实和法律要件，而非个案中表现出来的细枝末节的雷同或差异，更不是受害人的性别、民族、地位等与规划损害补偿不相关的其他外部因素。

对于依据城市规划进行公共开发而使特定个人获得的额外利益，则应通过相应的利益流转机制返还给社会，这是因为公共开发的成本来源

---

① 参见赵宁《土地利用规划权力制度研究》，法律出版社 2015 年版，第 202 页。

② 因政府的合法行为而给私人造成的特别损害与其他一般的合法性损害有很大的区别。比如，税收从本质上来看，也是一种政府基于公权力对私人权益造成的损害，而且这种损害是依法做出的，但是政府无须因征税而对私人给予补偿。其原因在于这种损害具有普遍性的特征，政府在做出征税行为时，已经考虑到了私人的承受能力和在社会中的承受程度，因此税收制度本身已经满足了公共负担方面的平等要求。而因公益需要而给私人权益造成的特别损害，在损害程度上已经超出了公民所应负担的"平等份额"。为了实现公共利益与私人利益之间的平衡，应对私人利益所受损失超过其应负担的部分给予补偿。具体参见刘文义《行政补偿理论与实务》，中国法制出版社 2013 年版，第 23 页。

于公共财政，公共开发所产生的开发利益应当惠益于社会公众，否则将导致公共负担的不均等。对此，在城市规划中有必要建立开发利益公共还原制度，对这些增加的开发利益进行再分配，以保障社会公平。就如何建立开发利益还原制度而言，首先需要明确什么样的利益能够还原、如何去判断什么情况下可以进行还原，只有在形成比较完备的特别利益判断制度性框架的基础上，该项制度才能得到有效的实施，否则会给行政机关任意课征获取不当利益打开缺口。①

总之，平等原则是约束城市规划裁量权的有力武器，若在规划裁量的空间内，平等原则不能得到贯彻，那么特权会永存于其中，任何改进措施都会遭受来自特权享有者的抵制，各方主体之间利益分配不均的现象将无法得到改变。

第二节　比例原则

在城市规划法治化的进程中所面临的一个重要问题是怎样确保城市规划裁量权的行使方式是适度的，不会为目的而不择手段。为此，适用比例原则可以完成这项任务，该原则通过衡量规划手段与规划目的之间的关系，对两者各自所代表的、相互冲突的利益之间进行权衡，从而保证规划权力对利害关系人权利的干预是合乎比例的、恰当的。

一　比例原则的缘起和内涵

比例原则起源于德国。早在 19 世纪末期，普鲁士一般法就规定，"采取为维护公共秩序所必要的措施"是警察的职责，而不必要的措施则不属于"警察的职责"。当时，作为比例原则内容之一的必要性原则不仅为德国立法所明确规定，而且已为其司法实践所运用，警察所采取的措施是否超过为实现目的所需要的限度是高级行政法院要审查的内容之一。二战后，随着德国民主与法治的发展，比例原则不仅在内涵上有

---

① 参见徐键《城市规划与开发利益公共还原》，载朱芒、陈越峰主编《现代法中的城市规划：都市法研究初步》（下卷），法律出版社 2012 年版，第 427—428、430、465 页。

所拓展和完善，更为重要的是其获得了行政法原则乃至宪法原则的地位，其适用范围不再限于警察领域。[①]

按照通说，比例原则的核心内容由三个彼此关联且相互递进的子原则构成。

一是妥当性原则，即行政主体所采取的行政措施必须达到法定目的。依德国联邦宪法法院的见解，即使只有部分能达成目的，也算是符合这一原则。[②] 但纯粹以手段能否达到法定目的来遏制行政权力的滥用，其效果较为有限，因为行政主体所采取的措施或多或少能达到预期的法定目的，故此原则的不足需要由另外两个原则来弥补。

二是必要性原则，即行政主体在不违反法定目的的前提下，应当选择对利害关系人权利侵害最少的方法。该原则一般适用于可以通过多种手段来实现一个目的的情形，如果只能通过唯一的手段才能达成目的，那么该原则就没有适用的余地。

三是均衡原则，即行政主体采取的措施对利害关系人造成的损害应小于达成目的所获得的利益。该原则与前两个原则的不同之处在于：前两个原则都是以达成措施的目的为着眼点，即使手段所造成的后果不利于利害关系人权利的实现，也不会因此而放弃其所追求的目的；而该原则却容许因被损害的权利的价值重过行政主体所追求的目的的价值而放弃先前的目的。[③] 可以说，均衡原则通过考察手段实现的目的价值与造成的负面价值之间的得失，进而判断原先目的是否代表公益，因而超出了预设目的的统辖，上升为价值之间的取舍，成为比例原则的精髓。[④]

以上三项子原则共同构成了比例原则完整而丰富的内涵，并在各国行政法中发挥着对基本权利限制的作用。德国行政法学家奥托·迈耶把比例原则称作行政法领域中的"皇冠原则"。我国台湾地区行政法学者陈新民甚至认为，比例原则之于行政法如同"诚信原则"之于民法，

[①]　参见黄学贤《行政法中的比例原则研究》，《法律科学》2001 年第 1 期。

[②]　BVerfGE 16，147/183. 转引自陈新民《德国公法学基础理论》（下册），山东人民出版社 2001 年版，第 369 页。

[③]　参见陈新民《德国公法学基础理论》（下册），山东人民出版社 2001 年版，第 370 页。

[④]　参见裴娜《城乡规划领域公众参与机制研究》，中国检察出版社 2013 年版，第 61 页。

同为各自领域的"帝王条款"。

二　比例原则对城市规划裁量权的规制作用

随着福利行政的兴起，政府的角色由"守夜人"转变为社会公益的守护者，于是自由裁量权构成了现代行政权的核心内容，几乎可以说没有裁量就没有行政。就城市规划而言，相比于一般的行政活动，其在编制和执行过程中存在更为广阔的创造空间，即具有"计划裁量"的特性。这主要是因为：其一，城市规划具有鲜明的技术性特征，涉及建筑、地理经济、文化、历史和环境等众多学科的专业知识，这种高度技术性要求城市规划的活动应依照自身的技术标准和规范来开展，使得传统意义上的法律规范对行政行为的控制能力大大减弱。其二，城市规划是对城市未来开发、建设的安排，基本上是以蓝图、战略方针的形式出现的，具有相当大的不确定性，使得立法只能进行概括授权和模糊授权。例如，《城乡规划法》第4条对"公共利益需要"进行描述性规定，使用了"生态环境""地方特色""防止污染和其他公害"等诸多不确定概念来列举公共利益的具体表现形式，[①] 实际上是以模糊的公共利益作为城市规划权行使的依据，在城市规划配置空间资源的利益衡量和公平性方面仍缺少明确的规范。其三，城市规划可以被视作一项通过分配城市空间资源以实现公共利益的公共政策。而通过城市规划来实现公共利益不只是技术问题，在更多情况下有赖于政策性考量。[②] 如在确定城市的发展战略和发展规模、居住区面积的规划指标的时候就要考虑到生产力发展、人民生活水平、城乡关系、可持续发展等重大问题，这些都不单纯是技术和经济的问题。[③] 因此，在判断城市规划是否科学、合理方面，政府基于其管理的职能，具有很大的裁量空间，立法不宜对

---

① 《城乡规划法》第4条第1款规定："制定和实施城乡规划，应当遵循城乡统筹、合理布局、节约土地、集约发展和先规划后建设的原则，改善生态环境，促进资源、能源节约和综合利用，保护耕地等自然资源和历史文化遗产，保持地方特色、民族特色和传统风貌，防止污染和其他公害，并符合区域人口发展、国防建设、防灾减灾和公共卫生、公共安全的需要。"

② 参见陈振宇《城市规划中的公众参与程序研究》，法律出版社2009年版，第60页。

③ 李德华主编：《城市规划原理》（第三版），中国建筑工业出版社2001年版，第46页。

规划权力进行羁束控制。

虽然在城市规划领域中自由裁量空间的广泛存在既是必然的又是必需的，但为了避免规划权力对利害关系人权利的过度干预，有必要引入比例原则来合理约束城市规划自由裁量权，在保证规划目标实现的同时，尽可能使利害关系人的权益遭受最少的损失，从而在个案中体现法律的尊严和所追求的正义价值。

城市规划实际上是城市规划行政主体为了实现社会整体利益的最大化，运用行政权力协调各种不同的甚至相互冲突的利益，重新进行利益分配的过程。在各种利益的博弈中，冲突最为激烈的情形往往发生在公共利益和个人利益之间。因而，如何协调城市规划过程中公益与私益之间的冲突，就成为规划制定者与实施者必须完成的重大任务。此时，比例原则的运用可以起到遏制城市规划自由裁量权滥用的效果，因为在该原则之下，没有哪种利益必然高于其他利益，而必须在个案中经过利益衡量后才能做出判断。① 例如，1971 年法国最高行政法院在审理一起市政建设工程计划纠纷案件时，运用均衡原则对该工程的收益与因此而被拆迁的 90 家民宅的价值进行比较，认为前者高于后者，拒绝了原告要求撤销该工程计划的请求。② 德国国家行政法院也曾以可能对附近精神病院的病人造成危害为由而撤销一项干线道路建设计划，因市镇可以提供的资金远不足以支持在附近实施一个机场开放计划而宣告该计划无效。③ 可见，比例原则事实上为个人利益提供了与更为强势的公共利益进行对话或抗衡的途径。④

在对规划权力干预利害关系人权利的合法性与正当性进行论证时，我们必须探讨以下两个问题：如何判断规划本身是否符合公益目的？在证明规划本身符合公益的目的后，怎样进一步证明为达成公益目的而采取的手段合法有效？本书认为，运用比例原则可以对这两个问题予以较为合理的解答。

---

① 参见宋雅芳等《行政规划的法治化：理念与制度》，法律出版社 2009 年版，第 126 页。

② 参见王桂源《法国行政法中的均衡原则》，《法学研究》1994 年第 3 期。

③ 许玉镇：《比例原则的法理研究》，中国社会科学出版社 2009 年版，第 78—99 页。

④ 参见文正邦、胡晓磊《行政规划基本问题分析》，《时代法学》2007 年第 2 期。

首先，运用妥当性原则与均衡原则对规划本身是否符合公益目的进行判断，即规划机关在做出城市规划行为前，应对其中涉及的各种利益进行斟酌，对可达到规划目的的各种手段进行比较和衡量。若采用某种手段给利害关系人利益造成的损失远大于实施规划所带来的收益，则不能认定该规划本身是符合公益的，此时需要保护的利害关系人之损失利益上升至更贴近公益的位置。① 在判断规划本身是否符合公益目的的问题上，按照通说，若非存在明显、重大的不合理（如规划设定的目标与客观现实和事实发展规律不相符，或在现有条件下，规划的目标没有实现的可能性，抑或在相当长的时间内无法实现规划目标，而随着"相当长的时间"经过，必然造成重大的经济损失，即使最终实现规划目标也难以弥补），即便编制规划的动机含有一定的功利成分或规划的内容对利害关系人的权益构成限制，也不能就此认定规划本身不符合公益目的。具体而言，如果规划的制定或修改虽然在一定程度上暗含了地方领导急于提升政绩的需要，但规划本身没有明显、重大的不合理，即通过规划的实施确实能够促进当地经济发展，从而增加就业机会，提高居民的收入，并且因规划的实施带给规划区域内土地使用权人和房屋所有权人的利益损失是较小的，就可以认定以发展经济为目标的规划符合公益目的。但若地方政府不切实际地规划城市发展"蓝图"，就另当别论了。如一些地方政府为招商引资通过较低价格和各种优惠条件出让土地使用权，不加区分地批准各类经济开发建设项目，甚至动用公权力积极地参与规划区域内的大规模征地、拆迁。就规划实施的效果而言，虽然从表面上看似乎提高了城市的硬性条件，但因客观条件和经济水平的制约，依照规划建设的高档写字楼、宾馆以及国际机场长时间处于闲置状态，借由规划来实现提升城市品位、发展经济、招商引资的目的的可能性微乎其微，就此可以认为该规划本身违背了妥当性原则与均衡原则，不符合公益目的。

其次，在确定规划本身符合公益目的后，需要运用必要性原则，判断规划机关是否选择了符合公益目的的最温和的手段来完成规划行为，以此证明手段的合法有效。如在南坪快速路丰泽湖山庄段选线的设计中，就体现了对手段正当性的追求以及对个人利益的尊重。南坪快速路

---

① 参见裴娜《城乡规划领域公众参与机制研究》，中国检察出版社 2013 年版，第 61 页。

是深圳市为缓解因机动车数量激增对交通治理产生的巨大压力而提出的"一横八纵"干线道路网规划中的"一横"，是该规划的重要组成部分。对于南坪快速路在梅林关段的建设，专家提出了"南线""北线"两种方案。其中"北线"道路两侧多为规划中或已建成的居民区，离居民楼最近的路段甚至只有3.5米；而"南线"道路沿线主要是山地，距已建成的居民区较远。在综合考虑经济、技术的可行性以及对附近居民生活影响的程度后，政府最终确定了"南线"方案。此后，在经过专家的充分论证后，政府为执行"南线"方案制定了4个具体的设计方案。在对相关的设计方案进行公示后，举行了听证会，在考虑居民代表意见的基础上，政府根据线位对丰泽湖山庄段四期规划进行了相应的调整，最终选择了对山庄居住环境影响最小的4号方案。① 这个实例说明，当规划制定过程中存在多种方案可供选择时，依据必要性原则，选择其中对个人利益损害最小的方案来实现规划设定的目标，可以在公益与私益之间达到平衡。当然，在规划实施过程中同样存在适用必要性原则的空间。例如，在汇丰公司不服哈尔滨市规划局行政处罚上诉案中，法院运用了必要性原则，对实现公益的手段是否正当做出了认定。在该案中，汇丰公司的建筑物遮挡中央大街保护建筑新华书店的顶部，哈尔滨市规划局对汇丰公司做出拆除建筑物的部分楼层及罚款的行政处罚。黑龙江省高级人民法院认定规划局处罚显失公正，对该处罚进行了变更。规划局不服提起上诉，最终最高人民法院维持了原判。其判决理由如下：规划局应根据相对人造成的不良影响的程度做出处罚决定，在实现行政管理目标的同时，也要兼顾相对人的权益，使其遭受最小的侵害，而哈尔滨市规划局要求相对人拆除的面积明显大于遮挡的面积，给相对人造成了不必要的损失，故原审判决是正确的。②

　　总之，虽然城市规划所具有的指引城市未来发展、事前协调各种利益关系的功能因应了福利行政的需要，但这并不意味着城市规划可以无处不在。城市规划行为的做出必须符合比例原则，只有当个人以及社会

---

　　①　参见钟为民、王扬振《南坪快速路丰泽湖山庄段人性化选线设计》，《公路交通技术》2006年第2期。

　　②　参见湛中乐《行政法上的比例原则及其司法运用》，《行政法学研究》2003年第1期。

无法解决私权负外部性问题和公共产品提供问题时，政府才有必要通过规划行为对此进行干预。如果私人在不损害公共利益的前提下，能够通过自身力量实现自己的利益，那么政府则没有必要制定和实施规划。即使在为实现公共利益而确有必要制定和实施规划的情况下，政府也需要在衡量规划目的与规划手段之间的关系后，选择对私人利益损害最小的方式达成规划目标。只有这样才能体现对人权的尊重，使城市规划真正拥有正当依据和合法根基。

第三节　信赖保护原则

信赖保护原则的重要内涵源于"社会法治国"的宪政理念，它将政府诚信、法律秩序的安定性、基本权利的保障这三方面的要求有机统一起来。[①] 依据信赖保护原则，当利害关系人对政府做出的授益性行政行为产生信赖时，只要这种信赖具有正当性，就应当得到保护；如果政府确实出于公共利益的考虑需要变动该行为时，必须对利害关系人基于信赖而遭受的损失予以公平补偿。[②] 可以说，该原则侧重于从"法律后果"上对城市规划裁量权进行规制，其要求政府充分考虑规划变动之后给利害关系人信赖利益和规划稳定性造成的影响，避免因规划变动而带来公共利益与个人利益之间的失衡问题。

一　信赖保护原则的发展

信赖保护原则产生于给付行政盛行的背景下。在社会法治国时代，创造合乎正义的社会秩序、保障国民生活成为政府的职责。此时，行政机关与社会成员之间形成了相互依赖的关系，即诸多行政任务需要社会成员的协助来完成，而社会成员的生存也有赖于国家的照顾。[③] 尽管给

---

① 政府之所以要对人民讲信用，那是基于保障人民权利的要求；而政府是否应保持法律状态的安定，也需以能否增进人民利益为标准，若法律状态的变动更加有利于增进此种利益，则没有必要保持法律状态的绝对"安定"。

② 参见石佑启《论公共利益与私有财产权保护》，《法学论坛》2006 年第 6 期。

③ 参见杨临宏主编《行政规划的理论与实践研究》，云南大学出版社 2012 年版，第 82 页。

付行政具有授益性，但不能因此一味地实行行政便宜主义①，因为在利害关系人出于对授益性行政行为的信赖安排了自身的生产生活后，一旦这种行为发生变更或废止，给他们造成的权益损害不亚于侵害行政。即使这种变更或废止在形式上合法，但若给利害关系人带来极大的不利与不公，基于实质法治的要求，也要受到一定的限制。信赖保护原则的产生正是顺应了限制行政便宜主义的需要。

如今，信赖保护在法治发达的国家和地区已得到充分发展。在德国1976 年《联邦行政程序法》规定了信赖保护原则之后，《葡萄牙行政程序法》（1991 年）、《韩国行政程序法》（1996 年）、"台湾行政程序法"（1999 年）也相继对这一原则做出规定。在英国、澳大利亚、新西兰等普通法系国家，也形成了与信赖保护原则相对应的正当期待原则。1969年正当期待的概念因 Schmidt v. Secretary of State for Home Affairs 案②首次出现在英国法中，此后也在英国及英联邦的众多案件中发挥了重要的作用。但在我国大陆地区，有关信赖保护的立法及司法实践还处于刚刚起步的阶段。2003 年出台的《行政许可法》第 8 条首次明确对信赖利益给予法律保护。2004 年国务院颁布的《全面推进依法行政实施纲要》第 5 条将信赖利益保护的要求扩大到行政的所有领域。在 2005 年 2 月审结的李冬彩与玉环县国土资源局土地行政纠纷一案中，法院第一次明确适用了信赖保护原则。③

---

① 行政便宜主义是指行政主体只要认为有必要，就可以行使行政权，做出、变更、撤销乃至废止行政行为。行政主体在判断是否存在这样的必要性上是自由的，它享有第一次判断权。行政便宜主义的法理来源于 19 世纪德国警察法中有关发动警察权的一般原则。1874 年的普鲁士一般行政法中，规定了警察的职务，即警察应维持公共安宁、安全和秩序，为公众和个人排除紧急的危险而采取适当的措施。后来，行政便宜主义从一般邦行政法中关于警察的内容的解释原理发展为一般行政法的解释原理。具体参见王贵松《行政信赖保护论》，山东人民出版社 2007年版，第 13—14 页。

② Schmidt v. Secretary of State for Home Affairs［1969］2 Ch 149. 在该案中，原告 Schmidt 是个在英国学习的留学生，且其学习时间有限制。当其申请延期以继续学习时，被内政大臣拒绝，当时也没有给其申辩的机会。原告不服，声称这种做法违反了自然正义，因为在这个拒绝决定做出前没有给其听证的机会。转引自陈海萍《行政相对人合理预期保护之研究——以行政规范性文件的变更为视角》，法律出版社 2012 年版，第 9 页。

③ 参见《信赖保护原则被适用 玉环县农妇告赢国土局》，https：//zjnews. zjol. com. cn/system/2005/02/17/006059693. shtml，2022 年 6 月 28 日。

二　信赖保护原则在城市规划中的适用

（一）信赖保护原则在城市规划中适用的必要性

信赖保护原则的实质是为人民对政府的信任提供保障，因而适用于一切授益性行政行为，对城市规划来说也不例外，因为城市规划是政府进行宏观调控的手段，最终目的在于保障城市空间资源的公平分配，其亦属于授益性行政行为的范畴。虽然城市规划作为行政规划的一种，相比其他授益性行政行为具有更多的变动性特征，但基于法律秩序的安定性、保障人民基本权利的要求，城市规划又必须具有确定性。这种确定性应理解为：城市规划一经做出就具有不可变更力，城市规划机关未经法定的事由和法定程序，不得随意改变已经生效的规划。城市规划的变动性反映了行政目标和公共利益的要求，城市规划的确定性则代表着法律秩序的稳定性和人民信赖利益的要求，因而在城市规划的变动性与确定性之间产生了较大的张力。在城市规划正常实施的情形下，由于确定性占了主导的地位，这种紧张关系有所缓和。但是，当城市规划需要变更时，这种紧张关系往往会被放大。[①]为了协调城市规划的变动性与确定性之间的紧张关系，最终实现城市空间资源公平配置的价值目标，在城市规划变更之际，有必要适用信赖保护原则，即在承认公共利益与个人利益在本质上具有一致性的前提下，[②]对个人信赖利益和公共利益进行慎重的衡量，在信赖保护成立的

[①]　参见兰燕卓《为了有序的城市：城市规划变更的行政法规制》，北京大学出版社 2014 年版，第 40 页。

[②]　尽管公共利益与个人利益在具体的实际生活中存在冲突，但公共利益与个人利益在整体上或根本上是一致的。只有在承认公共利益与个人利益在本质上具有一致性的前提下，才有协调公共利益与个人利益的可能。公共利益与个人利益的一致性主要表现在：其一，公共利益和个人利益在一定条件下可以相互转化。当公共利益被法律确认变为权利之后，就可转化为个人利益；而当个人利益受到侵害现象具有经济秩序或社会正义的普遍性和典型意义时，其也可转化为社会公共利益。其二，公共利益与个人利益相互依存、相互促进。公共利益源于个人利益，又以个人利益为归依；同样，个人利益也是公共利益的对立物，失去了公共利益就不能独立存在。在绝大多数情况下，人们追求个人正当利益的行为往往有利于公共利益的增加，而人们促进公共利益的行为也能实现个人利益。具体参见石佑启《私有财产权公法保护研究：宪法与行政法的视角》，北京大学出版社 2007 年版，第 128 页。

情形下，对个人的信赖利益给予实体和程序上的保护。

有学者指出，由于规划本身具有预测性和前瞻性，规划可能会因预测错误或必须配合时势的变化而进行必要的修正，人民对于规划的变更通常应该具有相当程度的认识，因此信赖保护的程度也会有所降低。[①]这其中涉及信赖保护原则在规划行政领域适用的修正问题。本书认为，在城市规划变更中，信赖保护原则的适用需要更多地考虑利益衡量的问题，即要兼顾人民对规划持续性的信赖与规划的弹性。

（二）城市规划中信赖保护的要件

只有准确把握城市规划中信赖保护的要件，才能使信赖保护在法治的框架下运行，才能在保护利害关系人的信赖利益时，不会使公共利益遭受严重的损害。城市规划中信赖保护的要件包括信赖基础、信赖表现、正当的信赖、信赖利益与公益的衡量。

其一，信赖基础涉及信赖对象和信赖客体两个问题。信赖对象，即做出授益性且具有预见性的行为的行政主体。信赖对象的明确与否，关系到信赖保护能否成立，以及由谁来承担信赖保护责任的问题。在城市规划中，信赖对象指的是城市规划行政主体，即能够以自己的名义行使城市规划权力并承担相应法律责任的组织。值得注意的是，城市规划的制定分为编制和确定两个阶段，编制主体与确定主体是不一致的，两者谁应作为信赖的对象，需要从它们的职能上进行考量。在城市规划的制定过程中，编制主体负责起草规划的草案，而未经批准、公布的规划草案不能对利害关系人的权利义务产生实际影响，因此编制主体不宜作为信赖对象；而确定主体则起到了对规划草案进行审批而使其具有法律上效力的作用，故确定主体应作为信赖的对象。根据《城乡规划法》的规定，我国县级以上各级人民政府都享有分级规划审批权，都是城市规划行政主体，可以成为信赖对象。此外，某些享有审批权力的城市规划委员会也属于城市规划中的信赖对象；在城市规划实施后，做出行政许可的规划主管部门也应作为城市规划中的信赖对象。信赖客体，即利害关系人对行政主体所信赖的内容，是行政主体对外所做出的具有授益性

①　参见宋雅芳等《行政规划的法治化：理念与制度》，法律出版社 2009 年版，第 139 页。

和可预见性的有效行政行为。就城市规划本身而言，规划草案不能作为信赖的客体，因为其尚未生效而不具有确定力，行政主体仍可以对其任意修改；而根据《城乡规划法》第7条和第9条的规定，依法批准公布的城市规划文本无疑属于信赖客体。① 此外，对于规划主管部门做出的行政许可，也应纳入信赖客体的范畴。

其二，信赖的表现，这一要件包括信赖主体和信赖行为两方面内容。信赖主体，即在行政法律关系中，与行政主体互有权利义务关系的公民、法人和其他组织。具体到城市规划领域，信赖主体指的是城市规划利害关系人，包括城市规划相对人和城市规划相关人。通说认为，除了信赖主体外，信赖保护的成立还需要有信赖行为，即利害关系人因信赖行政主体的先前行为而对自己的生产生活做出一定安排（包括作为与不作为），仅有表达信赖的意思表示不能构成信赖行为。需要注意的是，此观点针对的只是信赖基础为具体行政行为的情形。当私人对政府的信赖是建立在抽象行政行为之上时，其对政府的信赖难免具有抽象性。对于抽象的信赖，不宜要求私人有具体的处分行为，因为私人对抽象的现存法律秩序的信赖，通常直到法律状态发生变更时，才能够察觉。② 在德国的行政法院判决中，已逐步放宽私人"处分行为"的概念，包含一切生活方式已经发生"深刻而持续的变更"时在内。③ 根据这种解释，当信赖基础本身具有抽象性时，就可以直接推定私人已有相应的处分行为。对城市规划中的信赖保护来说，如果信赖基础为具体行政行为，则要求利害关系人做出具体的处分行为，如根据规划的指引进行了投资；若信赖基础为具有抽象性质的规划，则不妨直接推定利害关系人具有信赖行为。

其三，正当的信赖，即只有正当的信赖才是值得保护的信赖。所谓

① 《城乡规划法》第7条规定："经依法批准的城乡规划，是城乡建设和规划管理的依据，未经法定程序不得修改。"第9条第1款规定："任何单位和个人都应当遵守经依法批准并公布的城乡规划，服从规划管理，并有权就涉及其利害关系的建设活动是否符合规划的要求向城乡规划主管部门查询。"

② 参见王贵松《行政信赖保护论》，山东人民出版社2007年版，第173页。

③ 参见林明锵《行政规则变动与信赖保护原则》，载葛克昌、林明锵主编《行政法实务与理论》（一），元照出版有限公司2003年版，第589页。

正当，是指利害关系人不仅对行政主体做出的行政行为和某种法律状态深信不疑，且在主观上是善意的。[①] 在城市规划中，只有不存在下列情形时，才构成正当的信赖：一是城市规划行政主体做出的有效的行政行为是由利害关系人通过欺骗、行贿等非法手段促成的；二是利害关系人对重要事项进行了不正确或不完全的说明，如被许可人在申请建设用地规划许可证时向主管部门提供了错误的信息；三是利害关系人明知作为信赖基础的规划行为违法，或因重大过失而对作为信赖基础的规划行为违法不知情，如其在获知政府已经自行撤销违法的规划行为后，仍然根据原规划行为做出了相应的处分行为；四是利害关系人事先了解到规划在将来会发生变动。[②]

其四，信赖利益与公益的衡量。在规划行政中，规划的变动是常态，而法律始终只能对部分信赖而不是全部信赖提供保护，因此通过利益衡量来确定私人信赖利益是否值得保护是必要的。也就是说，当存在信赖基础和信赖表现时，即构成信赖利益；但信赖利益要值得保护，还需要同时符合正当的信赖以及信赖利益与公益的衡量这两个要件。当信赖基础是合法行政行为时，由于法本身就代表了公共利益，因而此时可以忽略信赖利益与公益的衡量。若信赖基础是违法的行政行为，则存在违法取得的信赖利益与撤销违法行政行为所体现的公益相权衡的问题，基于个案公正的考量，当维持行政形式合法性会给利害关系人带来明显的不公正时，行政形式合法性需要向信赖利益退让。[③] 在城市规划中，当利害关系人是基于对违法的规划行为而产生信赖时，必须权衡信赖利益与公益，才能决定是否提供信赖保护。当信赖利益大于或相当于变更或废止原规划行为所体现的公益时，则信赖保护成立；若信赖利益小于变更或废止原规划行为所体现的公益时，信赖保护就不能成立。

（三）城市规划中信赖保护的方式

信赖的方式有两种类型，即实体保护和程序保护。从两大法系信赖保护的趋势来看，它们正朝着综合化的方向发展。

---

① 石佑启、王贵松：《行政信赖保护之立法思考》，《当代法学》2004 年第 3 期。

② 参见金勇《城市规划行政信赖保护制度的建立》，《规划师》2005 年第 10 期。

③ 参见王贵松《行政信赖保护论》，山东人民出版社 2007 年版，第 187 页。

信赖的实体保护是大陆法系国家通常采用的方式，英美法系国家对其适用的情形相对较少。① 实体保护又分为存续保护和财产保护两种具体的保护方式。存续保护，是指当利害关系人对授益性行政行为存在正当信赖时，行政主体应维持原来的信赖基础。选择存续保护的条件为利害关系人的信赖利益明显大于原行政行为被撤销所造成的公共利益的损失。在城市规划中，只有当维持原有法律状态对利害关系人有利，而不予改变又不至于明显损害公益时，才能够适用存续保护的方式。财产保护是指行政主体在必须改变其做出的行政行为的情况下，对利害关系人所遭受的信赖利益损失，给予合理的财产补偿。其适用于利害关系人的信赖利益明显不大于行政主体改变原行政行为所欲维护的公益的情形。相比于存续保护，财产保护可以同时兼顾公益与信赖利益，避免了前者在公益与信赖利益之间零和博弈的选择困境。因而，财产保护比存续保护在城市规划中有更多的适用空间。但财产保护也有其局限性，因为某些利益不一定能用财产来衡量，如城市规划的变更或废止严重影响规划区域附近居民的通行权、受教育权、健康权等，仅采用财产补偿的方式并不能有效地保护利害关系人的信赖利益。

与大陆法系国家相比，英美法系国家更倾向于给予正当信赖以程序保护，这与英美法系程序法和程序观念发达是相关的。② 程序保护是指行政主体在改变其行政行为之前，应当赋予具有正当信赖的利害关系人以知情权、参与权和请求权来维护自身利益。就城市规划中的信赖保护

---

① 在英国法上，对于合法预期是否给予实体保护争论较多。一开始，有关合法预期保护原则的案件仅涉及要求适用某些程序保护，人们一度以为这一原则只是个程序性原则，不会延伸到实体利益。英国传统上对于合法预期不愿意给予实体保护的理由在于：一是"实体保护对行政机关因履行职责需要依法改变政策的裁量权而施加的拘束令人无法接受"；二是"将导致行政机关随意扩充权力"。尽管英国法院不愿意对个人预期给予实体保护，但目前也出现了个别案件支持对合法案件给予实体保护的广义理解。具体参见张兴祥《行政法合法预期保护原则研究》，北京大学出版社 2006 年版，第 35—36 页。

② 在英国法上，合法预期原则与自然公正的程序保障有关，影响个人合法预期的行为必须遵守程序公正原则。合法预期原则派生于阐释自然公正概念的诸多案件中，它主要是作为一种拓展对未经听证即做出的行政决定提供程序保护范围的工具发展起来的。在英国第一个适用合法预期原则的案件（Schmidt v. Secretary of State for Home Affairs）中，丹宁爵士认为应该在拒绝延长原告居留之前给予原告一个陈述意见的机会。具体参见王贵松《行政信赖保护论》，山东人民出版社 2007 年版，第 215 页。

而言，实体保护相当重要，但程序保护不可忽视。程序权利具有促进实体正义的工具价值，同时它也具有独立于实体而存在的价值。对正当信赖给予程序保护，不仅能让利害关系人有机会充分表达自己的意见，促使行政主体听取和考虑他们的意见并做出合理的选择，以使其信赖利益损失降低到最低程度，而且能将沟通理性以及相互尊重精神贯穿于城市规划变动的过程中，让尊严、理性、公正等程序的自身价值得到彰显。但程序保护也存在一定的局限性，主要表现在以下两个方面：一是程序装置的运作在某种程度上会对行政效率造成不利影响，听证会的召开涉及信息、专家意见、时间准备以及经费，需要通过社会各个环节来提供保障，当某个环节运转不灵时，则很可能妨碍规划目标和公共利益的实现；二是程序保护所关注的主要是规划变更或废止决定做出方式的合法性而不是决定本身的正确性。在规划变动的参与过程中，尽管利害关系人被赋予了提出意见的机会，但其意见要获得采纳和重视则有赖于实体原则的适用，否则程序保护的效果只是纸上谈兵。① 可以说，虽然程序保护对政府变更或废止规划起到了重要的规制作用，但是因其本身存在的局限性，大陆法系国家仅能将它作为实体保护的补充。总之，信赖的实体保护与程序保护是相互依存的。没有实体保护，利害关系人就不能继续享有已经取得的利益；而缺少程序保护，则不利于实体保护的最终实现。

　　综上所述，信赖保护原则通过对城市规划的变更或废止进行实体和程序上的规制，在维护公共利益的前提下，使私人信赖利益也能够获得保障，为这一充满利益衡量的不确定过程增加了一些可预测的因素。

第四节　正当程序原则

　　从 19 世纪末至 20 世纪初的一段时期内，城市规划作为一种新型的行政手段，在西方国家曾遭遇过新自由主义派的抵抗，但其正当性依然

---

　　①　参见陈海萍《行政相对人合法预期保护之研究——以行政规范性文件的变更为视角》，法律出版社 2012 年版，第 164—165 页。

在政府管制与市场自治的拉锯战中逐步建立。① 如今，各国法学理论界和实务界讨论的焦点已不再集中于规划本身是否具有正当性，而是规划能否依据正当程序原则公平配置资源，因为该原则能够从公共利益界定的过程中有效地规制城市规划裁量权，从而增强利害关系人对于规划决策的认同与支持。

一　正当程序原则的历史渊源和价值意义

正当程序原则起源于古老的"自然公正"（Natural justice），而这一原则又源于自然法的观念。② 它包含两项基本要求：一是任何人不能审理自己或与自己有利害关系的案件（Nemo judex in partesua）；二是任何一方的诉词都要被听取（Audi alterampartem）。③ 该原则最早规定在英国 1215 年的《自由大宪章》的第 39 条中。④ 1354 年，英国国会通过的《伦敦威斯敏斯特自由令》在第三章中首次以法令的形式表述了正当程序原则，并扩大了其适用范围。⑤ 上述两个文件被视为正当程序原

---

①　城市规划的正当性基础是在国家任务的演变中逐步获得的。在自由资本主义时期，消极国家理念在西方国家占据主导地位，国家的任务限于维护外部安全和秩序。在这一时期，政府的职能范围受到最大限度的拘束，因而没有为城市规划的发展留下足够的空间。自 20 世纪以来，随着市场的失灵，政府为弥补市场机制的缺陷肩负起了更多的责任。在积极国家的理念下，社会塑形与照顾民众生存被视为国家的任务。面对土地资源有限、城市开发建设任务加重的双重压力，城市规划已成为现代行政中不可或缺的一部分。到了 20 世纪 70 年代，政府干预经济的副作用开始显现，国家辅助性理论对此进行了回应，它对积极国家理论作了适当的修正，认为只有在社会不能凭借自身力量维持稳定时，国家才能介入。该理论并没有否定政府依靠城市规划干预经济和社会的正当性，只是强调了城市规划对市场和社会法治的辅助作用，而不再将其视为某种社会意识形态的标志。具体参见宋雅芳等《行政规划的法治化：理论与制度》，法律出版社 2009 年版，第 67 页。

②　孙笑侠：《法律对行政的控制——现代行政法的法理解释》，山东人民出版社 1999 年版，第 184 页。

③　[英]戴维·M. 沃克：《牛津法律大辞典》，北京社会与科技发展研究所组织翻译，光明日报出版社 1988 年版，"自然正义"条。

④　《自由大宪章》第 39 条规定："凡自由民，如未经其同级贵族之依法裁判，或经国法判决，皆不得被逮捕，监禁，没收财产，剥夺法律保护权，流放，或加以任何其他损害。"

⑤　《伦敦威斯敏斯特自由令》第三章第 28 条规定："未经法律的正当程序进行答辩，对任何财产或身份的拥有者一律不得剥夺其土地或住所，不得逮捕或监禁，不得剥夺其继承权，或剥夺其生存之权利。"

则最早的"宪法性"渊源。

　　不同于英国在普通法上确立正当程序原则，美国将正当程序原则直接规定于宪法中，并通过宪法修正案第 5 条和第 14 条的规定对正当程序原则作了进一步的发展。这两条宪法修正案的核心内容就是人的生命、自由和财产非经正当程序不得被剥夺，因此被称为"正当程序条款"。① 在美国宪法中，"正当程序条款"与"公平补偿条款""平等保护条款"一起构成了分区规划限制公民权利的前提条件。根据美国联邦最高法院的解释，正当程序分为程序性正当程序和实体性正当程序。程序性正当程序强调剥夺他人生命、自由或者财产在程序上的公正性，如其一般要求政府在制定限制土地所有人财产权利的分区规划之前，必须发出告知书和举行听证会。而实体性正当程序则是在美国司法实践中由程序性正当程序衍生而来的，② 其审查的是政府决定的实质或内容而非达成确定的程序。1926 年"尤科里德村诉安布勒不动产公司案"③ 是运用实体性正当程序原则的典型分区规划案例。根据该案的判决，若能证明分区规划与公众健康、安全、道德规范和公共福利这些合法政府利益具有合理的联系，就可以认定其符合实体性正当程序。在当今美国分区规划限制私权的合宪性审查中，程序性正当程序原则发挥的作用要比实体性正当程序原则大得多，法院一般不会对土地利用法规的实质内容进行严格审查。这与实体性正当程序在经济立法领域的衰落有关，自 20 世纪 40 年代开始放宽乃至废弃对经济立法的"实质性"审查成为联

---

　　① 参见宋雅芳等《行政规划的法治化：理论与制度》，法律出版社 2009 年版，第 141 页。

　　② 在 1980 年的"芝加哥—密尔沃基—圣保罗铁轮公司诉明尼苏达州案"中，联邦最高法院宣布明尼苏达的一项铁路管理法违宪，因法律本身的合宪性受到司法的质疑，由此实现了"正当程序"由"程序性"向"实体性"的转变。Chicago, Milwaukee and St, Paul Railway Co, v. Minnesota, 134 U. S. , 1980: 418–466.

　　③ 在该案中，原告安布勒不动产公司的一块地产跨越尤科里德村三类不同用途的地区，这些地块的购置时间在尤科里德村分区规划条例通过实施之前，安布勒不动产公司认为尤科里德村 1922 年的分区规划法令干涉了它处置私有财产的权利，违反了联邦第 14 条宪法修正案第一款，同时也违背了俄亥俄州宪法的一些条款，要求得到赔偿。俄亥俄州法院支持了原告的诉讼请求。尤科里德村于是将该案上诉到联邦最高法院，联邦最高法院认为分区规划条例属于州与地方政府行使的治安权，据此推翻了原判决，支持了尤科里德村的分区规划法令。Village of Euclid v. Ambler Realty Company, 272 U. S. 365 (1926).

邦法院的基本行为准则。

20 世纪中叶以后，随着行政程序立法的发展，许多大陆法系国家和地区，如德国、葡萄牙、日本、韩国、我国台湾地区和澳门地区，也通过立法将正当程序原则确立为行政程序的基本原则。在我国大陆地区，由于长期以来受"重实体、轻程序"的法律传统束缚，行政立法中普遍缺乏正当程序理念。随着 20 世纪 90 年代以来法治建设重心转移到程序立法上，正当程序理念逐渐被社会各界所接受。1996 年出台《行政处罚法》正式引入了听证制度，逐步改变了偏好实质正义的法律传统，成为通过行政程序控制行政权力的开端。2004 年国务院颁布的《全面推进依法行政实施纲要》则将程序正当作为一项依法行政的基本要求适用于所有行政领域。

二　正当程序对城市规划裁量权的规制作用

实现公共利益是城市规划的最终目的，但政府作为规划权力的行使者并不天然代表公益，其出于对自身利益的追求，行使规划裁量权的实际目的很可能与法律授权的公益目的并不一致。因此，如何对存在利益偏好的政府在界定公共利益所拥有的自由裁量权进行约束，以避免其以公益为名而对利害关系人权利的肆意侵害成为规划行政时代所面临的难题。城市规划作为一种行政规划，其具有技术性、政治性与变动性等明显特征，故实体法很难对城市规划中广泛存在的裁量权进行规制，此时就需要正当程序充分发挥其应有的规制作用。

正当程序所具有的规制城市规划裁量权的作用，其源于程序本身的独立价值。程序除了可以作为实现实体法内容的手段和工具外，其本身也具有相对独立的价值。这种独立价值不依赖于实体的实现程度来证明和实现结果来表达，而是具有自身独立的证明标准，如程序的中立、公正、理性等。[①] 正当程序凭借其独立的证明标准可以解决城市规划过程中所产生的大量利益冲突与价值判断的问题。它从自由、民主等人类基本的价值目标出发，通过吸纳利害关系人参与规划的决策过程，使实体

---

① 参见郭庆珠《行政规划及其法律控制研究》，中国社会科学出版社 2009 年版，第 129—130 页。

法上处于被管理地位的利害关系人获得与城市规划行政主体平等的程序地位，从而为各方自由表达自身的利益诉求提供保障。可以说，正当程序所具有的独立的证明标准，使其在公共利益的界定过程中发挥了重要作用。由于公共利益本身是一个极为模糊的概念，仅仅凭借数量标准、公共产品标准难以判断一项城市规划是否符合公共利益，甚至运用一般的社会观念也不能对其做出准确的评判，因而通过实体规则从概念或内容视角来界定公共利益并不现实。对此，我们不得不选择从功能角度来界定公共利益。从功能上看，公共利益概念是在利益多元化的基础上形成的，因为只有当各方主体的利益出现分歧且必须制定相关公共政策的情况下，公共利益才有存在的必要。也就是说，功能视角上的公共利益是作为一种规则或程序存在的，它蕴含着对公共政策形成过程中相互竞争的多元利益和价值的衡量。[①] 从功能视角上界定公共利益的关键就在于平衡与协调不同主体之间的利益，确保城市规划运作过程中尽可能地吸收各方利益，并使这些利益能够对规划决策产生实质性影响，而正当程序可以为此提供公正、理性的准则。在城市规划的正当程序中，任何一方主体都不能成为公共利益的代表者，各方主体须通过充分的公共意思沟通，寻求符合多数价值理念的具体的公共利益。这种公共利益实质上是在相互竞争的利益主体之间达成妥协的产物。虽然正当程序所具有的诸多证明标准不能确保最终的规划决策正确无误，但是有助于在界定公共利益的过程中协调各方主体之间的利益冲突，减少甚至排除规划权力的恣意行使、信息缺失和无意识差错等现象，最大限度地增强规划决策的可接受性与合理性。

三　正当程序核心要素在城市规划制度设计中的体现

　　程序正义是现代行政法治的一个重要的要求，它的实现有赖于一系列符合正当程序原则的制度对行政过程进行事前和事中的控制监督。为了保障行政活动的灵活性，不宜将行政程序完全地固定下来，但不论什么样的程序设计都必须符合"最低限度的公正"。对于符合"最低限度

　　[①]　参见徐键《城市规划与开发利益公共还原》，载朱芒、陈越峰主编《现代法中的城市规划：都市法研究初步》（下卷），法律出版社 2012 年版，第 420 页。

的公正"程序的要素，各国和各地区在认识上略有不同，如美国在实践中强调听证、告知和公正的决定；日本有学者认为应把告知听证、文书阅览、理由附记、处分基准的设定和公布等事项包含在内；① 我国台湾地区的学者将受告知权、听证权、公正行为作为义务、说明理由制度视为正当程序的核心要素。② 本书认为，虽然上述对正当程序核心要素的归纳与表述存在一些差异，但它们的内涵基本相同。其中，我国台湾地区学者对正当程序核心要素的总结较为全面。

　　具体到城市规划法律制度设计上，应从以下几个方面来满足正当程序的诉求：第一，制定和修改规划的草案应当及时公布。在听证举行前，规划确定机关应于合理的时间内提前将规划草案公布在当地影响力较大的媒介上。只有及时对外公布规划草案，利害关系人才能知悉规划对其权益的实质影响，才有自我防御的机会。第二，规划程序的设计应为利害关系人充分表达意见提供机会。听证是利害关系人在城市规划过程中表达意见的主要平台。听证要求政府在中立的立场上，听取并考虑各利益主体提出的意见，最终根据公共利益最大化的原则做出决定。③如今世界各国已把听证作为限制政府权力、增强政府决定合法性的一项重要制度。第三，设置不同的规划编制机关与确定机关、听证机关。虽然编制机关与确定机关、听证机关为同一机关，有助于行政效率的提升，但在权力过于集中的情况下容易导致权力的滥用，进而违背了"自己不能做自己案件法官"的正当程序最低公正标准。第四，规划机关应对利害关系人的意见予以回应，尤其应在不采纳利害关系人意见的情况下说明理由。从正当程序的理性要求来看，行政决定的过程必须是理性推论过程，正式决定中必须包括"关于所有事实、法律或记录所记载的、通过自由裁量对实质问题的调查结果和结论及其理由或基础"的说明。④ 相比于其他行政行为，这一点对城市规划尤为重要，因为城市规

① 参见［日］盐野宏《行政法》，杨建顺译，法律出版社1999年版，第191—193页。

② 参见翁岳生编《行政法》（2000）（下册），中国法制出版社2002年版，第1082—1098页。

③ 参见宋雅芳等《行政规划的法治化：理论与制度》，法律出版社2009年版，第145页。

④ 参见［美］欧内斯特·盖尔霍恩等《行政法和行政程序概要》，黄列译，中国社会科学出版社1996年版，第143页。

划是对未来城市开发建设可能性的预测，若没有充分的事实理由作为依据，则规划结果难以被利害关系人接受，公众参与规划的过程将流于形式。

综上所述，城市规划是一个涉及多方利益博弈的公共政策决策过程。当政府同时作为利益分配规则制定者与利益分配的受益者时，由其保障一项城市规划完全符合公共利益需要是值得怀疑的。在城市规划中引入正当程序原则，可以确立一整套规范城市规划裁量权行使的机制，以实现对公共利益界定的正当化，尽可能地避免权力的滥用和权利的受损。

第五章

城市规划利害关系人的程序参与机制

程序公正是评价程序本身正义与否的价值标准，它为实体公正的实现提供了重要保障，只有尊重公民的知情权、表达权和听证权等程序权利，才能有效防止国家权力在实际运行过程中的恣意，避免公民的人格尊严和基本权利受到侵害。受传统的"重结果、轻程序"的行政理念影响，长期以来我国行政法律规范对效果与目的注重程度甚于过程及其运行，如通过立法设计行政程序时，主要是考虑如何让行政权畅通行使，对于如何增强行政程序的民主性、公开性以及保障利害关系人参与行政程序的权利则缺乏关注，这一问题在城市规划立法中也体现得较为明显。

1990 年施行的《城市规划法》将规范的重点放在实体内容上，如将政府部门在城市规划管理中的职能职权、编制规划的技术性要求作为主要的规范内容；对于程序内容，仅体现了上下级行政机关所应遵循的规划审批程序的要求，缺乏与利害关系人权利义务分配直接相关的公众参与程序方面的规定。随着社会主义市场经济的深入发展，规划机关在做出规划决策时，面对的往往是有限的行政资源、众多的利害关系人，以及各种可供选择的行政手段，规划决策的难度和变数也相应地增加，此时通过以实体内容为主的法律规范难以对规划裁量权进行有效的规制。缺少公众参与机制，就无法实现各方主体在城市规划过程中的平等博弈，也不可能形成具有共识的决策方案，这也是长期以来规划实施低效、利益配置失衡、规划权力滥用的根源所在。

2008 年施行的《城乡规划法》对城市规划程序的最大改进，就是将公众参与作为城市规划的法定程序，城市规划的制定、实施和修改从此不再是一个仅在城市规划系统内部运作的过程。但从该法涉及公众参与规划的条款来看，仍存在对参与环节和参与事项的覆盖面较窄、对公告和征求意见的方式规定过于原则化、对关键概念界定不够清晰等问题。法律规则的不完备在很大程度上影响了公众参与规划决策的有效性。从我国公众参与城市规划实践的总体情况来看，公众参与的广度和深度均在不断拓展，这是一个渐进与积累的过程，也对相应的法律规则及实施机制的完善提出了更高的要求。为确保公众参与规划决策的有效性，不能仅限于由规划主管部门采用调研走访、座谈会、调查问卷等方式单向性地收集公众意见，更需要强化公众参与的主体性，即在通过立法确认公众参与规划决策权利的基础上，不断优化法律程序的设计以保障其参与权利的实现，促进地方政府、专家和各类受影响群体之间逐步形成"参与—反馈—再参与"的互动循环机制。

基于此，本章将城市规划公众参与机制作为重点考察的对象：首先对现行法律框架内的城市规划公众参与机制展开分析，其次通过一些实例对我国城市规划公众参与机制运行的现状进行探讨，最后对完善城市规划公众参与机制的思路加以阐释，以此推动城市规划公众参与运行机制的改进，使利害关系人参与规划决策的权利得到有力的保障。

第一节　现行法律框架内的城市规划公众参与机制

《城乡规划法》与《行政许可法》《环境影响评价法》等相关法律规范构成了我国城市规划公众参与的基本制度框架（见表5.1、表5.2）。要了解现行法律框架内的城市规划参与机制的运行机理，需要从参与主体、参与时机、参与事项、参与方式、参与效力这些要素入手进行分析。

表5.1　　我国现行法律对城市规划公众参与程序的主要规定①

规划阶段	参与时机	参与事项		参与主体	参与方式	参与效力
编制阶段	启动编制规划过程	非重要地块的修建性详细规划的编制		取得该地块使用权的开发单位	编制规划草案	正式启动规划编制
	规划草案形成后、报送审批前	所有层次的规划草案意见征询		公众、专家	公告；以论证会、听证会或其他方式征求意见	报送审批的材料中附具意见采纳情况及理由
	专项规划的环境影响评价报告书草案报送审批前	对可能造成不良影响并直接涉及公众环境权益的专项规划的环境影响评价报告书草案的意见征询				
确定阶段	总体规划草案报送审批前	总体规划草案的审批		专家	审查	未明确
	总体规划评估过程	总体规划的定期评估		公众、专家	以论证会、听证会或其他方式征求意见	未明确
实施阶段	规划许可过程	规划许可	法律规范明确规定、其他涉及公共利益的重大行政许可事项	公众	听证	依据听证笔录许可
			直接关系他人重大利益的行政许可事项	申请人、利害关系人	听证、陈述和申辩	
	建设项目的环境影响评价报告书草案报送审批前	对环境可能造成重大影响、应当编制环评报告的建设项目的环境影响评价报告书草案的意见征询		公众、专家、有关单位	以论证会、听证会或其他方式征求意见	报送审批的材料中附具意见采纳情况及理由

---

① 参见陈振宇《城市规划中的公众参与程序研究》，法律出版社2009年版，第70页；裴娜《城乡规划领域公众参与机制研究》，中国检察出版社2013年版，第134—135页。

规划阶段	参与时机	参与事项	参与主体	参与方式	参与效力
修改阶段	启动修改规划过程	控制性详细规划修改与否的意见征询	规划地段内利害关系人	征求意见	未明确
	编制规划修改方案过程	修建性详细规划修改方案的意见征询	利害关系人	以听证会等形式听取意见	未明确

表 5.2　涉及城市规划公众参与程序的主要法律条款（笔者整理）

法律规范名称	相关法律条文	主要内容
《城乡规划法》	第 8、9、40、43 条	对规划公开做了原则性的规定，明确了规划机关的信息公开义务和公众享有的知情权
	第 21、26、27、46、48、50 条	对规划编制、确定、实施、修改阶段中公众参与的主体、事项、方式和效力提出框架性的要求
《行政许可法》	第 36 条	直接关系他人重大利益的许可申请之公众参与要求
	第 46 条	法律规范明确规范、其他涉及公共利益的重大许可事项之公众参与要求
	第 47 条	直接涉及申请人与他人之间重大利益关系的许可决定之公众参与要求
《环境影响评价法》	第 5 条	对公众参与环境影响评价做了原则性的规定
	第 11 条	对可能造成不良环境影响并直接涉及公众环境权益的专项规划的环境影响评价报告书草案之公众参与要求
	第 21 条	对环境可能造成重大影响、应当编制环评报告的建设项目的环境影响评价报告书草案之公众参与要求

一　参与主体

参与主体构成的科学性决定着规划决策程序是否民主以及参与的有效性。如果选择的参与主体和参与事项之间完全不具有利害关系，那么参与主体很有可能会因缺乏参与热情而消极对待，故为保证参与的有效性，首先应确保与参与事项存在利害关系的公民及社会团体的参与。但若只选择利害关系人参与规划决策，则公众参与有可能会成为特定利益主体谋取自身利益的幌子。[①] 基于此，城市规划公众参与的主体既要有占主导力量的利害关系人，也要有一定比例的社会公益性组织和其他个人，这样才能加强规划决策过程的公正性。[②]

相比于《城市规划法》，《城乡规划法》的重要突破在于引入了编制单位、专家和公众、利害关系人这些概念，承认城市规划中的各类利益群体均有权提出独立的利益诉求，并赋予行政机关以外的其他利益主体参与规划决策的主体地位。根据《城乡规划法》及相关法律的规定，除行政机关之外，城市规划过程中的参与主体主要分为普通公众、专家、利害关系人三类。不过，现行法律未明确界定上述参与主体的范围，为了使规划机关能够在公众参与程序中选择适当的参与者，有必要对相关法律条款所提及的概念加以分析和厘清。

（一）公众

从《城乡规划法》第 26、46 条以及《环境影响评价法》第 5、11、21 条的规定来看，公众是与专家相并列的概念，相当于我们平常说的普通公众或大众的概念，其范围非常宽泛，只要是不行使国家权力且不以专家身份出现的主体，无论是否与规划行为具有利害关系，都可以归入公众的范畴。一般情况下，参与城市规划的公众是有参与规划决策需求的普通市民，其既可以个人的形式参与，也能以社会组织的形式参与。

在城市规划运作过程中听取普通公众的意见体现了民主与法治的内在要求，其参与规划决策的权利应当得到充分的法律保障。但由于缺乏基于自身利益的驱动机制以及丰富的专业知识，普通公众参与规划决策主要是以提出建议和意见的方式表达价值目标，大多表现为一种框架式、原则性的参与，其参与的深度受到内在的限制。[③]

[①] 参见王青斌《论公众参与有效性的提高——以城市规划领域为例》，《政法论坛》2012 年第 4 期。

[②] 莫文竞、夏南凯：《基于参与主体成熟度的城市规划公众参与方式选择》，《城市规划学刊》2012 年第 4 期。

[③] 参见莫于川主编《行政规划法治论》，法律出版社 2016 年版，第 166 页。

（二）专家

专家是指"对某一学问有专门研究的人"或者"擅长某种技术的人"。① 虽然从广义上讲，专家也属于社会公众的一员，但因其所具有的专业性技能和知识使其与普通公众在参与规划决策的方式和作用方面均存在较大的差异，故专家参与有其独特的价值内涵。

城市规划运作过程中需要有专家参与的主要原因在于：一是城市规划具有较强的技术性和专业性，专家依靠自身的专业背景和知识技能，可以通过对规划方案单独发表科学化的意见和建议，在技术环节进行指导和干预，来向规划编制机关施加一定的影响力，故其参与能够增加规划的理性考量，使规划行为更加趋于合理。当规划项目涉及公共利益和生态环境问题时，专家凭借自身具备的高度敏感性，往往能最先发现规划中存在的弊端和隐患，从而及时提出异议，避免因规划错误造成重大损失，如2007年厦门PX项目经过公众参与程序最终实现迁址，专家群体率先提出的异议在其中发挥了重要的作用。二是相比于普通公众和利害关系人，专家更多的是站在中立立场上，从整体性、全局性的眼光来看待规划方案的利弊，而不是出于对自身的利益需求进行判断。虽然专家也有可能因被利益所蒙蔽，或者迫于权势之下的压力而发表缺乏公正性、科学性的意见，但通过监督机制的改进和完善可以尽可能地避免这些问题的发生，并不能因此而否定专家参与的必要性。②

专家的范围如何界定也是一个有待进一步分析的问题。实际上，许多专家具有双重身份，既是在规划职能部门中任职的公务员，同时又具备注册城市规划师的身份。那么，这些具有双重身份、介入规划起草的专家是否属于《城乡规划法》第26、46条所规定的公众参与程序中的"专家"呢？对此，笔者持否定看法，主要理由如下：按照《城乡规划法》相关条款对公众参与程序的规定，作为公众参与主体的专家只存在于规划草案形成后社会公众普遍参与的过程之中，若其既作为规划编制

---

① 中国社会科学院语言研究所词典编辑室编：《现代汉语词典》（第5版），商务印书馆2005年版，第1787页。

② 参见裴娜《城乡规划领域公众参与机制研究》，中国检察出版社2013年版，第149—150页。

主体，又作为制衡主体介入其中，显然其参与的公正性、有效性都值得怀疑。此外，既然上文已经肯定了"专家属于社会公众的一员"，就可以从实质性的角度来理解公众参与中的"公众"概念，进而对专家的身份加以判断。有学者指出，"参与的实质是政治体制外的人参与到政治体系内，即所有对政治关心的人参与到政治协议达成过程中，以实现民主的最大化。因此，从这一实质性角度来看，判定某一主体是否构成公众参与中的'公众'的关键在于参与到特定的行政决定做出之前是否为行政体系中的构成要素，如果是则不属于公众参与中的'公众'，若不是则属于'公众'"①。考虑到隶属于规划编制主体、参与规划起草的专家是行政体系中的构成要素，其不在公众参与中的"公众"的范畴内，因此在规划编制过程中即使有规划师等专家的介入，也不属于公众参与中专家的参与。

（三）利害关系人

借助于特定主体的知识背景及其与政府的关系，可以较为容易地判定普通公众和专家的身份。相比之下，规划行为所涉及的利害关系人的判定则有一定的难度。本书在第二章已经阐述了判定"利害关系人"的关键要素，这里针对不同条款所提及的利害关系人范围作进一步的说明。根据《城乡规划法》第48、50条和《行政许可法》第47条的规定，将参与主体限定为利害关系人的事项有规划许可、控制性详细规划和修建性详细规划的修改。上述各条款所涉及的"利害关系人"在范围上不尽相同，其与本书第二章所阐释的"城市规划利害关系人"在外延上也有所差异。

其一，规划许可过程中的利害关系人。根据《行政许可法》第36、47条的规定，当规划许可事项直接关系他人重大利益的，规划机关应当告知利害关系人，申请人、利害关系人有权进行陈述和申辩并要求听证。这些条款对规划许可的相对人和相关人的称谓做了区分，即将规划许可的相对人称为"申请人"，将规划许可的相关人称为"利害关系人"，而不是将两者统称为"利害关系人"。这里的申请人即向规划主管部门提出规划许可申请的人，一般为获得地块使用权的开发单位，这

---

① 彭涛：《社会变革中的行政法问题研究》，法律出版社2016年版，第161页。

是容易确定的。利害关系人的确定，则需要考虑规划许可允许申请人就特定土地进行开发建设的行为对他人权益的影响程度。该条款强调了当行政许可事项直接涉及他人重大利益时，行政机关必须向利害关系人履行告知和听取意见的义务，相应地，利害关系人也享有陈述权、申辩权和听证权。在实践中，规划许可通常会涉及申请人与他人之间的民事相邻权关系，特别是项目的实施会对周围个人、组织的经营环境和生活环境造成较大的影响，如带来环境污染、影响采光、通行受阻等问题，导致对他人权益的直接损害。在这种情况下，规划主管部门应当充分听取利害关系人的意见，也可以根据利害关系人的申请举行听证。① 从范围上看，规划许可的利害关系人与建设行为的相邻权人基本上是同一类人群，主要是自身权益受到被许可的建设活动影响较大的居民或经营者，即相邻地块的土地使用权人以及相邻建筑物的所有权人。

其二，控制性详细规划修改中的"规划地块内利害关系人"。根据《城乡规划法》第48条的规定，规划地块是指控制性详细规划涉及的规划区域。规划区域内地块的开发单位、居住在规划区域内的居民以及在规划区域内生产经营的企业都属于规划地块内的利害关系人。但该条所规定的"利害关系人"的范围过窄，仅将其限定在规划涉及的地段内，没有将相邻地块的居民和经营者包括在其中。最高人民法院1999年通过的《若干解释》已对相邻权人与规划行为之间存在利害关系予以认可，此后新出台的司法解释规定的"利害关系"也包括了"被诉的行政行为涉及相邻权"这一情形，该法第48条未将相邻地块的居民和经营者纳入利害关系人的范畴内，没有赋予其对规划修改表达意见的权利，显然是不够合理、完善的。

其三，修建性详细规划修改中的"利害关系人"。依据《城乡规划法》第50条的规定，修建性详细规划修改的参与主体是"所有的利害关系人"，而不是"规划地段内的利害关系人"。与控制性详细规划相比，修建性详细规划所涉及的利害关系人在范围上看起来似乎更大，但

---

① 参见全国人大常委会法制工作委员会经济法室、国务院法制办农业资源环保法制司、住房和城乡建设部城乡规划司、政策法规司编《中华人民共和国城乡规划法解说》，知识产权出版社2016年版，第96—97页。

由于修建性详细规划是对控制性详细规划的进一步落实，其实际适用的范围相对较小，因而其所涉及的利害关系人数量也更少。事实上，修建性详细规划的修改通常发生在房地产已经开发甚至出售之后，此时既有可能对规划地块内业主或潜在的业主的财产权益造成较大的影响，如因规划许可内容发生变化而导致开发小区的容积率和建筑密度的增加、公共配套设施调整或减少、绿地率减少，也有可能给相邻地块的房屋使用权人和居住者的权益造成损害，如因规划方案变动产生了负外部效应——缩减了周边居民房屋的日照时间，或增加了变电站、公共厕所等邻避设施。因此，无论是规划地块内的购房者，还是相邻地块的房屋使用人和居住者，都应当属于修建性详细规划修改中的"利害关系人"。①

（四）参与主体的选择

针对规划行为运作的各个阶段和不同层次的规划，《城乡规划法》等法律规范就参与主体的选择做了区别性的规定，体现了对城市规划的专业性、复杂性以及城市规划体系化实际状况的考量，具有一定的合理性。对于规划草案的意见征询，《城乡规划法》第26条规定了各层次的规划草案在报送审批前应征询专家和公众意见。由于尚未经过审批的规划草案不会对特定区域的特定群体产生确定的效力，此时选择以公共利益为参与基础的大众和以技术为参与基础的专家作为参与主体，可以在广泛吸收民意的同时，确保规划方案获得科学性的论证。对于规划许可过程中的意见征询，《行政许可法》第36、47条明确了许可事项涉及他人重大利益的，行政机关应听取申请人和利害关系人的意见。规划许可属于具体行政行为，一旦规划主管部门向被许可人核发规划许可证，后续的建设行为将对特定区域的利益相关者的权益构成直接影响，以上两个条款将利害关系人跟被许可人一并作为参与主体，因应了平衡与协调多元利益的需要。对于修改总体规划和详细规划的参与主体，《城乡规划法》也做出了不同的规定。总体规划是对城市远景发展做出轮廓性的安排，其涉及的人群范围一般表现为一座城市的全体居民。对总体规划的修改，该法第46条提出以多样化的方式征求公众意见的要求，在一定程度上保证了参与主体的广泛和全面。相比而言，详细规划更具有具体行政行为的特征，受规划影响的地块和对象也相对容

---

① 参见陈振宇《城市规划中公众参与程序研究》，法律出版社2009年版，第76页。

易确定，对其进行修改而设置的参与程序应更为直接、具体、实际，该法第48、50条将切身利益与规划修改密切相关的利害关系人纳入公众参与范畴，无疑能够增强其参与的积极主动性。

需要注意的是，相关法律规范无论是对作为参与主体的"公众"还是"利害关系人"均未明确其具体构成，规划机关在选择参与者方面通常拥有较大的自由裁量空间，只要有最低数量的代表参与规划决策，即可达到现有法律规范的要求。

二　参与时机

何时参与城市规划，直接影响着参与效果和参与热情。如前所述，城市规划运行过程可分为编制、确定、实施和修改四个阶段。尽管《城乡规划法》和相关法律规范在上述四个阶段均设置了不同形式和内容的公众参与程序，但不能就此认为公众参与已经覆盖了城市规划的整个过程，因为具体到各个阶段的内部环节，其中仍存在公众参与的空白之处。

以规划编制阶段为例，我国现行法律对这一阶段所规定的公众参与时机较为滞后，给公众参与规划的效果带来了不利影响。规划编制是规划过程中最为关键的阶段，其始于编制主体决定着手规划编制，终于将规划草案报送审批机关。以规划草案是否形成为标准可分为两个过程，即规划草案的形成和对规划草案的修订。根据《城乡规划法》第26条规定，在规划草案形成后、报送审批前，组织编制机关才开始征求专家和公众的意见。而在规划草案形成前，包括城市规划调查及基础资料的收集、城市发展目标的确立、规划方案的草拟这些环节，完全是在行政机关内部运作的，公众不具有参与规划决策的权利。也就是说，立法仅赋予公众对已成形的规划草案发表意见的权利。虽然在规划草案形成后再让公众参与，也能及时对草案进行修订，但此时公众很容易受到草案内容的引导，而不能更好地发挥自己的创造性，因为这一过程的公众参与很难对规划草案的框架进行根本性的改变，一般只是对一部分内容提出建议，其选择性已经大打折扣了。[①]　其实，2005年颁布的《城市规划编制办法》已经关注到公众参与规划草案形成过程的必要性，该办法对

---

① 参见莫于川主编《行政规划法治论》，法律出版社2016年版，第198页。

公众参与总体规划和详细规划编制的时间点作了区分：前者的参与时间点是在规划草案报送审批之前；后者的参与时间是在草案的"编制中"。① 这一做法相对符合尽早和持续参与原则的要求。而《城乡规划法》将公众参与总体规划和详细规划编制的时间点统一规定为在规划草案形成后、报送审批前，取消了规划草案编制中公众参与的权利，这可算作是程序设计上的一个退步。

相比而言，域外法治相对发达的国家一般都在城市规划法律制度中确立了"及早和持续参与"的原则。以德国公众参与城市规划的法律规定为例，作为德国城市规划的核心法，1987 年颁布的《建设法典》对城市规划中的公众参与进行了详细的规定，明确了城市政府应承担以下责任："尽快、并当城市发展和区域规划政策要求时"制定城市规划。② 在《建设法典》所确定的城市规划编制程序中，土地利用规划和建造规划基本相同，可分为六个主要阶段：（1）做出编制规划的决议；（2）公众参与、公共机构参与以及同地方行政管理机构的协调；（3）具有政治职能的委员会讨论，做出规划草案决议；（4）议会审查，形成法律法规；（5）报批程序、社会公告和法律生效；（6）规划的修编、补充和撤销。从该法对规定编制程序的说明来看，城市规划公众参与实际上贯穿于规划编制的各个阶段之中，特别是第二阶段的规划草案公众告知、第三阶段的规划草案公示，以及第四阶段中对公众反馈意见的分析研究和处理。《建设法典》将上述三个重要的工作参与过程归纳为初始公众参与和正式公众参与两大阶段。③ 初始公众参与是指第二阶段的规划草案公众告知，该法对其做了一些原则性的规定，明确了公众应在"尽可能早的阶段参与规划"，只有在特殊情况下可以免除公众参与。根据《建设法典》第 3 条第 1 款的规定，公众有权尽早获知规划的目的和作用，参与规划方案编制和讨论，提出建议和发表自身看法。政府在编制城市规划时，必须向公众公布不同的方案，并将道路走向的改

---

① 《城市规划编制办法》（2005）第 16 条规定："在城市总体规划报送审批前，城市人民政府应当依法采取有效措施，充分征求社会公众的意见。在城市详细规划的编制中，应当采取公示、征询等方式，充分听取规划涉及的单位、公众的意见。对有关意见采纳结果应当公布。"

② 殷成志：《德国建造规划评析》，《城市问题》2004 年第 3 期。

③ 参见殷成志《德国城市建设中的公众参与》，《城市问题》2005 年第 4 期。

变、建筑物的开发、土地用途的变化等事项包括在方案内。在实践中，公众经由公告、传单、展览会、全体市民大会等各种渠道，表达自己的看法，并派出代表与政府部门共同编制规划。根据公众意见，规划部门将多个方案合并为一个方案。① 在德国，既不允许出现规划目标不被公众理解的情况，也不允许出现政府只提供唯一的规划方案的情况。② 经过初始阶段公众参与，形成了规划草案，此后就进入正式公众参与阶段，该阶段相当于我国现行法律所规定的规划草案修订过程中的公众参与环节，即将规划草案公开展示以供公众进一步提出意见。规划部门在对其收集的意见和建议加以调查和审评后，再将这些意见和建议纳入方案中，如果涉及的内容修改变动很大，则要回到第二阶段的公众参与。③

三　参与事项

从《城乡规划法》《行政许可法》及《环境影响评价法》的相关规定来看，城市规划各阶段应当经过公众参与程序的事项大致有如下几类：一是编制阶段中部分修建性详细规划的启动、所有层次规划草案形成后的意见征询以及与环境有关的专项规划的环境影响评价报告书草案的意见征询；二是确定阶段中总体规划草案的审批；三是实施阶段中总体规划评估、规划许可过程中的意见征询、建设项目的环境影响评价报告书草案的意见征询；四是修改阶段中控制性详细规划是否需要修改的意见征询以及修建性详细规划修改方案的意见征询。④

通过审视我国现阶段公众参与城市规划的具体事项内容，可以发现上述法律规范所规定的参与事项并没有将所有公众有必要参与的事项都囊括在内。有待于增加的事项主要有以下几类。

（一）规划确定阶段详细规划的公众参与事项

规划确定阶段是赋予城市规划效力的关键阶段，经过规划确定，有

---

① 参见王晓川《德国：城市规划公众参与制度陈述及案例》，《北京规划建设》2005 年第 6 期。

② 参见吴志强《德国城市规划的编制过程》，《国外城市规划》1998 年第 2 期。

③ 参见王晓川《德国：城市规划公众参与制度陈述及案例》，《北京规划建设》2005 年第 6 期。

④ 参见陈振宇《城市规划中的公众参与程序研究》，法律出版社 2009 年版，第 71—72 页。

权机关的公布，该规划就成为具有普适效力的方案，非经严格的法定程序不得再行修改。在这一阶段，《城乡规划法》仅对城市总体规划设置了专家审查的参与环节，而对与社会公众联系更紧密的详细规划却未提及普通公众的参与，连专家参与审查也没有规定。① 虽然基于行政成本和行政效率的考虑，在规划确定阶段不宜设置普遍意义上的公众参与程序，但在对详细规划草案进行审批时听取潜在的利害关系人和专家意见则是不可或缺的。主要理由如下。

一是详细规划一般会对特定区域内的个人和组织的利益带来直接影响，对事关切实利益的规划方案，公众参与热情也相对较高，不赋予公众参与的权利很可能会给规划实施带来困难。

二是部分修建性详细规划编制的启动主体是开发单位，其以追求私益最大化为根本目标，若不在规划确定阶段开展公众参与活动，对其加以必要的制衡，规划方案就有可能沦为个体牟利的工具，从而给他人利益和公共利益带来损害。

三是详细规划的公众参与成本较低，涉及人数范围较小，利益协调相对容易，故针对详细规划草案审批设置公众参与程序具有可操作性。

四是总体规划的内容较为笼统、原则，其落实有赖于详细规划的实施，因而在详细规划草案审批时需要设置较为严格的公众参与程序以增强规划的正当性。在德国和我国台湾地区，行政程序法针对事项具体的强制性规划草案的审批均设置了规划确定程序，即以听证为核心，确定规划主体与利害关系人之间的权利义务关系，并在行政机关内部集中事权的行政程序。② 在该程序中设置的听证程序不仅可以保证各个机关的意志都可以得到表达，避免各个机关做出冲突的决定，而且能够为行政

---

① 参见裴娜《城乡规划领域公众参与机制研究》，中国检察出版社 2013 年版，第 137 页。

② 根据我国台湾地区"行政程序法"第 164 条的规定，适用规划确定程序的规划应符合以下三个方面的条件：一是行政规划有关一定地区土地的特定利用或重大公共设施的设置；二是行政规划涉及多数不同利益之人；三是行政规划涉及多数不同行政机关的权限。而德国《行政程序法》虽然没有像我国台湾地区的"行政程序法"一样明确规定规划确定程序的适用范围，但是从其中征求意见和表达不同意见的规定，可以看出适用规划确定程序的规划必须具体到有关行政机关或潜在的关系人能够在听证程序中表达意见的程度。具体参见姜明安主编《行政程序研究》，北京大学出版社 2006 年版，第 112 页。

相对方提供和规划编制机关就有关内容进行沟通和协商的机会。考虑到详细规划属于事项具体的强制性规划的范畴，且规划事项涉及规划、环保、国土等多个部门的职权，因而对详细规划草案的审批有适用规划确定程序的空间。

（二）规划实施阶段详细规划的公众参与事项

规划实施阶段同样是评价和判断公众参与效果的重要阶段，因为规划实施许可不仅会对众多利害关系人的权益产生现实的影响，而且还直接影响到城市规划的实现程度。在该阶段，《城乡规划法》除了对总体规划设置了定期评估制度之外，未对详细规划规定公众参与内容。只有《行政许可法》第36、46条和《环境影响评价法》第21条针对特定领域的规划行为做了公众参与的规定，前者针对的是两类重大许可事项，后者针对的则是建设项目的环境影响评价报告书草案。仅在城市规划相关法中规定规划许可的公众参与内容，而在城市规划的本体法中却未提及，这很容易被当事人忽略。笔者认为，《城乡规划法》对此至少应当提及参照"其他法律法规中的特别规定"，以起到提醒当事人注意其参与权的作用。① 除此之外，《城乡规划法》还应制定详细规划定期评估的公众参与事项。从难易程度来看，由于没有量化标准进行衡量，对总体规划的实施效果，公众不易给出确切的评价；相对而言，对详细规划的实施效果评价公众更容易把握。从现实需要的角度来看，详细规划也比总体规划更有必要进行定期评估，随着城市开发建设的迅猛发展，在确定特定地块的用地性质和具体建设项目后时常需要对规划方案进行必要的更改。鉴于详细规划发生变更的次数比总体规划更为频繁，有必要为准确把握规划的实施效果而设置含有公众参与内容的定期评估制度。

（三）如何修改控制性详细规划听取利害关系人意见的事项

从《城乡规划法》第48条的规定来看，控制性详细规划的公众参与是围绕规划修改的必要性开展的，即组织编制机关在考虑是否有必要修改原规划时必须征询该规划地段内利害关系人的意见，并向原审批机关提出专题报告，经原审批机关同意后，方可编制修改方案，至于如何

---

① 参见裴娜《城乡规划领域公众参与机制研究》，中国检察出版社2013年版，第163—164页。

修改，该条款未明确规定意见征询程序。根据该法第 50 条的规定，对修建性详细规划而言，公众参与针对的是规划修改的具体意见，而非是否修改规划，即对如何修改修建性详细规划，规划主管部门应采取听证会等形式听取利害关系人的意见。之所以存在这样的差别，是因为立法者认为控制性详细规划是修建性详细规划的依据，适用范围较大，不便针对其修改听取利害关系人的具体意见。而修建性详细规划是在其范围内针对具体建设项目而进行的规划，对利害关系人的权益影响最为直接，因而听取利害关系人关于修改的具体意见，既是正当的又是可行的。

需要注意的是，对于控制性详细规划，仅针对修改的必要性规定公众参与的内容是远远不够的。虽然利害关系人可以通过对修建性详细规划的修改提出意见来实现其参与权利，从而使控制性详细规划的修改成为必需，但由于未参与其修改方案的意见征询，利害关系人依然无法把握控制性详细规划修改的方向和具体内容，这将大为降低公众参与的有效性。我们应当认识到，就如何修改控制性详细规划听取利害关系人的具体意见不仅是必要的，而且具有可行性，因为在论证修改必要性的同时，也会论证具体的修改主张和意见，二者是相辅相成的。

四　参与方式

参与方式反映的是公众能够通过什么途径实现其参与规划决策的权利。《城乡规划法》规定了两类参与方式：一类是获得城市规划信息，其一般是通过组织编制机关向社会公告城市规划草案来实现；另一类是针对城市规划的制定、实施和修改表达自身意见，其主要是通过规划机关召开听证会、论证会或者其他方式征求公众意见来实现。无论是关于公告方式还是征求意见的方式，《城乡规划法》的相关规定都存在不够明晰、具体的问题。

（一）关于公告方式的法律规定存在的问题

公告规划草案，是为了公众在征询意见之前对规划具体内容及相关信息有足够的了解。《城乡规划法》第 26 条只规定了规划草案应向公众公告，且公告的时限不少于 30 日，没有对公告的载体、范围、内容进行具体说明。

规划草案的公告应当有适当的载体，在政府公报或其他官方媒介上发布公告是最为常见的要求。例如，我国台湾地区"行政程序法草案"第 117 条规定，拟订计划机关或其直接上级机关在接到规划书后，应将规划的内容登载于政府公报或新闻纸。① 虽然《城乡规划法》没有规定具体的公告形式，但规划编制机关在选择公告的载体时必须保证公众能及时获知规划信息。

就公告的范围而言，应保证将会受到规划影响范围内的公众都能够知悉相关规划信息。也就是说，考虑到城市规划生效后可能会产生效力外溢的后果，规划草案的公告范围不宜只限于规划区域内，有必要将公告的范围扩展至规划区域以外的地方。如在美国，"一般法律要求将提议中的规划和听证会的信息公布在那些发行范围超过规划区域以外的报纸上"②。

只有确保公众能够全面地了解规划范围、规划草案以及实现自身参与权利的途径，公告本身才具有实际意义。对于公告的内容，《城乡规划法》第 26 条未加以明确，目前仅能够在部分地方立法中找到涉及公告的内容的规定。例如，《青岛市城乡规划条例》第 15 条规定："城乡规划报送审批前，应当将城乡规划草案予以公告……公告的场所和时间应当提前三日在政府网站、报纸等媒体发布。"从德国和我国台湾地区的行政程序法的相关规定来看，在公告中应当载明内容主要包括：城市规划草案文本；展示规划草案的地点和时间；具体事实和法律依据；可提出异议的利益相关人范围；异议应提交的部门以及异议提出的期限；愿意参加听证的公众到听证部门进行登记的期限等。③ 此外，在公告中还需要对可能影响公共利益和私人利益的那部分规划内容进行提示和说明，以引起被告知对象的注意。

---

① 参见翁岳生编《行政法》（2000）（下册），中国法制出版社 2002 年版，第 806 页。

② Douglas A. Jorden and Michele A. Hentrich, "Public Participation is on the Rise: A Review of the Changes in the Notice and Hearing Requirements for the Adoption and Amendment of General plans and Rezonings Nationwide and in Recent Arizona Land Use Legislation", *Natural Resources Journal*, Vol. 43, No. 3, Summer 2003, p. 869.

③ 参见杨临宏主编《行政规划的理论与实践研究》，云南大学出版社 2012 年版，第 48、53 页。

　　综上所述，除了对公告时限做出明确规定之外，我国相关法律规范并没有对公告程序予以明晰的规定，规划编制机关在发布公告时有很大的裁量自由，若其未采用适当的方式进行，则会使公告的效果大打折扣。

　　（二）关于征求意见方式的法律规定存在的问题

　　《城乡规划法》针对各个参与阶段、不同的参与内容设置了多种征求公众意见的方式，如听证会、论证会、提出专题报告等，在一定程度上确保了规划机关与公众之间的信息互动，为公众实质参与规划决策过程提供了可能性。但是，该法征求意见方式的规定较为笼统，难以对规划机关开展公众参与活动形成有效的引导和约束。本书认为，该法关于征求意见方式的规定，在以下几个方面尚不够明确。

　　第一，没有对征求意见的"其他方式"做出进一步解释。《城乡规划法》第26条规定了在规划草案报送审批前组织编制机关应当采取听证会、论证会或其他方式听取专家、公众的意见。该法第46条就规划实施情况的评估也规定了组织编制机关应采取论证会、听证会或者其他方式征求公众意见。由于立法者未对"其他方式"进行解释，这给规划机关留下了任意选择某种方式的空间。在实践中，其他方式包括座谈会、问卷调查、向社会公开征求意见等，这些方式相比于听证会、论证会等形式法律效力明显较弱。而"或者"则表明选择其中一种方式即可，规划机关往往会倾向于选择操作简便、约束机制弱的方式来征求意见，而不采用类似于听证会、论证会的严格方式。①

　　第二，没有明确"听证会等形式"的含义。《城乡规划法》第50条规定，确需修改修建性详细规划的，规划机关应当采用听证会等形式，听取利害关系人的意见。该条规定采用的是"听证会等形式"，而没有表述为"听证会、论证会或者其他形式"。那么，此处的"等"是"等内等"，还是"等外等"，即包括论证会及其他形式还是只是听证会这种类似的严格形式，立法者对此未予以说明。②

　　第三，没有对听证会的参与者、适用情形、方式及运行程序等内容做出明确规定。在现有的公众参与方式中，采用听证会制度是最为公

---

① 参见裴娜《城乡规划领域公众参与机制研究》，中国检察出版社2013年版，第91页。
② 参见裴娜《城乡规划领域公众参与机制研究》，中国检察出版社2013年版，第95页。

正、严谨的方式。规划机关在通过听证会方式充分吸收民意后，受"说明理由"的法定义务拘束，其应对不采纳的公众意见做出合理说明，以获得公众的理解。[①] 但《城乡规划法》等法律规范对听证会的规定过于原则，听证会所应具备的制度特性和制度结构以及具体运作程序，未能在相关立法规定中得到体现。此外，对于城市规划中适用听证的情形、听证主持人和听证代表的选择、听证笔录的效力、听证文书的送达方式与日期等内容也有待进行详细说明。

五　参与的效力

公众参与的效力是指公众参与对规划决策的影响程度。参与效力的有无、参与效力的高低是对公众参与城市规划整体效果的评价标准，没有参与效力或者参与效力极低将会使公众失去参与的热情，并影响政府的公信力。

对公众意见的回应直接关系公众参与的效力，其构成公众参与的实质性内容。美国学者格罗弗·斯塔林在其代表作《公共部门管理》一书中指出，"回应"（Responsiveness）意味着政府必须对公众提出的诉求做出迅速反应，并采取措施解决可能存在的问题。对公众提出的诉求进行及时回应既是责任政府理念的必然要求，也是政府获得公众支持与信任的重要途径。[②] 可以说，公众参与不是一个单向的过程，其需要建立一种互动关系：政府提供信息、平台让公众参与其中；公众得以自由地提出自己的意见并被慎重考虑；政府向公众公示其意见已被采纳或未被采纳的原因，形成"参与—反馈—再参与"的良性循环。

从《城乡规划法》《行政许可法》及《环境影响评价法》的相关规定来看，公众参与的意见对规划决策没有绝对的约束力，公众参与的效力主要体现在规划机关对公众的意见回应程序中。上述法律规范对公众参与意见回应程序没有做出详细的规定，仅有一些原则性的规定，可

---

① 参见朱芒《论我国目前公众参与的制度空间——以城市规划听证会为对象的粗略分析》，《中国法学》2004 年第 3 期。

② 参见邹兵、范军、张永宾等《从咨询公众到共同决策——深圳市城市总体规划全过程公众参与的实践与启示》，《城市规划》2011 年第 8 期。

归纳为以下几种情形：其一，组织编制机关必须考量专家、公众的意见并在报送审批的材料中记载这些意见的采用情况及相关理由，如《城乡规划法》第 26 条、《环境影响评价法》第 11 条和第 21 条；其二，规定专家可以审查规划草案，但未明确专家审查意见的效力，如《城乡规划法》第 27 条；其三，只是规定了规划机关听取意见，未涉及对意见的处理，如《城乡规划法》第 48、50 条；其四，在规划许可过程中，要求规划机关依照听证笔录做出是否予以许可决定，如《行政许可法》第 48 条。① 在第一种情形下，组织编制机关只是将意见采纳情况及理由报送给规划审批机关，其对公众的意见没有反馈的义务。尽管审批机关有可能知晓公众意见不被采纳的理由，但对于公众哪怕是意见提出者来说，却缺乏了解的途径，甚至其意见是否被采纳也要等到规划被批准公布之后才能知晓。② 在第二种和第三种情况下，是否对公众意见做出回应属于规划机关自由裁量的范围，即使规划机关不进行回应，也不影响规划决策的形式合法性。在第四种情况下，规划机关在做出是否予以许可的决定时，必须依据案卷排他原则，对听证笔录进行回应，并说明理由。

从总体上看，现有法律规范对公众参与城市规划效力的规定尚存在一定的空白之处，如总体规划草案的审批、总体规划的定期评估、控制性详细规划修改与否的意见征询、修建性详细规划修改方案的意见征询等。即便是对参与效力做出规定的事项，也没有都将规划机关对公众意见的反馈作为硬性要求，为其设定说明理由的义务。因此，对我国现阶段公众参与城乡规划来说，通过建立公众参与意见回应机制来提升公众参与的有效性仍是必由之举。

第二节　城市规划公众参与机制运行的现状

经过三十多年的努力探索，公众参与在我国城市规划领域中的实践

---

① 参见陈振宇《城市规划中的公众参与程序研究》，法律出版社 2009 年版，第 80 页。

② 参见孙施文、朱婷文《推进公众参与城市规划的制度建设》，《现代城市研究》2010 年第 5 期。

取得一定的进步，即实现了从无到有的突破，参与范围正在向城市规划的各个阶段和各个层面延伸。但我们需要清楚地认识到，实质意义上的、全方位的公众参与机制尚未形成，不仅在现阶段，而且在今后相当长的一段时间内我国城市规划中的公众参与仍将停留在被动参与、事后参与、有限参与、形式参与的阶段。除了缺乏健全的城市规划法律制度这一重要因素外，没有形成成熟而独立的市民社会、经济基础总体较为薄弱、政治文化传统中缺乏公众参与的意识、"经营城市"的动力使地方政府不愿真正放权等因素在很大程度上也造成了我国城市规划公众参与机制的运行不畅的问题。当前我国城市规划公众参与机制运行中所面临的突出问题主要表现为以下几类。

一　市民参与城市规划的组织化程度低

如前所述，市民个人的利益尽管受到规划政策的影响很大，但由于自身缺乏组织化，动员物质资源的力量薄弱，其参与城市规划的能力相对低下，难以维护自身的利益。[①] 为了提升市民参与城市规划的水平和效果，改变不同参与主体在参与机会以及参与程度方面的不平衡的局面，有必要鼓励具有相同或相近利益诉求的市民个体以组织化的形式参与到城市规划的过程中。要实现由"个体化"的参与向"组织化"的参与转变，离不开社会组织介入。作为"公众"中的组织主体，社会组织可能会因其所带有的民间色彩而在一些具体问题或行动方式上与政府发生分歧，但不可忽视的是，社会组织能够真切了解、真正代表其所属成员的利益或价值追求，因此它们的介入有助于让政府集中地听到社会中某一特定群体的声音，同时政府也可以利用社会组织的代表性和与其成员的密切联系和影响力，来有效地推动规划的实施。[②] 也就是说，社会组织在维系政府权威和社会自治之间的关系上扮演了中介的角色，

[①] 市民往往是分散的，他们关心的往往是自身个体的需要和愿望。同时，他们的经济条件可以说是千差万别，与权力没有天然的联系，即使面对同一城市开发建设行为，他们的利益诉求也有所不同，因此，分散的市民很难具有组织性。具体参见张萍《城市规划法的价值取向》，中国建筑工业出版社2006年版，第111页。

[②] 参见查庆九《现代行政法理念——以可持续发展为背景》，法律出版社2012年版，第96页。

其参与规划决策能够促成政府权威与社会自治的双向制衡，使国家权力与社会权力之间形成新型的合作互动关系。① 对社会组织在城市规划过程中所应起到的积极作用，可以将其概括为以下几点。

其一，社会组织可以通过提供城市规划专业知识普及、法律援助、与规划部门的非正式接触等手段，增强市民在不同利益群体中博弈的筹码，拓展其参与城市规划的渠道，唤醒其对关乎切身现实利益的城市规划及相关政策采取切实行动，从而为市民践行自己的权利和责任提供组织化媒介。

其二，相比于规划师和政府官员，社会组织更适合扮演协调各方利益的中间人角色，因为其所具有的公益性和志愿性能使其在更大程度上抛开个人利益、站在更客观的角度上表达意见并做出决策，可以对政府施政起到监督作用，降低政府施政和监管的成本，有助于公共利益的实现。

其三，社会组织能够将其收集的市民意见反映给政府及专家，并及时将政府和专家的答复反馈给市民。囿于城市居民与城市政府之间的联系较为薄弱，市民的意见往往不能顺畅地传递给政府，而政府的答复也不能及时反馈给市民，因而需要社会组织作为城市政府与城市居民之间传递信息的桥梁。

其四，社会组织能够组织利益相关的市民对规划方案进行讨论，提交比较成熟的意见。当前我国公众参与城市规划的实践中，发放调查问卷、公示规划信息、征求公众意见等工作主要由规划管理者和规划师来承担，市民往往只是被动地参与其中，并且多以个人的形式提交信息。大量零散的信息加大了规划管理者与规划师的工作量，极大地降低了工作效率，不便于对信息进行及时整理与反馈。考虑到社会组织具有一定的专业优势，由其分担采集公众意见的工作，不仅可以提高规划机关和专家工作效率，同时还能提高公众所发表意见的科学性和可操作性。②

在西方国家，各类社会组织活跃在城市规划过程中，其与政府之间形成了良好的沟通模式。例如，美国在小区规划层次上，由市政府组织、

① 参见李鹰《行政主导型社会治理模式之逻辑与路径——以行政法之社会治理功能为基点》，中国政法大学出版社 2015 年版，第 75 页。

② 参见陈洪金、赵书鑫、耿谦《公众参与制度的完善——城市社区组织在城市规划中的主体作用》，《规划师》2007 年第 S1 期。

公众参与的形式主要有两种，即"小区规划办公室"和"小区规划理事会"。"小区规划办公室"作为政府与市民交流的通道，一方面为政府提供规划资料与信息，其主要职能是为政府的规划部门提供信息和资料，反映市民的意见；另一方面向市民宣传政府规划、提供专业帮助，并将政府的答复及时反馈给市民。"小区规划理事会"则具有法律地位，市政府通过立法制定规划时必须征询该组织的意见，该理事会有权决定在小区规划和土地开发管理中哪些是优先考虑的项目。① 此外，"市住房与规划理事会"和"特别目的规划组织"也在组织市民参与规划的过程中发挥着重要的作用。前者由有声望的人和专业人士组成，主要向市民讲解城市规划的政策与项目；后者由利益团体和市民按共同利益或目标而组成，力图在小区维修、公路建设等方面影响规划决策。②

与西方国家不同，现阶段我国城市规划中的市民参与基本上是以个人身份进行的，社会组织参与城市规划尚未形成常态化、制度化的运行机制。只有在极少数的案例中体现了社会组织参与规划决策的作用。

以广州恩宁路街区改造的公众参与为例，公众参与恩宁路街区改造的规划方案经历了从政府主导下的参与到居民主动参与，再到有作为第三方的社会组织参与的变化过程。从参与的实际效果来看，无论是政府主导自上而下的公众参与，还是自下而上的居民主动参与，其效果均是有限的，未能起到协调多元利益冲突的作用。而随着作为第三方社会组织（包括学术关注小组、中大公民研究中心、顾问小组）的积极介入，公众参与的能力和效果得到了提升，促进了公共利益和私人利益的协调。其中，由高校学生、专家等人员组成的学术关注小组（以下简称小组）作为规划的主要参与主体，在规划过程中扮演了极为重要的角色（见表5.3）。一方面，小组通过论坛、交流会及展览的形式来宣传恩宁路街区的历史文化，使居民对该街区的历史文化价值有了更深的认识；另一方面，小组通过调研和访谈的形式，将收集到的居民意见和建议进

① 参见陈洪金、赵书鑫、耿谦《公众参与制度的完善——城市社区组织在城市规划中的主体作用》，《规划师》2007年第1期。

② 参见生青杰《公众参与原则与我国城市规划立法的完善》，《城市发展研究》2006年第4期。

行整理，并予以专业化表达，再与政府相关部门及规划师进行沟通交流，使社会公共利益和居民个体利益之间的冲突逐步得到协调，促成了更为理性、更有效率的公众参与。[①]

表5.3　　学术关注小组参与恩宁路街区改造规划方案的主要活动[②]

类型	具体活动	取得的效果
记录恩宁路街区	通过详尽调查，记录在拆迁状态下的恩宁路街区状况	通过将这些记录整理形成街区的社区志，使得街区的历史价值更加能够为市民所知，也为恩宁路街区的规划提供更为翔实的基础
	通过对恩宁路街区的历史资料进行收集记录、对街区的老居民进行访谈，深入了解并记录恩宁路街区的历史文化	
宣传恩宁路街区的历史和文化	赴中山大学、广州大学及华南理工大学与学生和老师进行交流	让更多的人了解了恩宁路街区的历史及其现状，提升了人们对旧城历史和文化保护的意识，并通过与市民和学者的讨论，尝试着为旧城的改造提供新的思路
	将恩宁路街区的历史及其发生在恩宁街区的故事通过艺术的方式在北京798艺术节和深圳香港双年展中展出	
作为第三方提出规划意见	将街区居民的意见、专家的规划意见以及小组的规划意见整理形成《恩宁路地块更新改造规划意见书》和《恩宁路更新改造项目社会评估报告》，并将意见书递交给市长	促使政府相关部门重新考虑恩宁路街区的改造方案，使得恩宁路街区能够以更好地保护街区历史文化的方式进行更新，维护了城市的长远发展利益
	在获知恩宁路街区内具有百年历史的麻石被施政队挖走，将用于荔枝湾广场的建设后，与恩宁路街区居民一起发起保护恩宁路街区的麻石活动	促使政府责成施工单位停工整改并承诺将因改造已被挖起的麻石按照规划要求在街区内使用，从而保持了街区的原风貌

---

① 参见吴祖泉《解析第三方在城市规划公众参与的作用——以广州市恩宁路事件为例》，《城市规划》2014年第2期。

② 参见吴祖泉《解析第三方在城市规划公众参与的作用——以广州市恩宁路事件为例》，《城市规划》2014年第2期。

再以南京小卫街社区营造为例，由区政府委托的江苏华益社会组织评估中心（以下简称江苏华益）扮演了组织协调各方的主导者角色，由其培育建立的社区自治组织——南京小卫街社区治理发展协会则扮演了利益代表组织者的角色。在南京小卫街社区改造规划过程中，江苏华益通过网络众包的方式，召集规划志愿者提供规划服务，并争取社会基金实现空间规划方案的落实实施；而社区治理发展协会则在动员居民参与规划、广泛获取居民意见、代表居民参与项目交流与决策方面发挥了重要作用。上述两大社会组织的积极介入，促进了社区居民有组织、有效的自发参与，有力地推动了社区更新规划的制定和实施，实践了多元主体协作共治的规划模式。①

从以上两个案例来看，社会组织积极介入城市规划中，确实大大提升了市民参与的组织化程度，促进了不同利益主体之间合意的达成。但就目前的状况而言，社会组织无论是自发参与规划还是在政府的引导和扶持下参与规划，都仅表现为一种探索或试点。究其原因，主要可归结为以下两点：一是我国的社会组织普遍发展较为滞后，自身能力有待提升。与西方国家的社会组织发展所根植的市场经济和公民社会土壤不同，我国社会组织的成长依赖于政府职能改革释放出来的市场空间、社会资源和管理职能的转移，其发展的历程较为短暂，存在先天不足、后天成长困难的问题。囿于资金匮乏、人力资源稀缺等因素，我国社会组织在获取和运用资源的能力上往往存在明显的短板，进而导致其自身影响力不够、代表性不强，这也使其在城市规划公众参与中有效发挥组织、沟通、协调等方面的作用受到制约。二是保障社会组织成长发育和参与规划决策的制度供给尚不充足。长期以来，我国对社会组织的准入管理采用的是预防式的管控模式，相关立法大多在会员人数、财产数额、发起人和拟任负责人资格、业务主管部门等方面对社会组织的合法成立设定了严格的限制条件，并且在双重登记管理制度下，业务主管部

---

① 参见杨钦宇、徐建刚《社会组织主导下的规划公众参与模式设计》，《持续发展　理性规划——2017中国城市规划年会论文集（14规划实施与管理）》，2017年11月；杨钦宇、徐建刚《社区治理重构背景下的规划公众参与模式探索——以南京小卫街社区营造为例》，《共享与品质——2018中国城市规划年会论文集（14规划实施与管理）》，2018年11月。

门和登记管理机构都要对社会组织的成立进行实质性审查，若其中有任何一方不同意，则社会组织均不能获得合法成立的资格。可以说，社会组织获得合法身份的难度较大正是阻碍其发展壮大的重要原因之一。同时，现有的法律规范也未对社会组织在城市规划公众参与中的地位、作用、参与方式与程序、决策与管理权限等关键要素予以明确规定，难以保障社会组织尽早、有效地介入规划过程中，这也导致本应作为城市政府与城市居民之间沟通桥梁的社会组织缺少用武之地。为此，需要通过采取多样化的法治举措，大力支持社会组织的发展及参与规划决策，推动社会组织参与规划的实践经验上升为制度规范，最终形成一种长效机制。

二　组织市民参与规划编制全过程的做法有待推广

根据《城乡规划法》对公众参与规划编制设定的基本要求，市民一般只能对已经成形的规划方案提出建议或意见，缺少在规划编制前的调查评估环节中与地方政府、专家、规划编制单位等共同讨论如何制定规划方案的机会。尽管有个别地方层面的城市规划技术规范对公众参与规划编制的规定体现了"及早和可持续参与"原则的要求，但在实际运作中公众参与规划编制的时机选择仍相对滞后。以杭州市朝晖、塘北单元控制性详细规划中的公众参与活动为例，为了配合《杭州市城乡规划条例》的实施，杭州市规划主管部门在2011年研究制定了《杭州市控制性详细规划编制技术规程（试行）》（以下简称《规程》），专门就公众参与的框架体系做出了详细的规定，使公众参与成为控制性详细规划编制中不可或缺的过程。《规程》将杭州市的控制性详细规划编制分为三个阶段，即评估阶段、编制阶段和成果完成阶段，明确了在三个阶段中都必须有市民的参与（见表5.4）。虽然根据《规程》的要求在控制性详细规划的评估阶段就应当通过互联网征求市民们的意见和建议，但在实践中，《规程》提出的在评估阶段就要通过互联网征求公众人士对单元控制性详细规划编制意见的要求却未得到完全落实，而是直到初步的规划方案形成后，政府或社区机构才通过组织问卷调查、公众讨论会征求市民的意见。[1]

回顾我国过去三十多年的公众参与城市规划实践探索历程，可以发现，已有一些个案将公众参与规划编制全过程的要求完全落到了实处，做到了事前充分了解市民对规划修编的意见和建议，事中展开多层面、多维度的咨询讨论，规划成果完成后，进行有效的公众展示、公众咨询活动，对市民的参与意见予以及时、准确的反馈。虽然组织广大市民参与规划编制的全过程尚未成为各地开展城市规划公众参与活动的普遍性做法，但通过对典型实践样本的分析，能够清晰地看到推广全过程公众参与的模式对于拓展公众参与的深度与广度、增强公众参与的认同度和有效性所具有的重要价值和意义。以《深圳市城市总体规划（2010—2020）》的编制为例，此次公众参与该规划草案编制的过程被设置为三个阶段：第一阶段为民意调查，该阶段是公众参与的发动、宣传和普及阶段，也是全面广泛收集民意的重要阶段，主要通过学校与家庭联动调查、行业协会与企业联动调查、媒体与公众互动调查、特定人群抽样调查、网络普遍性调查、短信随机性调查等多种形式来掌握公众对总体规划的关心程度、关注重点以及对规划编制的意见与建议；第二阶段为咨询讨论，即在前一阶段所得出的民意调查结果的基础之上确定重点问题，以公共论坛或者专题研讨的形式进行开放式沟通和交流，邀请相关领域的技术专家、政府部门代表、市民代表参与，并动员电视、报纸、广播、网站等媒体进行深度报道；第三阶段为成果公示，该阶段为规划成果报送审批前的公众意见征询阶段，主要通过城市规划展厅、报纸、网络、电视等多种途径，将规划纲要、初步方案、送审成果和批复文件等规划修编的各阶段成果内容向社会公布，征求市民意见。[2] 可见，在此次规划的编制中，市民在规划尚未确定具体目标、内容时就已针对规划该如何编制表达自己的意见和建议了，在此基础上，由各方利益主体的代表对规划编制逐步进行深入讨论，形成规划的初步方案，再由组织编制机关

---

① 参见韦飚、戴哲敏《比较视域下中英两国的公众参与城市规划活动——基于杭州和伦敦实践的分析及启示》，《城市规划》2015 年第 5 期。

② 参见邹兵、范军、张永宾等《从咨询公众到共同决策——深圳市城市总体规划全过程公众参与的实践与启示》，《城市规划》2011 年第 8 期。

对市民意见不断加以整合，最终完成规划草案的编制，从而将公众参与贯穿于总体规划修编工作的事前、事中和事后的全过程。这种让普通公众尽早和持续参与规划编制的做法，有助于在城市规划运作过程中最大限度地尊重并吸取民意，保证公众参与的有效性。相比于总体规划的编制，组织市民参与详细规划的编制全过程其实更为必要，因为详细规划的事项所涉及的利益主体指向性较为明确，且其事项与公民个体利益关联度也更为密切，这可以为普通公众参与规划全过程带来更强的动力。

表 5.4　《规程》对控制性详细规划编制所规定的公众参与程序①

控制性详细规划编制阶段	参与事项	参与主体	参与方式	预期目标
评估阶段	编制上轮控制性详细规划实施评估报告	各相关部门、各企事业单位、各专业部门、专家、原控制性详细规划编制单位、公众人士（媒体）	会议讨论、问卷调查、下访社区、互联网征求意见和建议	通过对上轮控制性详细规划落实情况的公众评价，为单元控制性详细规划是否开展修编提供客观有效的技术依据
编制阶段	控制性详细规划草案编制的意见征询	各相关部门、各企事业单位、各专业部门、专家、媒体、公众人士	大型公众讨论会、专题讨论、问卷调查、互联网征求意见和建议	整合此前征求的各方主体意见，形成成熟的规划草案
成果完成阶段	报送审批前控制性详细规划草案的意见征询	专家、媒体、公众人士	对规划草案予以公告，征求专家及公众意见；接受新闻媒体访问，组织规划设计单位进行现场答疑	在合理采纳所征求的专家及公众意见的基础上，完成对规划草案的修订

① 参见韦飚、戴哲敏《比较视域下中英两国的公众参与城市规划活动——基于杭州和伦敦实践的分析及启示》，《城市规划》2015 年第 5 期。

三　一些对规划信息的公告流于形式

作为公众参与的必要条件，信息公开的程度往往会直接影响公众参与的热情、效力。如前所述，《城乡规划法》没有明确规定规划信息公开的途径和内容。在实践中，对于各类公众参与规划事项的公告，大多只是单纯在规划主管部门网站上或规划展览馆里对规划草案公示 30 日，而未根据现实情况，灵活选择最为适合的形式向公众发布公告，并提示其注意与其利益有密切关系的规划内容。这种流于形式的信息公开无法保证各方利益相关者均能及时全面地知悉公告的内容。其主要理由如下：其一，在政府没有运用各种方式来提醒公众及时关注规划信息的前提下，公众一般不会主动浏览规划主管部门网站上的相关信息，也不会前往规划展览馆去观摩，由此造成公众参与的范围被人为缩小。其二，网络公示虽然具有经济、环保、快捷的特点，但是仅仅依靠网络传递的规划信息难以带给公众直观的感受，而且会屏蔽掉相当数量的人群。其三，由于公众前往规划展厅参观往往会受到时间和空间的限制，因而通过规划展厅对外公示规划信息的作用也较为有限。

尽管规划机关仅仅在规划主管部门网站上或规划展览馆简单地公示规划信息的做法并没有违反现行城市规划法律法规的规定，但就其实际效果而言，不足以保障普通公众特别是利害关系人的程序权利。以魏子云与北京市规划委员会规划行政许可上诉案为例，涉案项目用地"北京市西城区新德街 31 号院"为中影集团自用土地，2008 年国务院机关事务管理局做出批复，同意将该自用土地的用途由文化、体育、娱乐用地调整为住宅用地。2009 年 7 月，经被上诉人北京市规划委员会《中心城控规动态维护工作会议纪要（2009 第 7 次）第 301 期》会议议定，同意将涉案项目用地调整为住宅用地，并随后在网上对该项目的控规调整工作进行了公示。2011 年 1 月，第三人中影集团利用涉案项目用地新建职工住宅项目的立项获得了国务院机关事务管理局的同意。2011 年 6 月，北京市规划委员会核发了 2011 规地字 0031 号《建设用地规划许可证》。2012 年 4 月，中影集团向北京市规划委员会提出核发涉案项目建设工程规划许可证的申请。同年 5 月，北京市规划委员会做出

（2012）规建字（0037）号建设工程规划许可证。此后，上诉人魏子云主张被许可建设的中影集团职工住宅项目已经严重影响与之相邻的其所居住的居民楼安全性能，自己作为争议地段内利害关系人，直到规划许可做出之后，才了解到该用地性质调整的情况，而作为组织编制机关和行政许可机关的北京市规划委员会知晓涉案项目的建设应当妥善处理好与北侧住宅楼的关系，但其在修改控制性详细规划和做出被诉行政许可行为时却没有征求作为利害关系人的北侧住宅楼居民的意见就向中影集团核发规划许可证，违反了《城乡规划法》的规定，遂向法院提出撤销被诉 0037 号建设工程规划许可证的请求。审理此案的一审和二审法院最终均认定，北京市规划委员会履行相应的批准程序并在网上对涉案项目控制性详细规划的调整事项进行公示以征求公众意见的做法并未违反城乡规划相关法律法规的规定。① 笔者认为，该案中被诉组织编制机关仅在网上对涉案项目控制性详细规划的调整事项进行公示以征求公众意见的做法在形式上符合《城乡规划法》等法律规范的要求，但基于现实因素考虑，开展公众参与规划活动有必要在一定程度上超越法律规范的要求。据此，为充分保障利害关系人的知情权，避免其因未能及时获悉公告的规划信息而在后续征求意见的环节中丧失表达自身意见的机会乃至给其维权带来困难，应在综合考虑规划层次、规划行为样态、利益相关者的分布等因素的基础上，设置区别化的公告程序。

　　在实际操作层面，对规划信息的公告面临的另一个关键问题是，由于大多数普通市民难以理解作为专业产品的规划方案的基本内容，也无法预知这些规划成果将会给他们的生活带来怎样的影响，仅仅将规划方案的图文等进行公示，而缺少专业机构与公众直接的面对面的沟通与交流，这在很大程度上无法适应公众认知的需要。② 例如，天津市滨海新区规划国土局曾对 2011 年以来开展的 54 项交通影响评价发放了 10800 张调查问卷，共收回有效问卷 9180 张。在收回的问卷中，有 34.6% 的

---

① 参见北京市第二中级人民法院行政判决书，（2015）二中行终字第 759 号。
② 参见孙施文、朱婷文《推进公众参与城市规划的制度建设》，《现代城市研究》2010年第 5 期。

受访者反映：公示的规划图纸内容专业性太强，看不懂，缺乏相应的咨询机构。①

对此，解决问题最好的方法是由规划编制单位在规划编制的过程中用通俗的言语和文字向公众讲解规划方案，并普及与规划相关的知识，从而提升公众参与实践中互动与沟通的质效。如在日本恩田元石川线道路的规划编制中，当地成立了"居民参与的道路建设委员会"这一城市规划相关团体，该委员会对多个道路计划方案进行了比较探讨，并为此分不同地区与普通居民举行了恳谈会。根据恳谈会中参与者的期望，该委员会招聘了学者作为规划讲师，为普通居民讲解规划方案。通过不断学习、交流并加深理解，使普通居民逐渐具备了就规划方案发表自身看法的资质。② 在国内各地城市规划公众参与实践中，也不难找到一些通过开展讲解活动为公众释疑的典型事例。如在天津市滨海新区世纪运通家园项目规划方案编制过程中，组织编制机关除了对规划方案进行网站公示外，还以座谈会的形式就规划方案、国家及当地适用的日照标准、日照分析结果等向居民代表加以解释，最终居民代表在了解到规划部门所做的工作及开发商的让步后，经与周边居民商议同意了调整后的规划方案，妥善解决了规划所涉及的采光权争议问题。③ 但不可忽视的是，在规划编制的实际工作中，地方政府和规划主管部门往往出于对建设项目推进进度和政绩的考虑，更希望以最简单的内容和方式来展示规划信息，尽可能避免制造社会关注点，而没有对面向广大市民的规划知识普及等基础性工作给予足够的重视，规划编制过程中针对普通公众展开的讲解活动大多表现为一种临时性、应急性的举措，其是否开展以及怎样开展更多地取决于领导的主观意志，尚未形成一套规范化、常态化的运作机制。

---

① 参见刘鹏飞《城市规划管理中公众参与缺失及对策研究——以滨海新区为例》，硕士学位论文，天津大学，2016年。

② 参见刘洋《城市规划制定程序中的公众参与研究》，硕士学位论文，中国政法大学，2008年。

③ 参见刘鹏飞《城市规划管理中公众参与缺失及对策研究——以滨海新区为例》，硕士学位论文，天津大学，2016年。

四　相比于召开听证会，网上公示、现场公示等相对简便、经济的公众参与方式更容易得到广泛采用

在一些法治相对发达的国家，听证会制度早已被普遍适用于城市规划中的公众参与程序。从国内城市规划公众参与机制运行的现状来看，长期以来听证会制度未被广泛采用，规划机关更倾向于选择网上公示、现场公示、问卷调查、讨论会等相对简便、经济的方式来征求意见。例如，在2009年、2010年这两年时间内，北京中心城区有272个控制性详细规划调整项目进行了网上公示，有92个项目以现场公示的方式向社会公布，有22个项目举行了座谈会或听证会。在上述控制性详细规划调整项目中，公众参与的方式以网上公示为主，比例高达70%；其次为现场公示，比例为24%，以举行座谈会和听证会作为公众参与方式的，所占比例仅为6%。[①] 虽然网上公示、现场公示相比于召开听证会，操作较为简便、行政成本更低，但是仅仅采用此类参与方式，不能改变规划信息独自形成、单向流动的局面，因为参与者难以将自身的建议和意见及时有效地反馈给政府，以实现政府与参与者之间的双向沟通。

听证会的召开确实需要投入较高的行政成本，且不一定能最终促使各方参与者达成共识，[②] 但不能因此而忽视听证会本身所具有的程序价值。具体而言，听证会是一个公开的协调互动程序，通过参与这一程序，各方代表的不同看法和见解能够得到充分阐释，听证主持人也可以尽其所能去协调各方当事人之间的分歧。换言之，通过听证程序，利害关系人可以知悉争议的来龙去脉，也能够看到政府为调和这些争议做出的努力。此时，在符合程序正义前提下所形成的规划方案可以为相互做出让步或妥协的各方当事人所接受，即使最终争议不能彻底解决、共识

[①] 参见张磊、王心邑、王紫辰《开发控制过程中公众参与制度转型与实证分析——以北京市中心城区控规调整为例》，《规划师》2013年第4期。

[②] 听证会将参与者放在互斥和对手的位置，其目的只是保证每个参与者都能表达自己的意见和在决策阶段公开这些意见，并不能保证参与者之间达成共识。在听证会中及会后，政府应根据其所收集的公众意见，协调各方主体之间的利益，在最终的决策中，各方主体可能均要放弃部分自身的利益，才能达成最后的妥协。

不能达成，听证会也能够为规划决策提供合法性的支撑。

五 针对控制性详细规划修改与否征求利害关系人意见的环节在实际操作中往往会被省略

控制性详细规划不仅是城镇实施规划管理最直接的法律依据，更是国有土地使用权出让、开发建设的法定前置条件。[①] 控制性详细规划的修改意味着规划主管部门需要做出新的规划许可，众多城市规划相关人的切身利益将会受到影响。近些年来，因规划机关随意修改控制性详细规划产生了诸多涉及规划许可争议的行政诉讼案件。为了防范地方政府出于局部的、眼前的利益需要和少数利益集团意志的要求，违反法定程序随意修改法定规划，《城乡规划法》设立了"城乡规划的修改"这一章。其中，针对控制性详细规划的修改，该法第 48 条要求组织编制机关必须先就规划修改的必要性征求规划地段内利害关系人的意见，在此之后才能向原审批机关提出专题报告，在经过原审批机关同意后，方可编制修改方案。立法者这样规定的意图在于加强行政相对方对组织编制机关修改规划的制约作用，因为仅仅依靠规划修改前的报告制度不足以约束组织编制机关随意修改规划的行为。根据《城乡规划法》第 19 条的规定，控制性详细规划的组织编制机关为城市人民政府城乡规划主管部门，而批准机关为本级人民政府。组织编制机关在修改规划前向原审批机关提出专题报告，属于规划行政体系内部的监督，这对于约束规划的随意修改作用是有限的。与《城乡规划法》的要求不同，在实践中组织编制机关一般是先编制控制性详细规划修改方案，然后直接向原审批机关报批，在报批前将规划修改方案进行公示并征求利害关系人意见，这种做法实际上省略了征求规划地段内利害关系人对规划修改与否意见的环节。

以严安、刘永峰、花仲云、许志芳不服南通市规划局变更规划行政决定案为例，涉案的 r9014 地块原规划为小学预留地，南通市人民政府

---

① 参见全国人大常委会法制工作委员会经济法室、国务院法制办农业资源环保法制司、住房和城乡建设部城乡规划司、政策法规司编《中华人民共和国城乡规划法解说》，知识产权出版社 2016 年版，第 112 页。

后来决定将 r9014 地块的用地性质调整为住宅用地。2009 年 3 月，由南通市规划局组织相关领域的专家对该方案的可行性进行论证。同年 4 月，南通市人民政府通过新闻发布会向社会公布了这一调整方案。同年 5 月，南通市规划局向南通市人民政府报送了调整相关控制性详细规划的请示并获得了批准。同年 7 月，r9014 等地块的使用权由南通莱茵达置业有限公司竞得。同年 12 月，南通市规划局对建设单位报送的 r9014 地块规划方案进行了审批前公示，并针对 r9014 地块改建项目举行听证会，根据听证会上群众反映的情况要求建设单位对公示方案做了进一步的修改并进行告知。2010 年 6 月，南通市规划局向南通莱茵达置业有限公司颁发了 r9014 地块《建设工程规划许可证》。对此，严安、刘永峰、花仲云、许志芳认为，南通市规划局调整 r9014 地块用地性质的行为违反法定程序，不仅导致附近居民子女不能就近入学，影响相邻居民的通风采光权，而且使得该地段住宅楼价格大幅下降，遂向法院提起行政诉讼，请求确认调整 r9014 地块用地性质的行为违法，并给予相应的赔偿。审理该案的一审、二审法院都将审查的重点放在修改控制性详细规划的可诉性问题上，并以调整 r9014 地块用地性质的行为属于抽象行政行为为由，裁定驳回起诉（上诉），未将修改该规划的程序是否合法纳入审查范围。① 笔者认为，虽然该案中控制性详细规划修改程序的合法性问题不在司法审查的范围内，但也不能因此而忽视南通市规划局未征求规划地块内利害关系人的意见即编制控制性详细规划的修改方案并不符合《城乡规划法》第 48 条的要求。尽管南通市规划局在报批前对 r9014 地块规划调整方案进行了公示，但这一做法仅仅起到了告知的作用，利害关系人没有机会针对该规划修改与否发表任何意见，直到建设单位将其编制的 r9014 地块修建性详细规划报送审批时，才针对该地块改建项目举行听证会听取利害关系人意见。若早在编制 r9014 地块的控制性详细规划修改方案前就规划修改的必要性征求规划地块内利害关系人的意见，虽然未必会改变规划被修改的结果，但规划编制机关、建设单位与相邻权人可以提早就规划修改将会产生的利益纠纷进行充分的沟通与协商，进而达成妥协方案，这在很大程度上能够将矛盾冲突化解在

---

① 参见江苏省南通市中级人民法院行政裁定书，（2011）通中行终字第 0141 号。

萌芽阶段。

六 公众意见回应的操作流程尚待进一步明细化、规范化

理论上，无论是通过听证会、论证会、座谈会还是其他方式获取的公众意见，规划机关虽然没有义务全盘接受，但意见的接受者必须在公开的场合予以回应，并且表现出对公众评论意见已经加以慎重考虑的态度，这样才有助于公众参与规划程序的健康发展。所谓的回应，不只是向公众反馈按照所采纳的意见对原规划方案加以修改的情况，还包括对未采纳的意见进行理由说明。①

我国现行法律未就规划机关应当如何回应公众意见做出明确、具体的规定，仅在个别条款中对城市规划公众参与程序中的意见处理提出了原则性的要求，如《城乡规划法》第 26 条第 2 款规定了"组织编制机关应当充分考虑专家和公众的意见，并在报送审批的材料中附具意见采纳情况及理由"。从实际操作层面来看，对公众意见回应机制的构建正处于不断探索的过程中，公众意见反馈的流程尚待进一步明细化、规范化。透过一些个案，可以发现，对意见和建议的整理与汇总以及对其中具有利用价值内容的采纳，这些公众参与的关键环节已受到规划主管部门的重视，但在未采纳意见的理由说明、意见反馈信息的公开、公众就意见采纳情况与规划机关之间的后续协商与沟通等方面，则往往缺乏足够的关注，这容易导致对公众意见的回应停在表面上，从而影响公众参与规划决策的实际效果。以上海市闵行区龙柏社区控制性详细规划编制的公众参与实践为例，此次公众参与活动增加了规划编制过程中公众评议、规划修改后向公众进行反馈与说明的环节，凸显了公众在规划编制中的主体地位，有助于拓展公众参与的深度。在规划方案的展示期间，市区规划局通过发放民意调查表和召开公众代表座谈会的方式收集公众对于初期规划方案的意见和建议，由区规划局对回收的民意调查表和公众座谈会上听取的公众意见进行了汇总、整理和筛选，并敦促规划院根据其中具有建设性的建议对规划方案进行修改。规划方案定稿后，市区规划局再次举行公众代表座谈会，对公众意见的采纳情况向公众代表进

---

① 参见陈振宇《城市规划中的公众参与程序研究》，法律出版社 2009 年版，第 90 页。

行了反馈。① 从这一公众参与规划编制的实例中，能够清晰地看到对公众意见的收集与采纳在提升规划方案的合理性和可接受度方面所起到的积极作用，但对规划局在座谈会上就公众意见的采纳情况所做出的解释和说明，特别是就未采纳意见所进行的理由说明，笔者未能从该区规划局网站上查询到更多的信息，这也从一定程度上反映了公众意见处理的透明性、公开性有待增强。

目前，只能从个别城市的规划主管部门官方网站上查询到极少数对公众反馈意见采信情况阐述得较为具体的通告。例如，北京市规划委员会在2015年11月3日至12月3日就地铁8号线鼓楼大街站织补项目规划指标调整和拟建方案进行了网上公示，其间共收到12份居民反馈意见，申请单位就公众反馈补充了书面意见，其于2016年4月18日对公众参与意见采信情况发布了通告。在该通告中，北京市规划委员会分别对属于其自身职责范围的双方无重大分歧意见、属于其自身职责范围内的各方不同意见以及不属于其自身职责范围的意见进行了梳理和阐述，并就是否采纳居民和建设单位的意见做出了相应的说明。② 此类通告所涉及的规划事项一般表现为参与主体范围较小、公众反馈意见很少的详细规划编制或调整的事项。

还有一个需要注意的问题是，在公众意见的回应方式上，通常的做法是仅由规划机关将公众意见整理后，通过网络发布等形式进行统一反馈，而未就某些具有代表性的共性问题开展后续的咨询与研讨，允许公众对规划机关的回复进一步提出疑问，再由规划机关予以详细解释，这样的"意见—反馈"过程仍局限于单向性的"告知信息"，难以形成一种来回往复的共同讨论局面，这将会导致对公众意见的回应缺乏互动性和连续性，弱化公众参与对规划决策的实质性影响。

总之，公众参与规划决策的过程实际上是利益沟通的过程。在这一

①　参见程蓉、顾军《上海：公众参与闵行区龙柏社区控制性详细规划编制实例》，《北京规划建设》2005年第6期。

②　参见《关于地铁8号线鼓楼大街站织补项目公众参与意见采信情况的通告》，http//ghzrzyw. beijing. gov. cn/chengxiangguihua/ghlgg/sj_ghlgg/201912/t20191212_1733021. html，2022年8月1日。

过程中，通过多元利益主体之间的反复交流和沟通，将各方利害关系人的意志吸收融入行政主体的意志之中，从而使其做出的规划决策更加具有正当性与合理性。当然，这种沟通必须建立在正当程序之上才能有效地进行。倘若整个城市规划公众参与程序中充斥着个体化的参与、事后的参与、流于形式的信息公开、不合理的选择征求意见方式以及象征性的公众意见回应等一系列问题，则无法使利害关系人实质性地参与到规划决策的过程中，其诉求也难以在最终的规划成果中得到有效的反映。

第三节　城市规划公众参与机制的完善思路

公众参与的有效性是公众参与制度的根本所在。参与主体的代表性与广度、参与内容的必要性和全面性以及参与过程的顺畅性都是影响公众参与有效性的关键因素。目前，无论是从规范层面上看，还是从实践层面上看，我国城市规划的参与主体、参与时机、参与内容、参与方式等方面都存在诸多问题，在一定程度上影响了公众参与城市规划的有效性。基于此，笔者提出了一些完善城市规划公众参与机制的对策，包括合理选择参与者、贯彻尽早和持续参与原则、健全规划信息公开制度、合理选择征求公众意见方式、增强听证会运行的实效、构建理性化的公众参与意见回应机制，以期为确保公众参与城市规划的有效性提供理论基础。需要注意的是，总体规划和详细规划的性质不同，在公众参与幅度的选择上也应有所区别。总体规划不直接涉及利害关系人的切身利益，且其内容较为宏观，因而公众参与的空间相对有限。针对总体规划，可以设置相对较低的参与幅度，在"征求意见、表达看法"层面开展公众参与活动。由于详细规划是对各地块的利用作出的具体规范，受其影响的区域较小、参与人数较少且相对集中，故有必要对详细规划特别是修建性详细规划设置更高的参与幅度，除了赋予利害关系人在规划机关的主导下被动表达自身意见的权利之外，还应允许其主动直接地对规划内容进行质询，以及对规划机关不予采纳其意见的行为申请救济。①

一　合理选择参与者

如前所述，《城乡规划法》将规划决策的参与者分为普通公众、专家和利害关系人三类。虽然基于现实需要而开展的公众参与活动所选择的参与者可以不限于法律规范的要求，但为了有效合理地使用有限的行政资源，在城市规划运作过程中不可能让规划区域内所有公民都参与其中，尤其是在人口数量众多的规划区域，因此应对适格参与者的范围予以明确。在城市规划实践中，合理选择参与者同参与程序的设计同样重要，选择参与者的关键在于保证参与的质量，即应确保值得法律保护的受到规划决策直接影响的利益都能够在公众参与程序中得到适当代表。②

（一）合理确定利害关系人的范围

与行政诉讼中判断起诉人是否具备利害关系人身份不同，规划机关在公众参与程序中确定作为参与主体的利害关系人范围时不宜适用严格的判断标准，特别是在规划草案尚未经过审批对规划区域内利益相关者的影响具有不确定性的情况下，更多地需要通过合理评估规划实施后可能造成的影响和涉及的主要人群来框定大致的利害关系人范围，从而尽可能保障规划地块内和相邻地块的居民和经营者对规划方案编制的知情与参与的权利。需要注意的是，公众参与的具体形式也与利害关系人范围的划定有密切的关联。若仅采用网上公开征求意见的方式，就不宜事先对作为参与者的利害关系人范围加以明确划定，但如果采用听证会、座谈会等特殊的参与形式，则规划机关有必要事先明确规划所涉及的利害关系人范围，再从这一范围内选择合适的代表，邀请其参会和表达自身的意见。③

在确定利害关系人的问题上，首先需要明确作为其参与基础的"利

---

① 参见裴娜《城乡规划领域公众参与机制研究》，中国检察出版社 2013 年版，第222 页。

② 参见陈振宇《城市规划中的公众参与程序研究》，法律出版社 2009 年版，第83—84 页。

③ 参见陈振宇《城市规划中的公众参与程序研究》，法律出版社 2009 年版，第87 页。

益"范畴。按照朱芒教授对参与主体之参与基础的分析，利害关系人的参与基础应为"基于财产性权利的表述"，[1] 但基于现实考虑，对作为利害关系人参与基础的"利益"范围界定不宜局限于"财产性利益"，还应将单独受到法律保护的环境、健康、安宁等方面的个别利益包含在内。其理由在于：依据城市规划对城市空间利益重新进行配置的过程中，众多邻避设施的兴建一旦具有负外部效应，往往就会引发环境污染、日照通风、房产贬值、心理嫌恶等一系列环境相邻权纠纷，由此给周边居民的切身利益可能带来的不利影响，不只有房地产贬值等经济利益的损害，还包括健康、安全、宁静、卫生、审美等方面利益的减损，这些非财产性利益并非都能被消解在一般公益中，只有广泛地赋予邻避设施周边居民的参与权，才能使应当受到法律保护的个别利益获得及时有效的保障。

对于利害关系人范围的确定，除了应厘清作为参与基础的"利益"范畴外，还需通过界定受规划直接影响的空间范围来对利益相关者范围加以框定，这一般要以具有可操作性的细则规定作为依据。如美国一些城市规定，对于居住项目或工业项目的规划许可变更，所在地点周边从500英尺到1000英尺范围内的财产所有者、租户及当地配套设施提供者均需要被送达听证会告知书，这样就以划定受规划直接影响空间范围的方式大致框定了主要利益相关者的范围。[2] 目前在我国城市规划公众参与实践中，尚未采用一套统一、固定的空间标准来框定规划区域内利害关系人的大致范围。在司法实践中，法院一般凭借国家及当地适用的

---

① 朱芒教授从"利益—技术"关系入手，对听证会参与者的参与基础加以厘清。第一步是通过对"参与基础为利益抑或技术"的分析，将表述为抽象的"公众"或"社会各界"区分为市民与专家，并指出市民是以自身的利益为基础对相应的城市规划方案提出意见，而专家是以其所具备的专业学识为基础参与建言，前者参加听证会追求的是自身利益被公共过程吸收的可能性，后者所追求的则是规划结果的科学性和技术合理性。第二步是将利益区分为"基于财产性权利的表述"与"基于公共性权利的表述"，认为对城市空间拥有财产权的人参与的目的是通过自身自由的决定来最大可能地实现土地的权能，而广大市民参与的目的则是维护共同生活的空间，增加城市的公共性。具体参见朱芒《论我国目前公众参与的制度空间——以城市规划听证会为对象的粗略分析》，《中国法学》2004年第3期。

② 何子张：《城市规划中空间利益调控的政策分析》，东南大学出版社2009年版，第252页。

城市规划技术规范规定的最低日照标准、建筑间距控制标准等空间标准，对涉案建设项目的相邻权人范围加以认定，即将符合技术规范规定范围内的居民和经营者均界定为规划许可中的利害关系人，肯定其受法律保护并享有提起诉讼的权利，如相关技术规范规定了建筑间距为 10 米，则将规划许可涉及的建筑半径 10 米范围内个人和组织界定为相邻权人，认定其具备原告资格。① 考虑到规划方案涉及的利害关系人大多为被许可建设项目的相邻权人，在公众参与程序中参考相关技术规范规定的空间标准，可以基本框定规划方案涉及的利害关系人范围，因为即便规划机关采用非常狭窄的利害关系人确定原则，也无法将与建设项目相邻的整栋楼居民排除在利害关系人范围之外。但需要注意的是，单纯地采用相关技术规范规定的空间标准来界定利害关系人的范围，并非在任何时候都是可行的，尤其是在相关技术规范未明确相邻权人范围或者规划建设的项目涉及环境污染问题的情况下，这时更多地需要在具体案件中综合考虑规划行为给利益相关者带来的实际影响以及保障公民基本权利的要求。比如，当被许可建设的项目不是住宅而是垃圾焚烧场、化工厂等邻避设施时，其造成环境污染会对周边居民的人身健康和安全构成直接的威胁，其所影响的地域范围往往也会超出与规划项目"直接毗邻"的地块，若一律适用整齐划一的技术标准，则可能会大大限缩利害关系人的范围，无法体现个案正义。

依照选择参与者的均衡性要求，凡是可能受到城市规划行为影响的个人和组织都应当参与或选派代表参与规划决策。如果政府在公众参与过程中忽略了某部分利益群体，或各方利害关系人力量不均衡，则有可能导致行政主体被特殊利益集团捕获，使得规划决策的合法性基础受到动摇。② 对此，在利害关系人范围的确定上，规划机关应充分考虑规划行为对于规划地块乃至邻近地块内居民产生的长远影响，包括心理上的冲击、经济上的预期、文化与社区的认同感等，因为相关利益主体可能

① 参见鄢德奎《市域邻避治理中空间利益再分配的规范进路》，《行政法学研究》2021 年第 5 期。

② 参见陈军平、马英娟《行政决策中的公众参与机制》，《中国行政管理》2009 年第 1 期。

并不清楚规划方案一旦正式形成将会对自身利益产生怎样的影响，而没有自发地参与到规划决策的过程中。

在规划草案编制过程中，由规划机关直接根据"权益"和"因果关系"要素来确定潜在的利害关系人，无疑具有一定的难度。国外学者麦克拉肯和帕克提出，可以通过回答以下几个问题来确认利害关系人的身份：第一，谁是潜在受益者？第二，谁有可能受到不利影响？第三，是否考虑弱势群体？第四，是否将支持者和反对者都考虑在内？第五，利害关系人之间的关系是什么？[①] 笔者认为，上述几个问题具有一定的参考价值，可以促使决策者广泛地考虑哪些人应作为利害关系人参与规划决策过程。

（二）强化社会组织在城市规划公众参与中的作用

西方发达国家城市规划中的公众参与实践表明，社会组织的参与更有助于提高公众参与的有效性。与分散的市民个人相比，社会组织在专业性、谈判能力等方面都具有无法比拟的优势。[②] 可以说，要想让广大市民的意见受到重视，形成"有组织的声音"，就必须充分发挥社会组织在城市规划公众参与中的作用，使他们以组织的形式参与规划过程成为可能。据此，需要采取以下几个方面的措施来破解当前社会组织发展及其参与城市规划所遇到的体制机制障碍。

第一，健全有关社会组织管理和参与规划决策的法律制度体系。一方面，在社会组织的管理上，应摒弃具有严格管控色彩的"双重登记管理"模式，建立具有扶持和鼓励导向的组织管理模式，为社会组织的良性发展创造宽松的法律制度空间。具体而言，有必要降低社会组织准入门槛，对于以为民服务为初衷而成立的社会组织可以直接适用登记制度，从而使更多具有公益性的社会组织能够获得合法的身份；此外，按照"经费自筹、人员自聘、活动自主"的指导原则，取消经费来源、人员聘用、税收等方面的不必要的限制条件，促进社会组织的社会化、

---

① Marc Schlossberg and Elliot Shuford, "Delineating 'Public' and 'Participation' in PPGIS", *URIA Journal*, Vol. 16, No. 2 (2005), p. 19.

② 参见王青斌《论公众参与有效性的提高——以城市规划领域为例》，《政法论坛》2012 年第 4 期。

民主化、自律化。① 另一方面，应完善《城乡规划法》及相关法律法规，将社会组织在城市规划公众参与中的地位、作用、参与方式与程序、决策与管理权限以法律形式确定下来，使社会组织能够名正言顺、有据可循地参与到城市规划决策中。②

第二，构建具有法律地位的常态化的城市规划公众参与组织。考虑到当前我国城市规划实践中，公众参与的广度和深度均有待进一步拓展，加强公众参与的组织机制建设，形成规范化、常态化的公众参与组织形式显得尤为重要。在不改变我国现行整体行政体系且不增设机构的前提下，可以推广一些地方城市治理领域的经验，如2012年南京市设立城市治理委员会、2013年广州市设立重大民主决策公众意见征询委员会制度，在市（县）层面构建城市规划公众参与委员会（以下简称委员会）这一公众参与组织，并明确其作为社会组织而非政府部门隶属机构的法律地位。委员会应面向社会公开招聘志愿者，由相关领域专家、规划专业人员、社会工作者、网络技术人员、市民代表、律师及媒体人士组成公众委员，由政府部门派驻代表作为公务委员，共同构成公众参与委员会。对于委员会的主要职责，宜将其定位为介入各地的城市规划项目，组织、引导公众参与规划，并在政府部门、公众、开发商和规划编制单位之间承担协调者的角色。③ 在社区层面的公众参与组织设立上，可借鉴域外经验，成立社区规划委员会，并借由法律法规获得规划主体的地位，负责代表居民与政府就城市规划的事项进行沟通。在城市规划的过程中，由该委员会组织居民对规划方案进行讨论，并向政府提交讨论结果，以供规划编制和管理参考，政府则应对居民的意见做出及时的反馈，并将合理的意见纳入城市规划的方案中。④

---

① 参见李鹰《行政主导社会治理模式之逻辑与路径——以行政法之社会治理功能为基点》，中国政法大学出版社2015年版，第129页。

② 参见殷洁、罗小龙《我国城市规划中 NGO 的发展与思考》，《规划师》2003年第1期。

③ 参见杨钦宇、徐建刚《社会组织主导下的规划公众参与模式设计》，《持续发展　理性规划——2017 中国城市规划年会论文集（14 规划实施与管理）》，2017年11月。

④ 参见陈洪金、赵书鑫、耿谦《公众参与制度的完善——城市社区组织在城市规划中的主体作用》，《规划师》2007年第 S1 期。

第三，给予社会组织有力的财政支持和税收优惠。既然政府已将一部分社会职能转交给了社会组织，那么为社会组织的正常运行提供充足的资金支持也是其分内之事。对此，政府在调整优化公共财政支出结构、提高公共服务支出比重的同时，应通过合同立项、委托管理、购买服务等方式，建立对社会组织的经费资助机制，并设立向社会组织购买服务的专项资金，分类制定社会组织财政补贴政策。① 此外，政府还应对社会组织在城市规划中的活动提供良好的税收待遇，如允许其开展以非营利为目的的社区发展项目咨询、社区服务、环境保护政策咨询和环境改造等活动，并给予部分或全部免税的政策。② 当然，要确保这些税收优惠政策的有效落实，就必须通过立法形式来划清社会组织的营利性活动与非营利性活动的界限，并出台统一的社会组织税收优惠政策标准。

（三）厘清专家与普通公众的参与事项

鉴于根据是否具备专业知识，可将公众分为专家和普通公众两类主体，按照参与事项的性质来选择参与者，应将专家作为技术性事项的参与者，而将普通公众归为涉及利益分配事项的参与者。但因城市规划本身兼具技术和利益属性，仅从规划行为的外在表现形式上难以区分出具体参与事项是属于技术性的还是利益性的，因而需要深入规划决策的内部加以考察。③

美国管理学家西蒙将决策的要素分为事实要素和价值要素：前者表现为对环境及环境的作用方式的某种描述，这种描述是否准确可以基于经验进行判断或通过实验加以验证；后者体现为管理者对某种事物的价值判断，不能以经验证明其判断是否正确。西蒙认为，两者的区别相当于目的和手段的区别，即出于什么样的目的而采取行动属于价值要素的问题，而为了实现这个目的采取什么行动最适当则属于事实要

---

① 参见李鹰《行政主导社会治理模式之逻辑与路径——以行政法之社会治理功能为基点》，中国政法大学出版社 2015 年版，第 130—131 页。

② 参见殷洁、罗小龙《我国城市规划中 NGO 的发展与思考》，《规划师》2003 年第 1 期。

③ 参见陈振宇《城市规划中的公众参与程序研究》，法律出版社 2009 年版，第 85 页。

素的问题。①

　　根据西蒙的理论分析城市规划决策过程，可以将技术性事项归入事实要素的范畴，因为技术性事项需要以客观的事实证明其是非，而利益性事项则属于价值要素的范畴，因为它更多地体现为个体的偏好或取向问题，在多数情况下没有真伪对错的标准。在城市规划中，规划目标的确定、规范方案的选择应归为利益性事项，在这些涉及价值判断的事项上，专家相较普通公众并无优势，所以当规划决策目的尚未明确且存在价值冲突时，让普通公众参与其中更有助于提升规划决策的理性；至于规划目标形成后具体方案的起草，则属于技术性事项，此类事项更适合专家的参与，因为在规划决策的基本价值和目标确定后，所需完成的任务就是对达成目标的具体手段进行选择和优化，普通公众由于缺乏相应的专业知识，其参与对促进规划决策的理性起到的作用十分有限。然而，这样的分类并不是绝对的，基于现实情况，有些技术性事项并不能排除普通公众的参与，如规划基础资料的调查虽然在本质上属于技术性事项，但是它却离不开普通公众的参与，因为普通公众可以为基础资料的收集提供必要的资讯。②

二　贯彻尽早和持续参与原则

　　参与的尽早性，即要求组织编制机关应尽可能地在规划草案形成前听取普通公众的意见。这是因为城市规划相比于其他行政行为，其特殊性在于可供选择的规划方案的多样性以及规划裁量空间的广泛性，一旦组织编制机关制定了规划草案，就算在规划确定程序中召开论证会、听证会，充分听取各方代表的意见，通常都很难对组织编制机关制定的草案做出实质性的修改，毕竟规划编制机关能够从不同的视角论证草案的正当性，先入为主的观念在人们认识事物的过程中一般起着主导性的影响。如果在草案的形成阶段就允许公众参与，则此时尚无成形的主导意见，公众不受先入为主的观念的影响，更容易集思广益，有助于提升规

---

　　① 参见［美］赫伯特·A. 西蒙《管理行为》（修订版），詹正茂译，机械工业出版社2007 年版，第49—64 页。

　　② 参见陈振宇《城市规划中的公众参与程序研究》，法律出版社2009 年版，第86 页。

划的科学性。① 此外，在规划编制之初就开展公众参与活动能够促使组织编制机关尽早知晓和考虑公众意见，各方利益主体也可以在平等协商和博弈的基础上及早地达成共识，减少规划争议。实践表明，如果普通公众能全程有效地参与编制规划，那么听证会中的意见分歧将会大大减少。所以，虽然按照《城乡规划法》的要求，征询公众意见的流程始于规划草案形成以后，但基于现实需要的公众参与应当提前至规划草案的形成阶段，这样才能适当扩充公众参与的事项范围，提升规划决策的质量。

在规划草案的形成过程中，除了规划方案的草拟环节应当保障普通公众参与的权利之外，在此之前的城市规划调查及基础资料收集、规划目标确定等环节中也需要设置相应的征求普通公众意见的程序。主要理由在于：一是对规划地块相关信息调查的过程中，仅凭规划师通过实地勘察、收集资料的方式获取编制规划的基本信息，可能会忽略一些重要的信息，而这些信息的获取有赖于当地居民的协助与配合，其所具有的地方性知识可以构成对规划师专业知识的补充。二是对于规划所欲达致的目标，不能仅依靠规划师从自身专业的角度加以认识和理解，还应当体现各方利益主体的意愿，特别是规划区域内居民广泛的诉求，只有让普通公众参与规划目标的确定，规划决策才能获得更多的民意基础。②

具体而言，编制阶段中，宜在以下几个主要环节设置公众参与程序（见图 5.1）。

其一，组织编制机关告知公众即将编制规划，通过多种途径搭建民意收集平台，开展民意调查活动，对各种途径收集来的民意进行录入、分类、统计和分析，为公众参与提供基础性、连续性的数据资料。

其二，组织编制机关从民意调查收集到的建议与意见中梳理出规划区域内居民关心的重点、热点、难点问题，邀请技术专家代表、政府部门代表、市民代表以针对这些问题共同参与咨询讨论，以确定规划编制的目标、思路与主要内容。

① 参见葛先园、杨海坤《我国行政规划中的公众参与制度研究——以〈城乡规划法〉相关规定为中心》，《法治研究》2013 年第 12 期。

② 参见陈振宇《城市规划中的公众参与程序研究》，法律出版社 2009 年版，第 83 页。

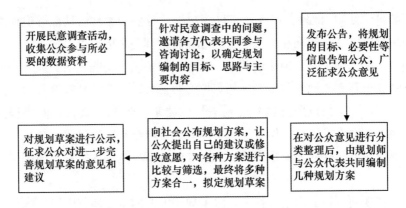

图 5.1　规划编制阶段中宜设置公众参与程序的主要环节（笔者自绘）

其三，组织编制机关正式做出编制规划的决定，通过多样化的形式发布公告，将规划的目标、必要性等信息告知公众，特别是新编规划可能涉及的利害关系人，让公众知晓规划内容与自身利益的关联，但不展示任何表达设计倾向的规划图纸，再通过各种途径广泛征求公众意见。

其四，在组织编制机关对公众意见进行分类整理后，由规划师与公众代表共同编制几种规划方案。

其五，组织编制机关向社会公布规划方案，让公众提出自己的建议或修改意愿，再根据公众的意见对各种方案进行比较与筛选，最终将多种方案合一，拟定规划草案。

其六，对即将上报审批的规划草案进行公示，征求公众对进一步完善规划草案的意见和建议。按照上述步骤编制规划，可以让普通公众有机会对未成形的规划草案发表意见，从而确保其对规划方案选择的可能性。

参与的持续性，即要求凡是适宜公众参与的城市规划事项，都应当允许普通公众的参与，不能留有空白。但为了确保城市规划活动的顺利进行，避免出现无限制、随意性的公众参与方式，并非所有的规划过程都可以安排普通公众参与规划决策，这就需要明确普通公众可参与事项的范围。一般而言，普通公众能够在参与程序中发挥作用，主要包括提供有关规划地块的信息、表达对于特定地块以及城市发展的预期等，对需要体现普通公众参与作用的事项均有必要安排其参与。不适宜普通公众参与的事项主要包括：涉及保密事项的规划编制，如城市人防工程的规划编制，以及纯属规划机关内部事务的规划决策事项，如规划行政主体对规划编制工作的启动。

就现有法律规定的公众参与规划事项而言，规划确定阶段的公众参与事项有待于扩充。如前所述，《城乡规划法》仅赋予专家群体对总体规划审查参与的权利，而对详细规划未提及任何公众参与的内容，这显然不符合参与持续性的要求。对此，可以参考德国和我国台湾地区的立法经验，引入规划确定裁决制度，将听取利害关系人和专家的意见作为规划确定裁决的必经环节。对于规划确定程序中的公众参与内容应在以下两个方面做出明确规定：一是利害关系人异议的提出和听证。利害关系人对规划有异议的，应在规划草案陈列或阅览期届满之日起 1 个月内以规定的方式向规划确定机关提出。异议期届满后，规划确定机关应当根据异议的提出情况，决定是否通知异议人、有关的行政机关参加听证。异议人要求听证的，行政机关应当组织听证。对于听证记录和材料，应作为行政机关做出规划确定裁决的重要根据。其中，听证记录中必须记明参与各方达成一致的意见以及存在的分歧等。二是听取专家意见。在规划确定前，规划确定机关应当咨询之前未参与规划草案论证的其他专家的意见，并对是否采纳其意见说明理由。[①] 除此之外，在《城乡规划法》中还需要增加规划实施阶段中公众参与事项以及就如何修改控制性详细规划听取利害关系人意见的事项。

三　健全规划信息公开制度

健全规划信息公开制度对于保障公众参与的有效性有着重要作用，公众只有在及时并全面了解相关信息的基础上才能发现规划中的问题并提出自己的意见。目前，我国现行法律对规划信息公开制度的规定过于原则化，使得城市规划实践中的信息公开流于形式，公众无法及时、充分地参与规划决策。笔者认为，需要从以下两个方面对我国规划信息公开制度予以完善。

其一，适当扩大规划信息公开的范围。从《城乡规划法》第 8、9、

---

① 参见王青斌《行政规划法治化研究》，人民出版社 2010 年版，第 191 页。

26、40、43、54 条对规划信息公开的要求来看，规划机关依法应当主动公开的范围包括经依法批准的规划、规划草案、经审定的修建性详细规划、建设工程设计方案的总平面图、依法变更后的规划条件以及对规划编制、审批、实施和修改的监督检查情况和处理结果。可见，现行法律规定的规划信息公开范围限于在规划草案形成之后的内容，对于规划草案形成之前的内容，如调查结果、规划目标、规划纲要、初步方案等重要信息，均未做出相应的公开要求。换言之，现有制度框架下的规划信息公开只局限于对某些特定阶段和环节中的规划内容的公示公告，并没有遍及整个规划运作过程。为了实现一种全面性、主动性的公众参与，信息公开机制应设置于规划的全过程。具体而言，法律应明确规定政府主动公开以下信息：（1）规划立项的说明书或建议书；（2）规划主管部门编制规划草案前展开基础调查的结果；（3）规划目标、规划编制的必要性、规划纲要、规划初步方案；（4）规划草案文本、规划草案的说明与相关文件资料以及展示规划草案的时间和地点；（5）公众对于草案的异议以及规划主管部门对于草案异议的声明；（6）规划主管部门的公共活动与决议；（7）规划组织编制机关和规划审批机关对公众异议的采纳情况；（8）规划审批机关做出不予批准决定的理由；等等。①

　　其二，合理选择规划信息公开的方式。规划机关应根据不同的规划层次和规划行为样态，采用最合适的公开方式以保障受规划影响范围内的公众能够及时知悉相关的信息。对于总体规划的草案编制，由于其内容相对抽象且受规划影响的人数范围不易确定，采用邮寄的方式公告相关的规划信息显然不可取，② 通过政府公报、广播、网站等媒体予以公告则较为合理。就控制性详细规划的草案编制而言，由于规划影响的人数相对有限，因此除了通过常用的报纸、电视进行公示或放置于各所在街道的行政管理机构等固定地点予以展示外，还可以选择将规划方案邮

---

① 参见董秋红《行政规划中的公众参与：以城乡规划为例》，《中南大学学报》（社会科学版）2009 年第 2 期。

② 参见王青斌《论公众参与有效性的提高——以城市规划领域为例》，《政法论坛》2012 年第 4 期。

寄给可能受规划影响的利害关系人，或者引导和提醒特定区域内的自身利益与规划方案有密切关联的居民和经营者参与登记，当规划进行公示时，以短信、微信等形式向用户发送公示信息。对内容更为具体、涉及人群范围更容易确定的修建性详细规划来说，可以选择将编制的草案放置在"人流量大、便于管理"的处所进行展示。在规划许可阶段，可以选择将建设工程规划设计方案公示的通知张贴到规划相关地块的每一个门洞。[①] 为了确保普通公众更好地理解公示的规划草案文本，规划编制单位还应提高规划公示材料的可读性，改变长期以来专业化过强的表达方式，以一种让广大市民能够看得懂的通俗化、简明化的形式进行讲解和说明。以详细规划的草案为例，在对其进行公示时，应先介绍详细规划在城市规划体系中的作用和地位、编制详细规划的思路原则、规划用地分类标准、高度分区的划定、有关专项设施尤其是公共服务设施在规划中的落实等，最后才介绍与社区各地块有关的建设指标。[②] 同时，也需要重视针对普通居民参与规划的专业培训和业务指导工作，通过成立相应的机构、保证相应的经费，促进规划知识普及和参与规划培训活动开展的规范化、常态化，从而提升公众参与规划决策的技能与水平。

四　合理选择征求公众意见方式

对于城市规划中征求公众意见的方式，《城乡规划法》没有严格的限定，只是笼统地规定为"论证会、听证会或其他方式"，但是对于在具体情形下应选择何种方式征求公众意见，以及如何保障征求意见的有效性没有做出详细的说明。在实践中，对于如何选择征求公众意见的方式，规划机关具有很大的自由裁量空间，采用较多的征求公众意见方式主要有问卷调查、网上投票、信访信箱、公众论坛、专家咨询会等，听证会、座谈会等方式因操作比较复杂、耗费的行政成本较高而没有得到普遍采用。若规划机关不考虑具体情形，一律选择成本较低但双向沟通

---

① 参见陈振宇《城市规划中的公众参与程序研究》，法律出版社 2009 年版，第 92 页。

② 参见刘洋《城市规划制定程序中的公众参与研究》，硕士学位论文，中国政法大学，2008 年。

效果较差的方式征求公众意见，则将会导致公众参与流于形式，无法起到实质性的作用。

从域外经验来看，城市规划实践中征求公众意见的方式呈现多样化的特征，主要包括问卷调查、邻里会议、公民投票、社会需求分析、公众质询、听证会、研讨会、说明会等。至于具体适用何种征求意见方式，同样未形成一套既定的标准，但规划行政主体开展参与活动时，须充分考量城市规划的内容与性质以及各种征求意见方式所具备的特点与优势，结合现实情况予以妥当选择。以美国的城市规划公众参与实践为例，地方政府通常会根据城市规划各个阶段公众参与的不同目的，选择差异化的方式来征求公众意见。① 在规划方案初拟阶段，公众参与的主要目的是向规划机构提供有价值的信息，该阶段的公众意见征求适合采用操作简便快捷、容易广泛收集信息的方式。当地政府通常将民意调查作为拟定规划方案的前置程序，市民也可以通过公众咨询委员会、街区规划委员会等民间组织机构向规划机构提出自己的建议。在规划方案选择阶段，公众参与的目的侧重于对公共政策进行评价、探寻规划编制中的争议点。在此阶段中宜采用有助于加强双向沟通、公共接触的公众意见征求方式，市民可以通过公众投票的方式或依靠媒介进行投票来表达对官方制定的规划方案的看法；借助于政府或私人机构提供的技术援助，市民可以在不同规划方案中做出自己的选择；若其对规划目标表示质疑，则可通过公众讨论会向规划机构提出异议。② 从规划方案形成后至提交市议会审批前，这一时段的公众意见征求大多采用处理特定利益能力较强、程序较为严谨的方式，力求达致解决问题、建立共识的公众参与目的，通常先要组织公众听证会，才能将最终的规划方案交由城市议会规划委员会审阅，再由相应的议会对其进行审查表决。进入规划审查审批阶段后，也需举行公众会议，听取公众意见。在规划反馈阶段，规划部门大多通过设置咨询中心、电话热线来及时回答、听取市民提出

---

① 参见罗间、孙斌栋《国外城市规划中公众参与的经验与启示》，《上海城市规划》2010 年第 6 期。

② 参见陈振宇《城市规划中的公众参与程序研究》，法律出版社 2009 年版，第 87—88 页。

的问题、建议。①

　　尽管我国现有的法律规范对城市规划中征求公众意见的方式规定得相对模糊，征求意见方式的具体适用受法律制度的硬性约束较小，但这并不意味着规划机关可以随意选择征求公众意见的方式。针对征求公众意见方式缺乏明确的操作规程的现状，有必要在借鉴域外有益经验、立足于国内开展公众参与活动的实际情况的基础上，出台公众参与城市规划的实施细则，就不同类型的规划、同一类型规划的不同阶段以及参与事项如何选择最有效的方式来征求公众意见做出相应的指导与规范。这样，既能够保证可供选择的征求公众意见方式的多样化，又有助于对规划机关根据不同个案行使的自由裁量权予以合理约束。

　　首先，应根据不同类型规划的特点，对其所适合采用的公众意见征求方式进行考量。对内容较为宏观的总体规划来说，宜采用以各方利益代表参与为主的方式，如公共论坛、公众咨询委员会等。而对于内容较为具体的详细规划，特别是修建性详细规划，适合采用利害关系人直接参与、程序比较严谨的方式，如听证会、座谈会等。

　　其次，需要借鉴域外的经验，结合规划各阶段公众参与的不同目的，对同一类型规划在不同阶段中所宜适用的征求公众意见方式加以明确。比如，在规划方案形成以前，公众参与的主要目的在于为组织编制机关提供有价值的信息，适当采用民意调查、网上投票等操作，较为方便、快捷，并且能够广泛收集信息；在规划方案形成以后，公众参与的目的集中于特定利益诉求的表达，此时需要选择处理特定利益能力较强的方式，如公众讨论会、座谈会、听证会等。

　　最后，应基于同一类型规划不同事项的参与要求，确定相应的征求公众意见的方式。具体而言，对于需要经过专业人士论证的技术性事项，如规划草案的审查、规划实施的评估、项目环评等，宜采用论证会、专题研讨等方式征求意见；而对于涉及不同主体之间利益分配的事项，如关系他人重大利益的许可事项、规划修改的程序启动、规划修改方案的选择，采用公众讨论会、听证会等方式，更有利于各方主体之间

　　①　参见王华春、段艳红、赵春学《国外公众参与城市规划的经验与启示》，《北京邮电大学学报》（社会科学版）2008 年第 4 期。

交换意见。

此外，对于《城乡规划法》第26、46条分别就规划草案编制的意见征询和规划实施情况评估规定的"其他方式"，以及第50条就修建性详细规划修改方案的意见征询规定的"听证会等"，在可选择的征求意见方式范围上也有待进一步明确。考虑到该法第26、46条明确将"其他方式"与"论证会、听证会"并列规定，对这里的"其他方式"，宜理解为避免列举不全而做的概况式规定，按照这一规定，并不意味着规划机关可以在除论证会、听证会之外的方式当中任意选择，而是应采用类似于论证会、听证会的一种严格方式，如座谈会、公众讨论会等。同样地，对于该法第50条规定的"听证会等"当中的"等"也应理解为类似于听证会的形式，相比于修改控制性详细规划，修改修建性详细规划具有更明显的具体行政行为的特征，其与利害关系人的切身利益关联程度更高，必须赋予利害关系人更多的话语权，保证各方意见能够得到充分的交锋和协调，所以适用听证会和类似听证会的方式属于羁束性规定。

五　增强听证会运行的实效

虽然《城乡规划法》等法律规范对规划的编制、实施与修改的过程明确规定了听证程序，但保障听证会运行的一系列程序内容却付诸阙如。在实践中，听证会的举行往往流于形式，不仅不能有效发挥其民主参与公共治理、保障利害关系人权利的应有功能，反而为行政机关的恣意行政披上了合法化与正当化的外衣。① 对此，为提升听证会运行的效力，应从以下几个方面就城市规划公众参与程序中适用的听证会制度进行完善。

其一，厘清适用听证会的情形。作为程序法的核心，听证对行政民主、法治、保障人权的作用愈加突出，但听证会的召开通常要花费较大的行政成本，从节省成本的角度考虑，应对其适用范围进行合理的限定。根据《城乡规划法》及《环境影响评价法》《行政许可法》相关的规定，法定的适用听证程序的事项包括：（1）各层次规划草案拟定完

---

① 参见莫于川主编《行政规划法治论》，法律出版社2016年版，第204页。

成后、报送审批前的意见征询；（2）对可能造成不良影响并直接涉及公众环境权益的专项规划的环境影响评价报告书草案的意见征询；（3）总体规划的定期评估；（4）法律规范明确规定、其他涉及公共利益的重大行政许可事项；（5）直接关系他人重大利益的行政许可事项；（6）对环境可能造成重大影响、应当编制环评报告的建设项目环境影响评价报告书草案的意见征询；（7）修建性详细规划修改方案的意见征询。从法律对上述事项的表述来看，可以将应当适用听证会的情形归纳为以下两类：一是对利害关系人权益有重大影响；二是涉及公共利益。实际上，在法律明文规定适用听证会的具体情形之外，此项制度仍有适用的空间，考虑到规划的确定是规划具有约束力、影响公共利益和个人利益的前提，听证应成为规划确定程序的必经程序。①

当然，城市规划运作的整个过程并非都适合采用听证会的形式来吸纳民意，如在规划方案草拟之前的城市规划调查及基础资料的收集、规划目标确定等环节中不宜适用听证程序，因为其涉及的公众数量相对较大，且尚未直接触及公共利益和私人权益的调整，各方利益主体之间的矛盾争议也未凸显，若采用听证会或类似于听证会的形式，不仅会耗费大量的行政资源，而且难以起到促进各方达成共识的效果。

即使在宜适用听证程序的规划编制或修改的过程中，也并非所有类型的规划或同一类型规划的所有内容均有必要采用听证会的方式来征求公众意见。听证会这种参与方式的优势在于解决由某些特定利益分配引起的纠纷，并不适合协调和处理大量的不同看法。所以，相比于大范围进行布局和结构调整的规划修改，只涉及个别利益争议的针对一个或几个地块土地利用性质、容积率、道路走向等指标的规划调整更适合以听证会形式听取意见；相比于总体规划的编制，会对特定区域内个人和组织利益产生直接影响的详细规划编制更适合采用听证会制度；相比于控制性详细规划的编制，对将要建设的地区做出更为细化安排的修建性详细规划编制更适合采用听证会制度。据此，政府在选择公众参与的方式时，应着重考虑规划事项对利害关系人乃至公众权益的影响大小以及引发冲突的风险程度。就控制性详细规划而

---

① 参见王青斌《行政规划法治化研究》，人民出版社 2010 年版，第 168 页。

言，并非每项内容都有明确、直接的利益指向，因而不是所有内容都适宜作为听证会的主题。比如，对土地使用强度、土地兼容范围的控制以及对城市特色与环境景观的界定就对特别区域内居民权益影响甚微，所以这些事项不必适用听证会程序；而土地用途、道路交通布局、工程管道走向等事项的改变则会对利害关系人的权益产生较大的影响，故其有适用听证会的制度空间。另外，如果控制性详细规划的事项涉及重大的公共利益，如城市重点地段的设计、重大基建工程的规划等，也有举行听证会听取各方代表意见的必要性。

其二，合理划定听证参与者的范围。参与听证的主体范围狭窄、部分主体难以参与听证等是当前听证会运行效果不佳的原因之一。为增强听证会运行的实效，在确保切身利益会因规划增加或减损的个人和组织能够参与听证的同时，也要顺应参与听证公众范围日渐扩大的当代行政法发展趋势。换言之，除了赋予利害关系人参与听证的权利之外，还有必要吸纳一定数量的其他公众参与听证，即为保障城市规划决策的科学性，应当安排一定数量的专家参与听证，而在听证事项涉及公共利益的情况下，还需要吸收一定数量的热心市民、公益组织参与听证。当听证事项涉及的范围较广、有权参与听证的个人和组织数量较多时，考虑到召开听证会的成本和听证会运行的效率，有必要将听证会的参与者数量限定在合理的范围之内。这要求一方面应优先安排利益受规划直接影响者以及受影响较大者参与听证，同时也可以引入代表人制度，即由他人代表其参与听证。[①] 在实践中，规划区域内利害关系人数量的确定需要视个案具体情况而定，但参与听证的利害关系人比例不应少于听证参与者总数的 1/3。另一方面，为了避免听证机关在选择听证参与者时有倾向性，如对修改控制性详细规划的必要性举行听证会时选择赞同修改的参与者，在有权参与的主体人数较多的情况下，有必要引入听证代表的遴选机制，以保证各方利害关系人的力量的均衡性。[②] 在对听证代表进行遴选时，需要重点考虑以下

---

① 参见王青斌《论公众参与有效性的提高——以城市规划领域为例》，《政法论坛》2012 年第 4 期。

② 参见王青斌《论公众参与有效性的提高——以城市规划领域为例》，《政法论坛》2012 年第 4 期。

几个方面的因素：（1）其是否受规划行为的影响；（2）其是否介入规划行为过程；（3）其是否为可能从规划行为中直接受益的个体；（4）其是否具备参与规划听证的能力和经验。[①] 基于对上述因素的考量，应在众多有权参与听证的人员当中选择热心公众参与、对规划方案有一定认识基础、对各方利益群体具有代表性的人士组成听证代表，保障其有效有序地参与到规划听证的过程中。

其三，规范听证主持人的选任。听证主持人在听证中享有启动程序的权限，因而确保主持人的中立性以及具备足够的能力主持听证会非常重要。只有让符合中立性的人担任听证主持人，才能保证参与听证会的主体，包括规划编制机关、开发商、规划区域内的居民和经营者等，均能受到不偏不倚的对待。基于中立性的要求，与听证事项有明显的利害关系、可能影响听证公正性的人，如听证陈述人及其代理人、近亲属等不应作为听证主持人。鉴于规划编制机关作为参与听证的一方主体，与听证事项存在密切的利益关联，其内部工作人员不应担任听证主持人否则就有违反"任何人不得为自己的法官"原则的嫌疑。例如，在英国，地方规划编制过程中举行的听证会就由内阁环境大臣任命的规划监察员（planning inspector）主持，规划督察员根据双方陈述的证词和提供的证据，提出是否需要修改以及如何修改规划草案的书面建议。[②] 至于听证主持人是否可以由规划审批机关的内部工作人员来担任，则存在一定的争议，国外也有不同的立法例。目前，我国的城市规划听证会一般都由规划主管部门的内部人员主持，其程序的中立性存在瑕疵。一般而言，规划主管部门的工作人员对听证会涉及的问题有着深刻和广泛的认识，能够高效地处理相关事务；而由独立于规划部门的人员担任主持人，虽可以保证中立性，但其缺乏足够的专业知识来处理听证中遇到的疑难问题。笔者认为，为兼顾对听证主持人的专业性素养和中立性角色的要求，可以由各级人大或其常委会选派的具有城市规划知识和法律知识的

---

① 参见裴娜《城乡规划领域公众参与机制研究》，中国检察出版社 2013 年版，第 209 页。

② 参见黄鹏举《制定我国城市规划听证制度的研究》，硕士学位论文，四川大学，2004 年。

人大代表主持听证会，虽然人大是城市规划的审议机关，但人大代表作为法定的人民利益代表者，其中立性显然高于规划部门委派的代表。此外，按照目前的立法规定，人大对规划的监督与审查是作为城市规划公众参与的有效方式存在的，因而以人大代表作为听证会主持人也有一定的法律依据。[①]

其四，明确听证笔录的法律效力。根据案卷排他规则，经过听证而做出的规划决策必须以听证笔录中的事实与理由为依据。若规划决策是根据听证笔录以外的事实和理由做出的，那么这种材料可能未经参与者认可和证实，甚至参与者可能根本不知道这种材料的存在，这实际上等于剥夺了参与者的听证权，使听证活动流于形式。[②] 在我国城市规划公众参与的基本制度框架下，只有《行政许可法》中有关听证程序的规定体现了案卷排他规则的要求，而城市规划的本体法则没有对听证程序中案卷排他规则加以规定。在实践中，听证笔录所记载的事实与理由往往得不到优先考虑，听证笔录对规划决策结果的有效性只能形成"软约束"。按照美国行政程序法的规定，听证决定只能在听证笔录的基础上做出。作为一项从域外引入的现代行政程序法核心制度，我国规划决策的听证制度只保留正式听证制度的躯壳，而摒弃了该制度的核心部分——案卷排他规则，使其沦落为一种非正式听证机制。从某种意义上讲，"只有当参与者试图影响现在或未来的实体结果时，参与才有意义"[③]。为了保证参与结果的有效性，我们应在城市规划本体法中将听证笔录明确规定为规划决策的依据，即规划机关做出决定结论只能以案卷为根据，不能以案卷之外的当事人所未知悉和所未论证的事实为根据，使之从形式要求上升为实质要求，确保公众特别是利害关系人在规划机关做出对自己不利的决定时能够有效参与该决定的做出，从而维护

---

① 参见钟澄《城市规划编制过程中的听证会设计》，《行政与法》2012 年第 9 期。

② 参见王锡锌《行政程序法的理念与制度研究》，中国民主法制出版社 2007 年版，第181 页。

③ Martin H. Redish and Lawrence C. Marshall，"Adjudicatory Independence and the Value of Procedural Due Process"，*The Yale Law Journal*，Vol. 95，No. 3，January 1986，p. 487.

自身的合法权益。①

六　构建理性化的公众参与意见回应机制

当前公众参与城市规划实践中，普遍存在公众参与积极性不足的问题，这在很大程度上是由规划主管部门对参与者意见的反馈缺位造成的。参与者特别是与规划决策有密切利益关联的人通常都会对本次参与的有效性做出自我评判。其中当然会受意见是否顺利表达、建议主张是否真实表达等因素影响，但更为关键的是意见的采纳情况以及理由的说明。② 可以说，公众对城市规划方案提出的意见多是基于自身利益而做出的"防御性保护"，政府若是对提议者的意见不予正式回应，即使在最终的决定中采纳了其意见，其也会以"运气"来解释，未必会觉得自己的提议确实受到了重视，其参与下一次规划决策的热情会因此减少。③ 对此，必须建构理性化的公众参与意见回应机制，为保障参与者与决策者之间的顺畅沟通提供规范性的框架。这样，通过对公众意见进行及时、公开、透明的处置，能够使公众清楚地知悉自己提出的意见是否被重视以及是否产生了一定的效果，从而避免对公众参与规划决策的兴趣减弱，或者因不信任公众参与的正式途径而采用其他方式给政府施加压力。

在该机制的具体构建上，需要注意以下几个问题。

其一，回应的内容应尽可能全面。说明的理由是否充分是公众判断参与效力的关键，即使意见未被采纳，但理由是可以被接受的，公众仍将认可参与的有效性。这要求规划主管部门认真对待公众参与规划过程中提出的意见以及提供的事实与证据，对每项公众提出的意见都进行登记，并安排专人负责意见的分类、整理、归纳和分析，在对其收集到的公众意见进行反馈时，对所有参与意见的采纳情况，都应

①　参见吴克强《公众参与行政决策制度之程序机制设计》，《湖南工业大学学报》（社会科学版）2013 年第 3 期。

②　参见裴娜《城乡规划领域公众参与机制研究》，中国检察出版社 2013 年版，第 210 页。

③　参见胡童《论利益保障视域下城市规划中的公众参与——基于德国双层可持续参与制度的启示》，《河南司法警官职业学院学报》2012 年第 2 期。

当对参与者予以回复，不能只限于采纳的意见，对未采纳的意见更有予以回应的必要性。此外，回应不能只是简单地说明是否采纳，必须清晰、准确地说明全部的理由，包括是否符合法律法规规定和强制性要求标准、是否符合基本事实、是否属于有利于改进设计方案的合理化意见或建议等，并将市民意见、建设单位意见及规划主管部门的意见附随说明理由一并归档，以备公众日后查阅。当组织编制机关将规划方案报送审批时，也必须在报送审批的材料中附带一份解释文件，向规划审批机关说明规划的进展状况、意见采纳情况以及不采纳意见的具体理由。

其二，回应的主体不限于提出主体。规划主管部门对某一意见的回应应当向所有参与者公开。未提出意见的主体可能也是意见的受益者，哪怕是与该意见并无直接的关联，但由于其参与了规划过程，因此对于规划过程中的公众意见也享有知情权。①

其三，合理确定公众参与意见的回应方式。目前，相关法律尚未就规划主管部门应采用哪些方式回应公众意见做出相应的规定，仅有个别地方的行政规范性文件明确了回应公众意见的方式。例如，根据《上海市建设工程设计方案规划公示规定》（沪规划资源规〔2019〕2号）第10条规定，对无法采纳或难以采纳的公众意见或建议，规划管理部门应当向提议人书面告知说明，或采用听证会、现场公告等方式予以告知，作为公众意见处理结果的反馈意见可以在第五条所规定的场所公布，也可以委托建设工程所在地的街道办事处、乡镇人民政府组织召开会议公布。为了加强对规划机关履行回应公众意见之义务的规范，有必要在法律层面上根据具体情形来确定回应公众意见的方式。具体而言，规划主管部门在对公众意见进行审议后，应将审议结果以邮寄送达、现场公告、网站发布、情况通报会等形式告知所有参与主体。如果意见不被采纳，必须正式答复并说明理由，还可以针对相关理由，组织规划编制单位代表、建设单位代表、居民代表、专家学者进行多次讨论和辩论，对公众提出的质疑给予进一步的解答。对于专业性较强或各方分歧

---

① 参见裴娜《城乡规划领域公众参与机制研究》，中国检察出版社2013年版，第211页。

较大的意见，抑或是某些具有代表性的共性问题，则可以由规划主管部门与建设工程所在地的街道办事处或乡镇人民政府、建设单位共同通过听证会、新闻发布会、专题讨论会等形式向社会公众做出详细的解释；对于其他意见，可先对其进行分类处理，选择其中合理的部分加以采纳，及时排除明显不合法或不合理的意见，然后决定通过报纸、网络、现场公告等渠道做出答复，并告知查询意见处理结果的场所或网络平台，确保公众可以在正常工作时间前往查询或直接登录网址查询。

其四，明确对公众参与意见不做出回应的法律效力。若规划主管部门不对公众意见做出任何答复，则可以认定该规划决策程序存在重大瑕疵，经由上级机关予以撤销，责令其重新做出该规划决策行为。①

---

① 参见吴克强《公众参与行政决策制度之程序机制设计》，《湖南工业大学学报》（社会科学版）2013 年第 3 期。

第六章

城市规划利害关系人权利的救济

　　"有损害必有救济"是现代行政法治的基本要求。救济的前提是存在侵害公民、法人和其他组织合法权益的公权力行为。由于城市规划兼具抽象行政行为与具体行政行为的性质，伴随我国社会经济发展和城市化进程推进，城市规划侵权通常会呈现出类型多样、范围广泛、影响深远的特点，因此建立有效的多渠道救济机制来补救利害关系人遭受损害的权益，实现权力与权利之间的平衡势在必行。

　　城市规划侵权的类型多样体现为：城市规划制定、实施、变更或废止过程中的多个环节都有可能给利害关系人的权益带来不利影响，这其中不仅涉及财产权、人身权、住宅权、自由权、环境权等实体权利的保障，也关系到知情权、表达权、听证权、申请权等程序权利的实现。规划的编制可以看作是调整公民和社会团体权利义务的先导性行政行为，在这一过程中编制的规划草案即有可能会做出不利于特定群体的利益分配，但因此时规划造成的影响是不确定的，在规划编制阶段更多地需要依靠事前、事中的公众参与和行政监督程序保障各方群体的权益，而非采用诸如行政赔偿、行政补偿等事后救济措施。当规划方案通过审批成为法定文件时，在一定程度上可视为对未来权利义务关系的设定，若涉及具体地块的用地性质和功能的改变，则会对利害关系人权益构成直接限制，如规划建设一个机场，将导致该地块其他用途被禁止，使土地丧失原有的利用价值。在规划的实施过程中，规划许可证的核发意味着赋予了被许可人开展建设活动的资格和权利，被许可的建设项目往往会对相邻关系人的日照采光通风权益产生一定的影响，同时依照规划许可建设的垃圾站、变电站、公共厕所等邻避设施也有可能对周边居民的环境权益构成侵害。当规划发生调整时，既有可能使原规划许可无法继续有效实施，从而给被许可人带来土地出让金的损失或建设工程建造成本的损失，也有可能导致建设工程设计方案的修改，由此给潜在业主或相邻关系人的信赖利益造成损害。

城市规划侵权的范围广泛、影响深远表现为：一方面，城市规划行为涉及的利害关系人范围较广。以控制性详细规划的变更为例，规划区域内的开发商、小区业主、拆迁户、土地使用权人乃至规划区域外的相邻权人，他们的权益都可能受到规划变更直接或间接的影响。另一方面，若城市规划侵权的问题得不到妥善解决，则很可能引发严重的后果。近年来，因城市规划引起的土地征收、房屋拆迁成为社会矛盾的焦点。由于受到侵害的权利无法得到及时的补救，一些受害人采取了极端的手段来维权，进而增加了社会不稳定因素。

从现有的城市规划权利救济机制来看，长期存在救济渠道不畅、救济力度薄弱的缺陷，使其及时纠正违法或不当的规划行为、补救利害关系人受损权益的作用无法得到充分发挥。比如说，相比于一般行政行为的救济，城市规划的救济并不完全为事后的救济，因为规划是一种面向未来的指引，在其制定或修改的阶段就有可能对利害关系人的权益构成潜在的危害，若不给予利害关系人及时申请救济的机会，一定要等到该规划实施后，损害结果已经产生的时候，才启动救济程序，则会给其权益造成难以弥补的损失。但因城市规划制定或修改产生的文本不涉及规划的具体实施程序，其一般被归为抽象行政行为，囿于法定受案范围的限制，受害人不能对经审定批准过的规划文件直接提起行政复议或行政诉讼，只能在对规划许可等后续的具体行政行为提出复议或诉讼时，请求一并审查规划文件的合法性，显然不能及时补救受害人的权益损失。基于此，需要在充分考虑规划救济的特殊性和复杂性的基础上，建立畅通"以行政复议、行政诉讼为主，以人大监督、规划督察、行政申诉等其他途径为补充"的多元化救济途径，并对规划行为造成的侵害结果采取有效的补救措施，最大限度地避免侵害结果造成持续的不良影响。

本章所研究的"城市规划权利救济"在范围上限于法律层面的公力救济制度，不涉及私力救济方面的内容，其具体内容不只是对利害关系人遭受的损害结果给予补偿或赔偿，还包括对规划运行过程中配置社会资源不公平和侵害合法权益的行为进行制止与纠偏，是一个相对完

整、系统的权利救济体系。本章主要就如何完善城市规划利害关系人权
利救济机制进行探讨，先逐一分析我国现有的城市规划利害关系人权利
救济途径，比较各种途径的优缺点，阐明其对于城市规划利害关系人权
益救济所应有的作用，然后在借鉴国外先进经验的基础上，针对如何完
善城市规划利害关系人权利的救济途径进行阐述，最后就怎样构建相应
的行政赔偿与补偿制度来对规划侵权行为造成的损失予以弥补展开
论述。

第一节　城市规划利害关系人
权利的救济途径

建立城市规划救济机制的目的在于使利害关系人遭受损害的合法权
益得到恢复或补救，因此必须明确当利害关系人的合法权益受到城市规
划行为侵害时，有哪些救济途径可供其选择。以救济主体作为标准，城
市规划利害关系人的救济途径可分为权力机关救济、行政机关救济与司
法机关救济。

一　权力机关救济

权力机关救济，又称为国家代表机关的救济或者立法机关的救济，
是指国家权力机关对不当的或违法的城市规划行为的矫正。在我国，特
指各级人民代表大会及其常委会对不当的或违法的城市规划行为的矫
正。① 我国各级的行政机关都是由同级人民代表大会产生，并要向同级
人民代表及其常委会负责报告工作，这是我国权力机关救济的宪政
基础。

《宪法》第 67、104 条，《地方各级人民代表大会和地方各级人民
政府组织法》第 8、9 条，以及《各级人民代表大会常务委员会监督
法》第 30 条均明确规定各级人大及其常委会有权撤销同级人民政府不
适当的决定、命令。只要利害关系人认为城市规划行为存在违法或不适

---

① 参见莫于川主编《行政规划法治化》，法律出版社 2016 年版，第 215 页。

当的情形，就可以向有关人大及其常委会反映情况。当人大常委会认定同级行政机关制定的城市规划确有违法或不当的情形时，即可对其予以撤销。这主要分为两种情形：一是对于不必经过上级机关批准即可生效的城市规划，如城市人民政府城乡规划主管部门组织编制的重要地块的修建性详细规划，同级人大常委会可以直接撤销该规划。二是对于在编制完成后需要经过上级机关的批准才能生效的城市规划，如城市人民政府城乡规划主管部门组织编制的控制性详细规划，应当由批准机关的同级人大常委会来进行处理。批准机关的同级人大常委会不必直接撤销违法或不当的城市规划，可以撤销同级行政机关的批准决定，此时城市规划自然失去了效力。此外，还有一种特殊情况是有些城市规划在报请上级行政机关批准前要经过同级人大的同意。例如，《深圳市城市规划条例》第14条第3款规定："全市总体规划草案由市人民政府提请市人民代表大会或其常务委员会审查同意，并经广东省人民政府审查同意后，报国务院审批。"如果此时规划编制机关的同级人大常委会发现城市规划存在违法或不适当，可以撤销自己先前针对规划所做出的"同意"，并建议批准机关撤销批准，那么由于批准的前置"同意"已被撤销，上级机关的批准就会失去法定程序上的合法性基础，批准机关应该撤销批准决定，如果不撤销，该人大常委会可以建议批准机关的同级人大常委会予以撤销。[1]

　　同时，依据《各级人民代表大会常务委员会监督法》第8、9条的规定，各级人民代表大会常务委员会每年选择若干关系群众切身利益和社会普通关注的重大问题听取本级人民政府、人民法院和人民检察院的专项工作报告，而人民群众来信来访集中反映的问题以及社会普遍关注的问题都在议题范围之内。近些年来，随着大规模的旧城改造和新城建设开展，城市规划过程中的许多纠纷都成为公民来信来访集中反映的问题。因此，在符合该条规定的情况下，地方人大常委会可以采取听取专项工作报告的方式来解决城市规划中的突出问题。考虑到城市规划涉及面广，而人大常委会民主性强，可以为矛盾纠纷的解决和公民权利保障

---

[1]　参见郭庆珠《行政规划及其法律控制研究》，中国社会科学出版社2009年版，第268页。

提供较好的出路。①

不容忽视的是，现有的权力机关救济途径仍存在诸多不足之处。主要体现在以下三个方面：其一，能够通过权力机关的监督得到有效矫正的城市规划行为在范围上比较有限。权力机关有权审查并予以撤销的违法或不当的城市规划行为一般限于可归入行政规范性文件范畴的城市规划文本。对于具体的规划实施行为的矫正，权力机关只能通过处理公民的申诉和控告，以提出处理建议的方式，责成有关部门处理或自行调查来实现，而不能直接否定该行为的效力。其二，权力机关的监督权威并未彰显。从法理上讲，人大监督是最权威和最高层次的监督。但在现实的政治生活中，地方人大对"一府两院"的监督较为有限，缺乏经常性和权威性。② 一方面，由于权力过分集中、党政不分、以党代政的现象仍普遍存在，地方人大监督在很大程度上被同级党委所左右，其在开展监督工作时往往放不开手脚。另一方面，因同级政府掌握着人大各个部门的活动经费、工资、福利和津贴等，地方人大缺乏独立的财权，也导致其无法对同级政府机关进行有效的、实质性的监督制约。③ 上述情况的存在显然不利于地方人大监督功能的发挥，在很大程度上使其监督职能虚化和弱化。其三，人大监督程序的法律规定不够具体明确，监督刚性不足。长期以来，有关人大监督的法律规定多以实体为主，对监督的权力、职责规定得较多，对如何行使权力、履行职责的程序规定得较少。例如，《各级人民代表大会常务委员会监督法》第 8 条只是笼统地规定了各级人民代表大会常务委员会每年选择若干关系群众切身利益和社会普遍关注的重大问题听取本级人民政府、人民法院和人民检察院的专项工作报告，但对于如何确定"重大问题"则缺乏明确可行的操作程序规定。此外，该法也没有规定当同级政府对地方人大常委会就专项工作报告提出的审议意见未做出研究处理或未执行地方人大常委会对专项工作报告做出的决议时，应承担哪些法律责任。可以说，监督程序规定的粗疏，在很大程度上影响了相关法条的可操作性，导

---

① 参见郭庆珠《行政规划及其法律控制研究》，中国社会科学出版社 2009 年版，第 267—268 页。

② 参见詹国彬《刍议人大监督机制的改革与完善》，《福州党校学报》2004 年第 3 期。

③ 参见孔令路《我国地方人大监督机制存在的问题与完善路径》，《学理论》2014 年第 35 期。

致权力机关的救济缺少一个稳定的运行机制，充满了随意性。[1]

二　行政机关救济

在我国，行政机关救济是指利害关系人对行政行为不服，提出申请对其采取变更、撤销的裁决，由受理的行政机关对被申请的行政行为进行合法性和合理性审查并做出决定的过程，其主要法律依据为《宪法》第89、108条和《国务院组织法》第10条。

现有的制度化的行政机关救济途径主要为行政复议。城市规划中的行政复议是指城市规划的相对人或相关人认为城市规划机关做出的规划行为侵犯其合法权益，而依法请求行政复议机关重新审查该规划行为是否合法、适当，并做出具有法律效力的决定来化解行政纠纷的活动。换言之，城市规划机关在行使职权过程中，利害关系人认为其做出的城市规划行为侵害其合法权益时，可以依照《行政复议法》第2、6条的规定向有复议权的行政机关提出复议申请，由该行政机关对引起争议的规划行为进行审查，并依据审查结果对原规划行为做出维持、限期履行、变更、确认违法或撤销的复议决定。可以说，行政复议是一种比较正规、广泛通行、适用面较宽且弹性较强的行政机关救济途径，也是一种比较特殊的行政行为，即行政司法行为，其实用性和有效性已在实践中稳定地表现出来。[2]

但在城市规划侵权的救济中，行政复议制度仍存在一些不完善之处。主要体现在以下两个方面。

第一，《行政复议法》规定的审查范围是闭合的列举型而非开放型，相当一部分城市规划行为不在行政复议的审查范围之内。《行政复议法》第6、7条通过正向列举和反向列举的方式规定了复议范围，行政复议的对象是具体行政行为，复议机关可附带审查该具体行政行为的依据，但规章及其他效力等级更高的规范性文件除外。按照学界通说，利害关系人可以针对实施规划的具体行政行为，如规划许可行为，提起行政复议，而政府制定或变更城市规划行为被视为一种抽象行政行为，

---

[1] 参见薛侃《人大监督的规范化走向》，《福建法学》2008年第4期。

[2] 参见莫于川主编《行政规划法治化》，法律出版社2016年版，第219页。

并不在行政复议范围之内。至于利害关系人在申请行政复议时，能否一并向复议机关提出对城市规划文件的审查申请，需要从城市规划文件的性质入手进行分析。就城市规划文件的性质而言，总体规划和详细规划中的强制性内容对私人权益均具有拘束力，在法律效力上不同于行政内部规定，在制定主体上也不同于地方政府规章；与一般的"其他规范文件"相比，城市规划同样具有特殊性，其主要针对的是土地、空间与建筑的布局与安排，而不是直接设定公民的权利义务。因此，宜将城市规划定位为特殊的"其他规范性文件"，当利害关系人认为它们是被申请复议的城市规划具体行政行为的依据，且其本身不合法时，可依据《行政复议法》第 7 条的规定，在对该行政行为申请行政复议的同时，请求行政复议机关一并审查城市规划文件的合法性。① 囿于行政复议受案范围的限制，利害关系人不能直接对城市规划文件提起复议，只能在对实施城市规划的具体行政行为提出复议时，请求复议机关附带审查作为该行政决定依据的城市规划文件，此时利害关系人因城市规划而造成的权益损害可能已经无法得到弥补了。

第二，城市规划行政复议机关缺乏独立性。根据《行政复议法》第 12 条的规定，城市规划复议机关主要包括两类：一是做出实施城市规划的具体行政行为的行政主体的上一级主管部门；二是做出实施城市规划的具体行政行为的行政主体所属的本级人民政府。需要注意的是，在对城市规划文件进行附带审查时，作为复议主体的城乡规划主管部门是否有权处理下一级政府审批的城市规划文件实际上是存在争议的。依据《城市规划法》的相关规定，作为建设项目依据的法定规划的审批主体均为县级以上人民政府。同时，根据《地方各级人民代表大会和地方各级人民政府组织法》第 73 条第 3 项的规定，县级以上的地方各级人民政府行使"改变或者撤销所属各工作部门的不适当的命令、指示和下级人民政府的不适当的决定、命令"的职权，这意味着地方政府的行政规范、行政规定应当由上一级人民政府受理。由此可见，对于行政复议对城市规划文件的附带审查，受理机关应报上级人民政府进行审查，而上一级人民政府的城乡规划主管部门则无权受理下一级地方政府所批

---

① 参见莫于川主编《行政规划法治化》，法律出版社 2016 年版，第 280—281 页。

复的相关法定规划。① 就复议机关的独立性而言，无论是由做出实施城市规划的具体行政行为的行政主体的上一级主管部门，还是该行政主体所属的本级人民政府，抑或是其上一级人民政府来受理被申请的规划行为，均难以保证复议机关的中立性与公正性，因为复议机关与被申请复议机关的工作联系和利益联系通常较为紧密，甚至被申请复议的城市规划行为在做出前有可能已向复议机关请示或汇报过，这无疑会导致行政复议外部救济的内部化，在一定程度上制约了行政复议功能的正常发挥。

除了行政复议外，城市规划利害关系人可选择的行政机关救济途径还有规划督察、行政申诉。规划督察属于行政监督检查的一种形式，是一种科层制结构中的派出监督，其借鉴于英国规划督察制度。相比于行政复议和行政诉讼，规划督察重点关注事前和事中行政行为的合法性问题，② 如规划的编制是否符合法定条件和程序，该项制度的有效实施有助于避免规划决策失误造成的损失，在前期化解社会矛盾纠纷。中英两国的规划督察制度的相同点在于，两者均是中央政府对地方政府行使规划权力实施监督与制约的一种工作机制。不同之处在于：英国规划督察制度采用的是开放式参与和事后救济相结合的模式，规划督察员对开发者提出上诉的案件享有具体的处理权力，在运作上适用包括申诉受理、申请证据提交、现场调查、质询、公示以及做出决定或报告等准司法程序；③ 在我国的规划督察制度中，规划督察员扮演的是监督者的角色，其通常本着不妨碍和取代地方规划行政管理部门职责的原则，依法对所驻城市的城市规划编制、审批、修改、实施的合法性进行督察，对通过参加会议、接受群众投诉举报、查阅档案、实地巡查等途径发现的违法违规行为开展调查，并就其中存在的重大问题向建设部稽查办提交督察报告，经建设部审核发出督察书，由试点城市人民政府或有关部门限期向规划督察员和建设部门反馈整改结果。不同于英国的督察制度，对督

---

① 参见何明俊编著《城乡规划法学》，东南大学出版社 2016 年版，第 201 页。

② 参见何明俊编著《城乡规划法学》，东南大学出版社 2016 年版，第 195 页。

③ 参见张兴《履行新职能新任务，提升空间规划督察效能——英国规划督察制度启示与借鉴》，《国土资源情报》2020 年第 8 期。

察中发现的问题，我国的规划督察员难以做出有威慑力的处罚裁决。由于规划督察的层级监督并没有由监督者严格地依法单向实施，在实践中，规划督察能否有效履行监督职能有赖于作为被监督者的地方党政主要领导、分管领导及规划主管部门的配合与支持，若被监督者不配合，监督者对此便"无计可施"。① 鉴于目前我国规划督察工作的开展仍处于试点阶段，尚未形成一套完备的规则体系，在规划督察主体对违法规划行为的处理权力、被监督对象未整改所承担的法律后果等方面缺乏明晰的法律表达，故要推动这项新型的行政救济制度在我国落地生根，还应在城市规划立法中对相关规则的建构做出进一步完善。比如，对规划主管部门违法做出的规划许可，可在法律上明确由派出规划督察员的上级规划主管部门责令其撤销或直接撤销该规划许可；对规划主管部门不能直接改变和撤销的城市规划文件，应规定由规划督察员签发督察意见书，针对不同的内容进一步报请上级人民政府，或者转交被督察城市的人民代表大会处理。②

行政申诉是指在城市规划的过程中，利害关系人的权益因遭受行政机关违法或不当处理，而向有关国家机关陈述事实、说明理由，并要求重新处理的制度。可以说，行政申诉制度是实现宪法所确认的公民申诉权的重要保障，③ 它涵盖了行政复议、行政诉讼受理范围之外的行政行为，超越了前两种救济途径在主体、期限、对象和方式等诸多方面受到的限制，有助于实现对利害关系人权利全面而深入的救济，因而可将其作为行政复议和行政诉讼的补充。然而，由于没有相应的法律予以具体规定，所以行政申诉又具有非程序性和不确定的特点。④ 虽然《城乡规划法》第 9 条明确了任何单位和个人都有权向城乡规划主管部门或其他有关部门举报或者控告违反城乡规划的行为，城乡规划主管部门或者其

---

① 参见陈越峰《中国城市规划法治构造》，中国社会科学出版社 2020 年版，第 144—145 页。

② 参见何明俊编著《城乡规划法学》，东南大学出版社 2016 年版，第 196 页。

③ 公民申诉权源自我国《宪法》第 41 条的规定，即"中华人民共和国公民对于任何国家机关和国家工作人员的违法失职行为，有向有关国家机关提出申诉、控告或检举的权利，但不得捏造或者歪曲事实进行诬告陷害"。

④ 参见刘飞主编《城市规划行政法》，北京大学出版社 2007 年版，第 197—198 页。

他有关部门对举报或控告应及时受理并组织核查、处理，但上述关于城市规划中适用行政申诉的规定过于笼统，没有对受理机关的具体设置、受理程序、处理时限及处理结果反馈方式等做出明确规定，给其规范化操作带来不利的影响。① 在实际运作中，申诉的途径较多但并无专门的规划申诉渠道。行政复议和信访制度都不是特定的规划申诉机制，城市规划效能监察没有与规划申诉直接对应的制度设置，规划督察员制度更多的是上级人民政府对下级人民政府及其规划主管部门依法实施规划和依法行政的内部监督，规划督察员可以接受投诉，但其主要职责不是受理和处置各类投诉、申诉。② 这就导致规划主管部门或其他有关部门是否受理利害关系人提出的申诉以及如何处理都有较大的裁量空间，当事人能否实现程序上的救济权也缺乏可预期性，进而使该项制度的特点与优势难以充分彰显。

三 司法机关救济

司法机关救济，又称诉讼救济、法院救济，是指利害关系人认为城市规划行为侵犯其合法权益而向有管辖权的法院提起诉讼，法院对符合受理条件的城市规划行为纠纷进行裁判，从而对利害关系人受到侵害的权益予以补救的救济途径。司法救济作为公民权利保护的最后一道防线，对利害关系人因城市规划行为引起的权益损害填补显得极为重要。

我国司法体制已经较为完善，有待于解决的问题是如何将城市规划制定、变更行为以及城市规划文件纳入行政诉讼受案范围内，使现有的司机救济机制能够更加及时有效地补救受害人的权益损失。依据《行政诉讼法》第12、13条关于受案范围的规定，实施城市规划的具体行政行为，如规划许可行为，无疑处在行政诉讼的受案范围内；但城市规划的制定、变更行为，以及最终形成的城市规划文件被排除在行政诉讼的受案范围之外。主要理由在于，根据司法实务界和理论界的主流观点，制定、变更城市规划文件的行为，以及它们最终的表现形式——城市规

---

① 参见宋宁《论行政规划侵权的法律救济》，硕士学位论文，广东商学院，2008年。

② 参见王学锋、成媛媛《我国城乡规划申诉制度现状特征及完善途径探讨》，《规划师》2009年第9期。

划文件，在法律性质上属于抽象行政行为，且不会对利害关系人的权益构成直接影响，不符合诉权的构成要件，所以不能将其纳入行政诉讼的受案范围内。基于此，利害关系人只能在对城市规划具体行政行为提起诉讼时，依据《行政诉讼法》第53条、《最高人民法院关于适用〈中华人民共和国行政诉讼法〉若干问题的解释》第20条，请求法院一并审查该具体行政行为所依据的城市规划文件。可以说，即使法官在审查城市规划具体行政行为时，发现了城市规划文件违法，也不能直接对其进行审查并做出撤销或确认违法判决，只能通过撤销该具体行政行为来"间接"地否定城市规划文件的效力。由于这种"间接审查"方式无法直接否定违法城市规划文件的效力，因而不能及时控制违法城市规划文件的危害范围和程度，其实施效果不可避免地会受到影响。①

　　值得关注的是，在德国、日本和我国台湾地区，关于城市规划的可诉性曾经存在争议，但如今已有逐步将城市规划本身纳入行政诉讼受案范围的趋势。在德国，根据司法界和学界的通说，规划确定裁决是一种权利形成性的行政行为，② 因此，利害关系人可以针对城市规划的确定裁决提起行政诉讼，但是一般的、未经过规划确定裁决的规划则不在行政诉讼的受案范围之内。我国台湾地区承继了德国行政法理论，认为利害关系人能够对规划确定裁决提起诉讼。对于"规划变更"能否列入可诉范围的问题，我国台湾地区的司法判例表明，法院的态度已经从一开始的全盘否定转变到如今的部分肯定。③ 在日本，大多数学者认为不

---

① 参见莫于川主编《行政规划法治化》，法律出版社2016年版，第281—282页。

② BverwGe，第29卷，第282页（第283页）；第38卷，第152页（第156页）；BverwG：NJW，1975年，第1373页。转引自［德］汉斯·J. 沃尔夫、奥托·巴霍夫、罗尔夫·施托贝尔：《行政法》（第二卷），高家伟译，商务印书馆2002年版，第258页。

③ "行政法院"1971年判字第738号判决认为，"行政官署本于行政权作用，公告实施一种计划，对于一般不特定之规定，而非个别具体之处置，自不得认为行政处分而对之提起诉愿"，"行政法院"1976年裁字第103号重申了这一观点。直到1979年，"司法院大法官会议解释"才对这一观点作了一定程度的修正，认为"主管机关变更都市计划，系公法上之的一方行政行为，如直接限制一定区域内人民之权利、利益或增加其负担，即具有行政处分之性质，其因而致特定人或可得确定之多数人之权益遭受不当或违法之损害者，自应许其提起诉愿或行政诉讼以资救济"。具体参见台湾地区"司法院"大法官会议释字第156号（裁判日期1979年3月16日）。

能对抽象的基本规划提出诉讼，但是当怀疑具体的事业实施规划有违法性质时，应当允许提起诉讼；而司法界长期以来否认拘束性的规划具有处分性，但是最近出现的相关案例表明法院开始受理部分拘束性规划行为。如在"大阪再开发事业规划案"中，日本最高法院的裁判认为，"再开发事业规划在决定公告后，施行区域内的土地和建筑所有人的法律地位将受到直接的影响，应认为已经符合诉讼对象的'处分'性质"①。上述争议带给我们的启示是，城市规划行为及其文件是否具有可诉性，需要根据城市规划行为运行的阶段和文本的具体内容进行判断，不可一概而论。从行政诉讼法的一般原理来看，城市规划行为及其文件具备可诉性须符合两个前提：一是具有处分性，即能对利害关系人的权益产生实际影响；二是具备争议成熟性，即达到了适合司法审查的程度。据此，只有在符合上述两个前提的情况下，我们才能将城市规划制定、变更行为以及城市规划文件纳入现有的司法救济体制中。

四 总结与评析

目前，我国已初步形成城市规划侵权的多元化法律救济途径，包括人大监督、行政复议、规划督察、行政申诉、行政诉讼等。其中，行政复议和行政诉讼是城市规划利害关系人权利救济的主要途径，人大监督、规划督察、行政申诉等其他途径则是对两者的有益补充。由于这些补充性救济途径在制度化发展方面较为滞后，缺乏完备的程序规定，可操作性不强，因此现阶段它们只能在城市规划侵权的法律救济体系中处于辅助的地位。基于此，本书认为完善城市规划侵权救济途径的重点应当是改进行政复议制度和行政诉讼制度。

就行政复议和行政诉讼这两种救济途径而言，它们具有各自的不同特点，两者相互衔接，能够在矫正城市规划行为和补救利害关系人权益方面发挥关键作用。由于行政诉讼具有程序严谨、规范全面、结果公正的特点，因此司法审查最终原则为各国所坚持。可以说，在解决城市规

① 参见日本民事集第 46 卷第 8 号 2658 页，转引自蔡志宏《论都市计划之法律性质》，硕士学位论文，台湾东吴大学，2005 年。

划纠纷过程中，无论是行政机关自身的审查，还是上级机关或者独立第三方的审查，最终都不能取代司法审查。司法审查制度不仅能够解决城市规划纠纷，而且可以通过释明法律来避免纠纷，如利用司法判例来指导规划机关进行事前预防和自我纠错。行政诉讼与行政复议等非诉纠纷解决方式之间是一种相辅相成的关系，非诉讼救济是诉讼救济的先导，而诉讼救济中的司法权威则是非诉讼救济的强大后盾。"在非诉讼纠纷解决机制的推进中，法院的态度至关重要，法院对其真正的理解和认同，是其能够充分有效地发挥指导监督职能的基本前提。"① 但行政诉讼并非完美无缺，往往存在诸如司法程序复杂、诉讼成本较高、诉讼时间较长、审查范围局限于合法性问题、法官不擅长处理专业性问题等方面的短板。与行政诉讼相比，行政复议的优势主要体现在以下几个方面：一是行政复议权的行使更讲求效率，行政复议程序设计相对简便，能够快速地解决纠纷；二是复议机关直接从事行政管理，可以利用该机关工作人员的专业知识和自由裁量权，更加有效地解决纠纷；三是作为行政系统的层级监督，复议机关作出的复议决定能够被迅速执行；四是复议机关能够兼顾合法性与合理性问题的审查，对利害关系人权益的救济范围更加全面。因此，就涉及特定对象的城市规划争议而言，行政复议是最为直接有效的解决途径，而行政诉讼则是最终的、最为客观公正的解决途径。不容忽视的是，对于城市规划侵权救济，我国现行的行政复议和行政诉讼制度均未充分发挥其应有的作用，主要原因在于受案范围的限制。在现有的受案范围内，即使城市规划的制定、变更行为以及作为其最终表现形式的城市规划文件已经或者将会对特定区域内的利害关系人权益造成影响，利害关系人也不能对其直接提起诉讼，只有等到规划具体实施后才能请求救济，而此时规划所造成的侵害已在一定范围内连续发生，可能会使更多的利害关系人权益遭受影响。据此，要畅通城市规划侵权的行政复议和行政诉讼救济途径，首先必须扩大受案范围，将能够对利害关系人权益产生直接影响的城市规划行为及其文件纳入其中。

---

① 耿宝建：《行政纠纷解决的路径选择》，法律出版社 2013 年版，第 161 页。

第二节　城市规划利害关系人权利
救济途径的完善

构建一个多元化的城市规划纠纷解决机制，既是城市规划利害关系人权利保护理论发展的必然产物，又是城市规划行政管理和司法实践的客观要求。对构建城市规划纠纷多元化的解决机制来说，最现实的问题已不再是是否应该设置某种纠纷解决制度，而是如何完善现有的各种纠纷解决途径，使每一种纠纷解决途径都能充分发挥其优势，各尽其用。对于行政复议和行政诉讼这两种最主要的权利救济途径，需要适当地扩展它们的受案范围，设立具有独立性和专业性的复议机关，合理确定司法审查的限度。在其他权利救济途径中，行政申诉对于行政复议和行政诉讼所起到补充性作用最为明显。基于此，本节内容仅对如何完善城市规划申诉的法律规定进行探讨。

一　适当扩展城市规划行政复议和行政诉讼的受案范围

如前所述，我国目前未将城市规划制定、变更行为以及城市规划文件纳入行政复议和行政诉讼的受案范围，这主要是因为复议和诉讼的受案范围严格受限于抽象行政行为与具体行政行为之分。考虑到城市规划兼具抽象行政行为与具体行政行为的特征，从充分保护城市规划利害关系人权益的角度出发，有必要摒弃当前这种严格按照抽象行政行为和具体行政行为的划分来确定城市规划复议和诉讼受案范围的做法，而应当根据城市规划文本的具体内容和行为运作阶段来判断其能否对利害关系人的权益产生直接影响，以此确定城市规划复议和诉讼的受案范围。

以内容拘束范围之大小为标准，城市规划可分为总体规划和详细规划。总体规划是对一定时期内城镇的功能定位、发展目标、规模大小、空间布局以及城建的综合部署和实施措施，[①] 其规划期限一般为 20 年。作为一种纲领性、战略性和导向性的规划，总体规划为城市发展提供了

① 参见《城市规划基本术语标准》（GB/T 50280—98）。

指导性框架,《城乡规划法》中的城乡统筹、合理布局、节约用地、改善生态等不确定的法律授权在城市空间中得到确认和陈述,以指导控制性详细规划的编制。[①] 由于总体规划的内容多为宏观层面的定性规定,针对的是整个城市远期的开发、建设,在通常情况下必须经过详细规划的具体落实才具备实施的效力,因此总体规划一般是针对不特定对象做出的,不会对特定区域内的个人和组织的权益产生直接影响,其具有明显的抽象行政行为的特征。在相关司法案例中,法院也以总体规划不能直接影响利害关系人权益为由而否定其具有可诉性。如在湛江喜强工业气体有限公司不服广东省高级人民法院(2018)粤行终 159 号行政裁定申请再审一案中,最高人民法院将岭北镇人民政府编制、遂溪县人民政府审批《遂溪县岭北镇(2012—2030)总体规划》行为是否属于行政诉讼受案范围作为该案再审中审查的焦点问题加以分析。最高人民法院认为,总体规划内容实施尚有不确定性,且需借助详细规划尤其是修建性详细规划才能实施,更需要通过“一书两证”才能得以具体化,当事人认为总体规划内容侵犯其合法权益的,应当通过对实施总体规划的详细规划尤其是修建性详细规划的异议程序以及对颁发或不颁发“一书两证”行政行为的司法审查程序寻求救济。基于上述理由,最高人民法院裁定驳回湛江喜强工业气体有限公司的再审申请。[②] 对于总体规划的可诉性问题,本书认为,不宜将总体规划文件纳入行政复议和行政诉讼直接审查的范围内,利害关系人在对实施总体规划的行为提起复议或诉讼时,可以一并请求复议机关或法院对作为规划实施行为依据的总体规划文件进行审查。

详细规划可以分为控制性详细规划和修建性详细规划。控制性详细规划是对总体规划的深化和继续,其以总体规划为依据,确定建设用地的各项控制指标。从法理的角度来看,控制性详细规划的权力来源于总体规划,总体规划所拥有的特征均为控制性详细规划所拥有。但与总体规划相比,控制性详细规划更具有具体行政行为的特征。在道路红线的划定时,总体规划往往是不精确的,这需要在控制性详细规划编制时进

---

① 参见何明俊《作为复合行政行为的城市规划》,《城市规划》2011 年第 5 期。

② 参见中华人民共和国最高人民法院行政裁定书,(2019)最高法行申 10407 号。

行修正。在土地分类方面，总体规划通常采用大类，在编制详细规划时往往会细化。由于控制性详细规划采用的是大比例，因此其所针对的或者所约束的对象相对是具体的，且在事前均可统计。例如，某些土地规划为住宅、某些土地规划为道路等。这种法律关系的确定均是针对具体的对象，无疑体现了具体行政行为的特征。① 修建性详细规划则是依据控制性详细规划确定的指标，针对将要进行建设的地区而编制的具体的、可操作性的规划，其不仅作为各项建筑和工程设施设计和施工的依据，更是颁发"一书两证"和规划管理的依据。可以说，无论是控制性详细规划，还是修建性详细规划，均为城市近期开发、建设目标的具体蓝图，编制和修改详细规划可以看作是针对特定区域内的特定人或可确定的多数人做出的规划行为，具有影响土地权利人对土地的开发和利用的现实可能性，甚至会减损权利人已经依法取得的土地利用权和开发权。据此，对于详细规划文件，可以考虑将其纳入行政复议或行政诉讼的受案范围内。

需要注意的是，与仅设定行政相对人的权利义务的传统行政行为不同，详细规划涉及局部地区建设用地中可大批量开发地块总体空间安排且具有高度政策性和公众参与性，对详细规划内容的受理和审查，特别是由司法机关进行介入，宜保持一种慎重的态度，特定地块的权利人不宜对详细规划的整体内容直接提起诉讼。权利人对与自身权益有直接利害关系的内容提起诉讼的，人民法院应结合详细规划实施情况、权利人或者利益相对方申请许可情况以及是否已经依据详细规划取得"一书两证"情况等综合判定被诉行政行为、起诉时机以及具体的审查内容和审查标准。从现有的司法实践经验来看，只有当详细规划无须通过规划许可行为来实施，即已经直接限制当事人权利时，才宜考虑承认详细规划中有关特定地块规划对利害关系人权益限制内容的可诉性。在规划主管部门已依据详细规划做出规划许可行为的情况下，利害关系人应直接对颁发"一书两证"行为或者对不依法履行颁发"一书两证"行政许可职责的行为申请行政复议或提起诉讼，而不宜再对详细规划的内容申请复议和诉讼；若利害关系人认为详细规划侵犯其土地利用权的，可以根

---

① 参见何明俊《作为复合行政行为的城市规划》，《城市规划》2011 年第 5 期。

据《行政复议法》第 7 条、《行政诉讼法》第 53 条等规定，在对规划许可行为提起的复议和诉讼案件中，一并请求对详细规划文件内容进行审查，以维护自身的合法权益。[1]

从城市规划的制定到实施再到修改表现为一个动态循环的过程，这就必须厘清哪个阶段的规划行为适合司法审查的问题，即城市规划行为的争议成熟性问题。只有当行政行为做出之后产生对外效力，能够在行政主体与利害关系人之间产生具体纷争时，才具备争议的成熟性。规划的实施阶段具备成熟性是毫无争议的；就规划的制定和修改阶段而言，其中都包含了编制和确定两个阶段，则应分情况讨论。在编制阶段，由于规划尚未最终形成，未经批准和公布的规划草案是不具有对外效力的，因而此时的规划行为欠缺争议的成熟性。理论界的争议焦点主要集中在确定阶段，即当规划经批准并公布后，是否已具备争议成熟性。否定论认为，规划公布后对利害关系人权利义务的设定仅具有潜在性作用，并不发生直接具体的权利变动，因此只有待后续行为发生，才具有争议成熟性。肯定论认为，经批准、公布后的规划，事实上会对利害关系人的权益产生限制，且此种限制足以对其实体权益造成侵害，此时的规划行为已具备争议成熟性。本书认为，从利害关系人的权益保障角度来看，肯定论更有说服力，因为事项比较具体的详细规划本身会对利害关系人的权益产生限制，且后续行为在短期内即会发生，足以造成利害关系人权益受侵害的效果，若一定要等到后续行为发生后才赋予受害人诉讼的权利，则可能无法弥补其权益损失。[2] 例如，依据控制性详细规划中的强制性内容，某一区域内在未来若干年内不得兴建 10 层以上的楼房，而在该规划方案对外公布之前，某土地使用人已准备兴建 20 层的楼房，且已准备好相关图纸和建筑材料，此时其享有的土地利用和开发的权益已受到确定的规划方案的限制，在客观上产生了财产损失。从这个例子可以看出，规划本身的强制性内容对利害关系人权益的限制即可造成其财产损失的后果，而非必然要等到后续实施

---

① 参见中华人民共和国最高人民法院行政裁定书，（2019）最高法行申 10407 号。

② 参见郭庆珠《行政规划及其法律控制研究》，中国社会科学出版社 2009 年版，第273—274 页。

行为做出后。① 综上所述，编制或修改完成的详细规划在对外公布后，不仅具有处分性，而且具备争议成熟性，此时对于权益已经受到或将会受到损害的利害关系人，就应赋予其请求补偿或赔偿的权利，无须等到规划实施阶段；在利害关系人未得到补偿或赔偿的情况下，可允许其针对详细规划的制定与变更行为提出复议或诉讼。

二　设立具有独立性和专业性的城市规划复议机关

相比于行政诉讼，行政复议针对城市规划侵权的救济具有诸多优势，但因复议机关与被申请复议机关之间的工作联系和利益联系过于紧密，在一定程度上导致大量被申请的行政行为经由复议决定被维持，从而使利害关系人的诉求无法得到满足。在此情形下，利害关系人为寻求公正裁决，往往选择绕过行政复议而径行选择司法救济，长此以往会导致行政复议案件数量不断下降，进而弱化行政复议这项制度的功能。考虑到独立性、专业化、程序正当化是评价行政复议制度运作效果的主要标准，若能够保证复议机关有独立的地位，有职业化的人员，有适当的解决纠纷的程序，则可以认为行政复议完全能够像司法审查那样公正地解决纠纷。

从比较法上考察，不少国家都对司法审查与行政救济的关系重新进行了梳理，进而赋予行政机关以适当的兼具司法属性的裁决权，通过独立的第三方的行政性裁决来解决行政纠纷，并且经常强调把行政复议作为提起司法审查的前置程序。在城市规划领域中，兼具独立性和专业性的复议机构对纠纷解决所发挥的作用尤为明显，因为城市规划案件通常会涉及专业领域的技术性问题，而法官往往难以对此类问题进行准确判断。

在英国，1990 年《城乡规划法》规定，如果开发商对行政机关的规划决定不满，可以直接向环境部的下属部门——规划复议委员会提出复议申请，由规划复议委员会派出的专门的监察员负责处理。开发商若对复议结果仍不满意，可继续向最高法院提出上诉，但法庭只能对复议的程序性问题进行审议，而不能对复议的合理性做出司法裁决。在非常

---

① 参见郭庆珠《行政规划及其法律控制研究》，中国社会科学出版社 2009 年版，第 276 页。

重要或有争议的情况下，法律还授予环境事务大臣特权，其可以接管规划复议委员会受理的所有案件。① 在日本，相关法律对规划纠纷的解决设置了复议前置程序，由开发审查委员会先裁决，当事人对其裁决结果不服的，才能提起行政诉讼。各都道府以及指定城市必须设立开发审查委员会，该机构的委员由在公共卫生、城市规划、建筑、经济、法律等领域具有丰富学识和经验的各界人士组成。根据《日本城市规划法》第49条的规定，对于诸如建筑审查和开发许可审查等城市规划决定、行政不作为或违反有关规定的行为不服的，个人或开发方有权向开发审查会或建筑审查会提出"不服申诉"，开发审查委员会应当在接到申请之日起2个月内做出裁决。② 在美国，利害关系人不服分区规划官员做出的决定，可以向立法机构和法定组织提出复议申诉。这些法定组织，如规划复议委员会、区划复议委员会等均具有独立性，它们都是由议会批准任命的专门的监察部门。③ 通过对上述国家的规划复议制度进行考察，可以看出其共同特点在于负责审查城市规划案件的复议机关都具有专业化的特征，并且独立于做出规划决定的机关。这样，由复议机关的工作人员来解决城市规划纠纷才能够较为准确地把握争议，并提出恰当的处理方案，同时也可以保证争议处理的公正性。

可以说，设置专业化且具有独立性的复议机关是有效处理规划纠纷的关键，就我国城市规划行政复议机关的设置和运作问题而言，需要结合自身具体国情和立法实践，适当借鉴国外的成功经验加以解决。从城市规划立法的特别规定入手，设立规划复议委员会作为城市规划的复议机关，是增强复议机关中立性的可行路径。同时，考虑到行政机构的编制问题，可以将规划复议委员会设置在上一级行政机关内部，但其在受理城市规划行政复议时，完全独立于上级行政机关。换言之，规划复议委员会作为同级政府的一个工作部门，行政机关负责人的个人意志并不能直接施加于复议程序，规划复议委员会的复议

① 参见冯晓星、赵民《英国的城市规划复议制度》，《国外城市规划》2001年第5期。

② 参见邢翔《城乡规划权的宪规制研究》，博士学位论文，武汉大学，2012年。

③ 耿毓修、黄均德主编：《城市规划行政与法制》，上海科学技术文献出版社2002年版，第302页。

结论是做出复议决定书的唯一根据。规划复议委员会的独立性，是保障城市规划行政复议结果公正性的重要因素。只有确保复议机关能够相对独立地审理城市规划复议案件，才能改变目前行政复议行政化的做法。此外，规划复议委员会的人员组成也应体现专业性和民主性。我们可以直接参照行政复议委员会进行设置，吸纳法学专家、律师以及具有规划经验的行政专员作为该机构的委员。规划复议委员会委员的任职资格应参照司法人员的任职标准，如要求通过国家统一法律职业资格考试、从事过相关规划工作并经过专门培训，以提升规划复议委员会的专业化程度。与此同时，在选任、考核、奖惩、调动、升迁、工资待遇等方面，国家应当为复议人员提供充分的保障，使其独立于所在的行政机关，公正地审理案件。在审理案件方面，规划复议委员会宜实行合议制，由三名委员进行审理，其中来自律师队伍或者法学理论界的委员不少于一名。[1]

三　合理确定司法审查城市规划的限度

（一）合理确定司法审查城市规划限度的必要性

上文对城市规划的受案范围进行了探讨，在行政诉讼中，还有一个需要考虑的问题，即司法审查的限度（Scope of Judicial Review）。它是指行政案件在进入行政诉讼程序后，法院在哪些问题上应当尊重行政机关的判断，在哪些问题上可以自己的判断代替行政机关的判断。城市规划司法审查限度实际上是在行政机关和法院之间进行权力与责任的分配，这一分配对行政活动的效率和利害关系人权益的保护均有重要影响。[2] 城市规划领域中行政主体享有十分广泛的自由裁量权，这决定了城市规划在接受司法审查时具有一定的限度。在任何民主法治国家，都需要探讨如何协调城市规划权与司法审查权之间紧张关系的问题，即司法机关应如何有效控制规划裁量权，在保障利害关系人的合法权益免受规划权力恣意侵害的同时，兼顾行政机关利用规划形成社会秩序的弹性，亦即合理维护其因应现实环境需要，协调整合各种资源、利益关系

---

① 参见耿宝建《行政纠纷解决的路径选择》，法律出版社2013年版，第175页。

② 参见王名扬《美国行政法》（下册），中国法制出版社1995年版，第674页。

的自由决定空间。① 作为行政权与司法权之间的"调节阀",司法审查的限度直接涉及行政管理的整体秩序与利害关系人的权益救济。只有合理确定司法审查城市规划的限度,才能对行政权和司法权进行合理配置,减少行政权与司法权之间的冲突,规制司法审查中的不确定现象,进而降低甚至避免司法审查机制"制衡不足"或"干预过度"的双重危险。②

（二）法院对详细规划合法性与合理性的审查

在英美法系国家,行政行为接受司法审查的限度体现在法律审和事实审的区分,二者适用的审查标准不同。大陆法系国家的做法与之相反,司法审查强调全面审查,并不刻意区分法律问题和事实问题。对于司法审查限度,我国《行政诉讼法》没有明确的规定。而司法实践中,我国采用的则是全面审查的做法,法院对行政行为的审查没有法律审和事实审的区分,但司法审查同样也要受到一定的限制,这个限制即来自"合法性问题"与"合理性问题"的区分。《行政诉讼法》第6条规定:"人民法院审查行政案件,对行政行为是否合法进行审查。"这一规定将法院对行政行为的审查限定为合法性审查。③ 但该条款对行政行为的合法性审查的限定并非绝对的,在某些情况下,法院也可以对行政行为的合理性问题进行审查,如《行政诉讼法》第70条规定了在行政行为存在"明显不当"的情形下,人民法院应判决撤销或者部分撤销,并可以判决被告重新做出行政行为。

对于城市规划的实施行为,相关立法已经做出了相对完善的规定。本书仅讨论法院对详细规划的制定、变更行为及其内容的审查。在审查范围上,应包括两个方面:一是详细规划的合法性审查;二是详细规划的合理性审查,即对规划裁量权是否具有滥用事实的审查。

1. 详细规划的合法性审查

对城市详细规划的合法性审查,主要包括以下几个方面。

其一,编制或修改规划的主体是否合法,即对详细规划进行编制或

---

① 吕理翔:《规划裁量之司法审查》,转引自宋雅芳等《行政规划的法治化:理念与制度》,法律出版社2009年版,第293页。

② 参见杨伟东《行政行为司法审查强度研究:行政审判权纵向范围分析》,中国人民大学出版社2003年版,第13页。

③ 参见王青斌《行政规划法治化研究》,人民出版社2010年版,第221—222页。

修改的主体是否享有详细规划编制权。根据《城乡规划法》的相关规定，控制性详细规划由城乡规划主管部门依据已经批准的总体规划组织编制，修建性详细规划可以由有关单位依据控制性详细规划以及城乡规划主管部门提出的规划条件，委托具有相应资质等级的单位编制；而控制性详细规划和修建性详细规划的修改则由组织编制机关按照法定的权限和程序进行。由此可知，城乡规划主管部门或者经其委托的具有法定编制资格的单位是享有详细规划编制权的主体。除此之外，其他任何自然人、法人、其他组织都无权对详细规划进行编制或修改。

其二，是否存在超越职权的情形。法院审查的主要范围包括：（1）在空间层面，行政主体是否超越行使权力的地域范围，编制或修改的详细规划应为本行政区域内的详细规划；（2）在时间层面，行政主体是否超越法定时间行使权力；（3）在权限层面，行政主体是否超越法律、法规规定的行使权限的范围。对此，应当着重审查是否存在层级越权，即下级行政机关行使上级行政机关的职权。

其三，编制或修改详细规划的程序是否合法。这要求重点审查《城乡规划法》中规定的两个阶段的程序：一是城市规划编制和修改阶段的程序。这类程序主要表现为公众参与程序，包括公开规划信息的程序和征求公众意见的程序。其主要体现在《城乡规划法》第26、48、50条的规定中，即城乡规划报送审批前，组织编制机关应当依法将城乡规划草案予以公告，并采用论证会、听证会或者其他方式征求专家和公众的意见；修改控制性详细规划的，组织编制机关应当对修改的必要性进行论证，征求规划地段内利害关系人的意见；修建性详细规划确需修改的，城乡规划主管部门应当采取听证会等形式，听取利害关系人的意见。对于组织编制机关在编制或修改规划时，是否遵守上述程序规定，法院应做形式上的审查。二是城市规划编制或修改完成后的审批程序。其主要体现在《城乡规划法》第19条的规定中，即城市人民政府城乡规划主管部门根据城市总体规划的要求，组织编制城市的控制性详细规划，经本级人民政府批准后，报本级人民代表大会常务委员会和上一级人民政府备案。对于法院能否审查城市规划的审批程序，理论界存在一定的争议。有学者认为，该审批程序涉及城市人民政府上下级之间的权力分配和工作关系，不对外发生效力，法院不宜对其进行审查。但事实上，审批程序是城市规划生效前的一个关键步骤，应将城市规划在公布实施前是否经过法定的审批程序作为认定其是否具有合法性的一个重要依据。也就是说，如果编制或修改后的规划未经审批程序即公布实施，法院应当认定其违反法定程序。同时，考虑规划审批权属于规划组织编制机关的上一级机关的权力，司法权介入行政权应保持适当的限度，因此对其做出的审批决定是否合理不宜进行司法审查。①

其四，变更详细规划是否具备合法的事由。目前，在我国司法实践中，对城市规划变更的审查主要限于程序是否合法方面，其实在法律上明确变更事由正是减少城市规划变更随意性的重要途径之一，对引起城市规划变更的事由是否合法也应当进行审查。《城乡规划法》对总体规划的修改采用的是以实体性控制为主的模式，在第 47 条第 1 款中列举了变更的法定事由，而对其他种类规划的修改则采用的是偏重于程序性控制的模式，未对详细规划变更的法定事由加以规定。② 但在一些地方性法规中能够找到有关控制性详细规划变更法定事由的列举性规定，③一般可将这些法定事由归纳为"总体规划发生变化""市政基础设施或公共服务设施难以满足城镇发展需要，且不具备更新条件""重大建设项目选址影响规划用地功能与布局""规划地段内出现新的利害关系，需要通过修改规划解决的""经评估确需修改规划的"等。据此，法院

---

① 参见兰燕卓《为了有序的城市：城市规划变更的行政法规制》，北京大学出版社 2014 年版，第 246 页。

② 参见兰燕卓《为了有序的城市：城市规划变更的行政法规制》，北京大学出版社 2014 年版，第 84、243 页。

③ 如《天津市城乡规划条例》（2019）第 30 条规定，有下列情形之一的，组织编制机关可以按照规定的权限和程序对控制性详细规划进行修改：因总体规划发生变化；市政基础设施或者公共服务设施难以满足城镇发展需要，且不具备更新条件；因实施国家、本市重点建设项目需要修改；因经济社会发展和公共利益需要，组织编制机关认为确需修改。《甘肃省城乡规划条例》（2018）第 37 条第 1 款规定，有下列情形之一的，可以修改控制性详细规划、基础设施和公共服务设施专项规划：新编制或者修改的总体规划对规划地段有新要求的；规划地段内出现新的利害关系，需要通过修改规划解决的；基础设施和公共服务设施供给方式发生重大变化的；经评估确需修改的。《江苏省城乡规划条例》（2019）第 22 条第 3 款规定，因总体规划修改需要对控制性详细规划进行修改的；因实施国家、省和城市重点基础设施和公共服务设施、防灾减灾等重点工程项目需要修改的；规划实施过程中经组织编制机关论证认为确需修改的；法律、法规规定的其他情形。

审理在本行政区域内发生的详细规划变更案件时，可以将相关地方性法规所规定的变更事由作为判断详细规划变更事由是否合法的重要依据，从而通过对变更事由的审查来加强对城市规划变更的实体控制。

2. 详细规划的合理性审查

由于城市详细规划的内容较为庞杂，涉及大量专业性知识，且规划本身又是随着城市建设发展而变化的，因此法律必须赋予行政主体广泛的自由裁量空间，而司法机关则应保持谦抑性和被动性，尊重行政主体对不确定法律概念的解释适用。但基于防范自由裁量权滥用的考虑，当行政主体实施的裁量行为出于非法目的或存在主观武断、严重过失、明显缺乏合理性等情形时，法院则应对此进行干预。① 概言之，法院必须在尊重行政机关的判断的基础上对详细规划的自由裁量权予以审查，既不能审查过度，也不能审查过弱。本书认为，就详细规划的合理性审查而言，法院主要是审查行政主体在编制或修改详细规划过程中，是否符合法律授予的正当目的；是否存在不考虑法律规定应当考虑的因素，或者考虑法律规定不应当考虑的因素；是否存在反复无常，相同情况不同对待，不同情况相同对待；是否存在显失公平以及是否存在不合理的迟延。②

在城市规划中，行政主体所享有的自由裁量权主要表现为利益衡量权，对各方利益的衡量，行政主体应遵循"均衡原则"。由于利益衡量要求是实体规划法的核心，因此规划主体享有创造自由的领域也应当保障司法审查，但法院对行政机关裁量行为的审查限于裁量瑕疵。德国司法界专门提出了一个与裁量瑕疵相类似的权衡瑕疵理论来判断是否构成裁量瑕疵，其将裁量瑕疵分为如下四种：一是审查利益衡量材料是否全面；二是审查权衡程序是否武断，即对于重要的利益是否没有实事求是地进行客观的判断；三是审查衡量利益方是否有疏漏，即所涉及的公共利益、私人权益是否考虑在内；四是审查是否存在权衡失调，即对冲突利益的衡量与该利益本身是否相称。③ 行政主体如果违背"均衡原则"，

---

① 参见薛丽珍《行政行为司法审查基本制度》，西南交通大学出版社2011年版，第135页。

② 参见王俊、林岚《采光、日照纠纷案件裁判精要》，人民法院出版社2012年版，第184页。

③ 参见［德］汉斯·J. 沃尔夫、奥托·巴霍夫、罗尔夫·施托贝尔《行政法》（第二卷），高家伟译，商务印书馆2002年版，第266页。

则表明行政主体滥用了自由裁量权，法院就可以依法裁判。但法院不能以自己的利益权衡取代行政机关的利益权衡，对城市规划裁量权的审查应限于查明和确认对利益衡量具有意义的情况是否已经被考虑，而不能以对城市规划行政主体利益权衡进行重要补充的方式补救权衡中的瑕疵。① 据此，为较好地处理行政权与司法权的关系，对城市规划中自由裁量权是否滥用的司法审查应主要限于一种"程序本位"的审查，如果行政主体构成滥用裁量权，法院可以采用一系列技术手段来干预行政，如撤销判决或要求行政主体重作判决，但不能代替行政主体做出决定。②

（三）应当排除司法审查的城市详细规划事项

本书认为，对以下两个方面的城市详细规划事项，应当排除在司法审查的范围之外。

一是详细规划的规划理念。规划理念是指行政主体在开展规划活动时对城市空间发展模式与特定社会现实中空间质量的总体性认识。规划理念在城市规划学从产生到发展过程中一直发挥着重要作用。1516 年，英国托马斯·莫尔爵士首次提出了"托马斯"理念，即将一个国家规划为 54 个城邦，并设立一个中央城邦作为核心。之后，英国著名社会活动家霍华德和法国规划师柯布西埃相继提出了花园城市和现代城市的规划理念，各种规划理念缤纷呈现、竞相逐艳。理论上，规划理念没有绝对正确或错误之分，由于每一种规划理念所代表的利益阶层不同，不同社会主体对规划理念的认识也存在差异。考虑到规划理念在很大程度上属于判断、衡量、导向价值目标的主观范畴，因此不能简单地得出是或非的结论，法院既无能力也无必要对详细规划所体现的规划理念进行审查。③

二是详细规划的技术性规范。城市规划学作为一门具有高度技术

---

① BverwGe，NJW，1986 年，第 887（第 935 页）；1989 年，第 152 页（第 153 页）。转引自〔德〕汉斯·J. 沃尔夫、奥托·巴霍夫、罗尔夫·施托贝尔《行政法》（第二卷），高家伟译，商务印书馆 2002 年版，第 266 页。

② 参见王青斌《行政规划法治化研究》，人民出版社 2010 年版，第 224 页。

③ 王俊、林岚：《采光、日照纠纷案件裁判精要》，人民法院出版社 2012 年版，第 184—185 页。

性、综合性的学科，技术性规范的大范围存在是其显著特征。技术规范
是规划制定和实施的重要标准，诸如建筑间距、建筑退缩道路、建筑面
积的计算方法等技术规范都与科学技术、作业材料、行业惯例等密切相
关。除此之外，详细规划的技术性规范还具有突出的地方性特征，地理
位置、历史、文化传统和生活习惯都对技术规范标准具有影响。将详细
规划中所涉及的这些技术性规范排除出行政诉讼的受案范围的理由主要
在于：一方面，技术性规范的确立需要极为专业的知识，司法裁判者并
不熟悉规划专家的知识领域，法院对技术性规范的审查能力不足且审查
效果不佳；另一方面，从尊重行政机关的行政判断权角度出发，法院应
当恪守司法与行政的界限，不能以自己的判断来代替行政机关对自身专
业范围内事务的判断。①

四　细化城市规划申诉制度的规定

鉴于现有的法律条文仅对城市规划行政申诉做出了一些原则性的规
定，缺乏可操作性，在完善城市规划立法时，应对享有申诉权的主体、
申诉受理机关、申诉受案范围、申诉处理程序以及行政申诉与行政复
议、行政诉讼的衔接等方面的规定予以明细化。

（一）享有申诉权的主体

各国对享有规划申诉权的主体规定不尽相同。在英国，法律规定的
城市规划申诉人范围较为狭窄，仅指规划许可的相对人，数量众多的利
益相关人没有申诉权，仅有权出席申诉听证会并陈述自己的意见。英国
规划申诉委员会编写的《规划申诉指引》中，列明了三种可以提起申
诉的情形，均为开发商对地方规划当局规划行为的申诉。在有些国家，
如澳大利亚，对于规划决定享有申诉权的主体没有限定于规划许可申请
人，相关人也享有申诉权。②

在我国，城市规划相关人对规划行为持有异议的申诉在数量上要超

---

① 王俊、林岚：《采光、日照纠纷案件裁判精要》，人民法院出版社 2012 年版，第
185 页。

② 王学锋、成媛媛：《我国城乡规划申诉制度现状特征及完善途径探讨》，《规划师》
2009 年第 9 期。

过城市规划相对人对规划部门未予许可或者行政处罚的申诉，这是有别于英国、澳大利亚等西方国家的规划申诉的一大特点，因而在确定享有申诉权主体时，必须考虑实际情况，将规划行为的相关人包括在内。此外，对申诉权概念的不同理解，也会影响对享有申诉权主体范围的界定。一种观点认为，申诉权是公民在受到行政机关或司法机关的违法或失当决定或判决时，对其权利进行维护、申辩、要求赔偿或是申请再审的权利；另一种观点则认为，对申诉权的理解不应局限于公民仅在权利受到损害以后进行维护和申辩的权利，而应当更多地理解为公民在意识到存在可能对自身权利产生影响的行政行为时所拥有的要求进行公平谈判、协商的权利。① 本书赞同后一种观点，倾向于从广义层面来理解申诉权，作为权利救济补充途径的城市规划申诉，有必要为公民提供一个相对宽泛的申诉范围，从而使《城乡规划法》中规定的知情权、参与权保护要求得以落实。根据正当程序原则的要求，公权力主体在对公民做出诸如财产征用、不予行政许可、罚款等不利处分时，必须严格遵循程序正义理念，事先予以通知，告知对方该处分的根据、理由，听取其申辩意见，事后为其提供相应的救济途径。据此，享有申诉权的主体范围应当与有权参与规划决策的利害关系人范围相当。也就是说，凡是自身合法权益可能受到规划行为不利影响的个人和组织都可以提起申诉，享有申诉权的主体不仅应当包括在规划实施阶段其权益受到实际影响的相对人和相关人，也包括在规划编制阶段其知情权、参与权受到不利影响的潜在的利害关系人。②

（二）申诉受理主体

同规划复议制度一样，中立性、专业性和权威性是申诉制度发挥实效的重要保障。依据《城乡规划法》第 9 条的规定，城市规划申诉的受理主体为城乡规划主管部门或其他有关部门。而上述申诉受理机关通常就是做出规划决定的主体，这样的制度安排显然不符合"任何人不能做自己案件的法官"的正当程序原则要求。为了保证申诉处理的公平公

---

① 参见陈锦富、于澄《基于权利救济制度缺陷的城乡规划申诉机制构建初探》，《规划师》2009 年第 9 期。

② 参见皋华萍《规划申诉：完善规划救济的可行路径》，《前沿》2011 年第 14 期。

正，应当由城市规划纠纷之外的第三方受理申诉。

在规划申诉制度比较健全的国家，都设置了独立的规划申诉裁决机构。独立的规划申诉裁决机构主要包括两种类型：一类是由行政机关自己新设的申诉机构，主要是由中央政府、规划机关、规划申诉复议委员会等通过任命督察员来组建的行政裁决机构。英国是其中的典型代表，其负责处理规划申诉的主体为规划督察署，这是从负责城市规划的中央机构——环境部分离出来，成为全权负责英格兰规划事务的首相办公室下的一个执行机构。① 另一类则是通过地方立法设立的申诉裁决机构，即由法律和城市规划方面的专家组成一种独立于行政机关之外的特殊法庭。这类申诉裁决机构享有极大的权限，有权确认、修改或废除规划主管部门所做出的决定，澳大利亚的"规划申诉委员会"（Planning Appeal Board）是其中的典型代表。②

对于规划申诉受理机关的设置，我们可以借鉴英国等国的经验，在现行的行政复议制度、规划督察员制度的基础上，设立有独立性和相应权力的第三方裁决机构来受理规划申诉。相比于组建特殊法庭，在已有的城市规划委员会下增设城市规划申诉委员会来专门处理规划申诉是更为可行的路径。之所以选择城市规划委员会，是因为城市规划申诉制度需要发挥民意表达和权利救济的双重作用，其主管机构应具有相应的性质。一方面，作为民意表达的平台，申诉受理机关应具备常设性和规范性的特征；另一方面，作为权利救济的平台，申诉受理机关则应具备中立性和专业性的特征。基于以上两点要求，受理申诉机关应具有"半官方"性质，即既有行政机关工作人员的参加，又有社会人士的参与。在我国城市规划实践中，部分地区率先成立了城市规划委员会，其主要职能是审议、协调、咨询城市规划过程中的重大事项，为本级人民政府的规划决策提供参考依据。在人员组成上，一般包括政府部门的工作人员、专家和市民代表，由其全面负责城市规划草案的审议工作，提出自己的意见、协调各方利益，但不享有对规划草案的审批权。鉴于成立城

---

① 参见皋华萍《规划申诉：完善规划救济的可行路径》，《前沿》2011 年第 14 期。

② 参见王学锋、成媛媛《我国城乡规划申诉制度现状特征及完善途径探讨》，《规划师》2009 年第 9 期。

市规划委员会是改变单一的规划行政主体统揽规划决策、规划实施和规划监督的有效办法，逐步改变其依附于政府部门的状况，扩大其职权范围，在确保其拥有规划审批和审议权的基础上，增加规划解释权、规划救济权等规划行政职权，使其成为"独立于行政机构的规划决策组织"将会是该项制度创新的主要方向。① 因此，无论是从人员组成、专业知识还是法律地位的角度分析，相比于人大、政府及司法机关，城市规划委员会是较为合适的下设城市规划申诉委员会的机构。②

（三）申诉受案范围

申诉受案范围的大小，决定了为受害人提供权利救济的广度，也直接关系着作为权利救济补充机制的规划申诉的价值与功能的实现，出于协调与区分行政申诉、行政复议和行政诉讼三者之间受案范围关系的考虑，对行政申诉范围宜界定得更为宽泛，将行政复议、行政诉讼受案范围所排除的内部行政行为和抽象行政行为也包括在内。③ 在受案范围上，行政申诉主要受理针对违法或不当的行政行为提起的申诉，特别是对不当的行政行为提起的申诉。④ 具体到城市规划领域，利害关系人认为正在公示的总体规划、控制性详细规划和修建性详细规划的草案存在重大程序瑕疵或者已经生效的城市规划存在实体瑕疵而提出申诉的，申诉受理机关都应予以受理。认为正在公示的城市规划草案存在重大程序瑕疵而提出申诉的具体事由一般包括：规划草案内容依法应予以公示而未公示；规划草案编制的公示程序违法；申诉人对规划草案提出意见，规划主管部门不予答复或者怠予答复。认为已经生效的城市规划存在实体瑕疵而提出申诉的具体事由主要包括：规划内容违反相关法律法规的规定；规划内容不科学、不合理，可能损害社会公共利益或个人合法权益；规划的实施行为存在违法或不当的情形。⑤

---

① 参见何子张《城市规划中空间利益调控的政策分析》，东南大学出版社2009年版，第227页。

② 参见钟澄《城乡规划申述制度具体设计》，《规划师》2014年第10期。

③ 参见袁兵喜《我国行政申诉制度的构建及完善》，《河北法学》2010年第10期。

④ 参见钟澄《城乡规划申述制度具体设计》，《规划师》2014年第10期。

⑤ 参见钟澄《城乡规划申述制度具体设计》，《规划师》2014年第10期。

（四）申诉处理程序

英国的规划申诉处理程序较为完善，其法定申诉机关——规划督察署为此编著了《规划申诉指引》（*A Guide To Planning Appeals*），对申诉的各项程序进行了详细说明：一是在受理申诉的程序方面，明确了申诉人应先向规划督察署提出书面申请，再由规划督察署派出专门的督察员负责个案。二是针对不同的案件，规定了书面报告程序、听证会程序和聆询会程序三种申诉程序。因书面报告程序有着成本低、效率高的优势，多达80%的申诉案件采用了书面报告程序，即审理相关案件以书面交换信息为主。在规划申诉处理程序的选择上，具有一定的灵活性：规划督察署通常会先行了解情况，并在开发商和地方规划当局之间进行协调，如果申诉人或被申诉人一方不赞同书面程序，则会采用听证会程序或聆询会程序。三是针对申诉人不服裁决结果的情形，规定了相应的处理方式，即申诉人对裁决结果不满意的，可继续向最高法院提出上诉，但法庭只能对裁决的程序性问题进行审议，不能对裁决的合理性做出司法裁决。[①]

在借鉴英国规划申诉处理程序规则的基础上，我们可以对申诉处理程序做出如下的设计：首先，考虑到我国实际情况，申诉受理程序的设置应当参考诉讼受理程序，以书面申请为原则，以口头申请为例外。在符合城市规划申诉机制适用范围的前提下，对城市规划行为持有异议的申诉人，有权向规划申诉委员会提交申请书，申请书应载明申请人身份、申诉所指向的城市规划草案或文件、申诉内容和相关证据等，并可附上具体的修改意见。申请规划申诉委员会在收到申诉申请之后，应对申诉要件进行形式审查，若不具备申诉要件，则书面告知申诉人不予受理的理由；对符合条件的，应直接进入实质审查阶段，及时安排专家组处理城市规划申诉。其次，在选择规划申诉处理的具体程序上，既要注重程序的灵活简便，又要确保纠纷解决的公正性。对于事实清楚、权利义务明晰、双方当事人对采用书面程序没有异议的案件，规划申诉受理机关就可适用书面报告程序。最后，专家组在处理申诉过程中，应同时坚持合法性与合理性审查的标准，不仅要审查城市规划的制定、实施与

---

① 参见皋华萍《规划申诉：完善规划救济的可行路径》，《前沿》2011年第14期。

修改是否符合相关法律法规的要求，还应审查城市规划是否与城市的经济发展、自然环境和人居环境需求相协调。专家组在对被提起申诉的城市规划行为的合法性与合理性进行评议之后，应做出相应的专家意见书，在其中明确支持、部分支持或不予支持申诉请求的决定，并向社会公开。若申诉人对专家组在处理申诉申请过程中依据的法律、标准及处理程序有异议，可向申诉委员会提起复核。为了避免专家组的意见虚置化，在设置复核程序时，可以考虑只审查法律问题，不再审查事实问题。除复核决定全面认可专家组意见外，专家组应当根据复核决定重新给出意见，经申诉委员会批准后发布。[①]

（五）城市规划申诉与行政复议、行政诉讼的衔接

不同救济方式的协调运转离不开各自合理的功能定位。行政申诉作为一种补充性的、特殊的行政救济方式，与已成为规范性救济的途径行政复议相比，在受理、裁决等方面显得更为机动、灵活，但目前缺乏严格、明确、统一的规定，尚未制定专门的《行政申诉法》予以指导和规范。在实践中，对行政申诉制度的探索大多表现为地方行政部门的行为，难以取得实质性的突破，要形成完善的制度体系仍需经历较长的时间。因此，制度设计层面，应当将行政复议作为城市规划申诉的前置程序。考虑到行政复议制度已经较为健全，具有普遍适用性，是行政机关内部救济的首选途径，而行政申诉作为一种独立的行政救济制度正处于逐步完善的过程中，其存在对行政复议有着明显的补充作用，当某一城市规划纠纷同时符合行政复议和行政申诉的受理条件时，利害关系人应先通过行政复议途径来解决纠纷，在无法及时有效地获得权利救济的情况下，再选择提起行政申诉。

行政申诉与行政诉讼相比，虽然两者属于不同性质的救济方式，即前者属于行政机关救济范畴，后者属于司法机关救济范畴，在受案范围、救济程序以及启动条件方面都存在较大的差异，但是彼此间的联系也比较密切，应当在两者受案范围方面做好衔接工作。鉴于城市规划纠纷的专业性和技术性较强，为充分发挥行政机关的专业和技术优势，应将城市规划申诉作为行政诉讼的先行程序，对于能够通过行政申诉解决

---

① 参见钟澄《城乡规划申述制度具体设计》，《规划师》2014 年第 10 期。

的城市规划纠纷，尽量不要通过司法途径解决，这样可以使纠纷解决在行政环节，同时节省大量的司法成本。①

第三节　城市规划赔偿制度的健全

在我国城市化快速发展的进程中，因违法行使城市规划职权而损害利害关系人合法权益的现象屡见不鲜，由此引出的权利救济问题值得关注。对城市规划违法行为仅通过确认无效、撤销、责令履行职责、确认违法等方式追究侵权机关的责任，有时仍难以达成目的，适用行政赔偿的方式既有助于监督行政主体依法行政，也可以使利害关系人的合法权益得到更有效的救济。例如，规划主管部门未履行主动公开规划信息的职责，在没有征求涉案地块内利害关系人意见的前提下，就对该地块的用地性质加以变更，并向建设者颁发了建设用地规划许可证，依据规划许可在涉案地块上建造的建筑物给利害关系人的合法权益带来严重影响，此时责令该行政主体履行作为义务已无实际意义，相较而言，在确认行政主体不作为行为违法的同时，责令其承担赔偿责任，则是补救受害人权益更妥当的手段。但也不能忽视，在现有的制度框架下，通过城市规划赔偿途径对受害人合法权益的补救程度尚不充分。具体表现为：适用行政赔偿制度的城市规划违法行为范围有局限性，未将详细规划的制定与变更纳入赔偿范围内，也没有明确规定规划机关不履行或拖延履行法定职责的赔偿责任；同时，《国家赔偿法》规定的损害赔偿范围限于人身权和财产权的损害，即便是对法定赔偿范围之内的违法行为所造成的损失，也并非全部赔偿，赔偿金额通常低于受害人的实际损失，大多限于最低限度的直接损失。如何在考虑城市规划侵权特性的基础上，对现有的行政赔偿制度做出一定创新和突破，使该项制度更好地发挥其应有的功能，是有待进一步探讨的问题。

---

① 参见袁兵喜《我国行政申诉制度的构建及完善》，《河北法学》2010 年第 10 期。

一　城市规划赔偿的概念

根据《国家赔偿法》的相关规定，国家赔偿分为行政赔偿、刑事赔偿及民事、行政诉讼中国家侵权损害赔偿三种类型。本书所研究的"城市规划赔偿"限于城市规划中的行政赔偿，即城市规划机关及工作人员因违法执行职务而给利害关系人合法权益造成损害时，依法由国家承担赔偿责任的制度。城市规划赔偿主要具有如下特征。

第一，城市规划赔偿中的侵权主体是行使城市规划权力的行为人。城市规划赔偿中侵权主体具有多样性，其中既包括县级以上人民政府及其城乡规划行政主管部门、法律法规授权的组织以及这些单位中的工作人员，也包括受委托行使规划职权的组织或个人。

第二，城市规划赔偿中的侵权行为是城市规划机关及其工作人员做出的职务违法行为。这里的职务行为包括城市规划机关及工作人员行使规划职权的行为和关联行为，不包括民事行为。对职务违法行为中"违法"的内涵宜作广义理解，不仅包括对城市规划的相关法律、行政法规、地方性法规、行政规章设定的特定权利义务的违反，也包括对城市规划行政规定与技术规范所规定的注意义务、职务义务的违反，因为在实定法上，并不总是存在明确的法定义务可以作为行政行为的违法性判断的依据，为了使受害人的合法权益得到有效救济，在缺乏可以依据的实定法规范的情况，法院会积极地解释注意义务、职务义务等概念来证成违法要件。[①] 至于构成违法是否应以行为人的主观过错为判断要件，笔者则持否定观点，主要理由是行政行为效力的产生取决于外部的行为客观形态，即行政行为只要在客观上对特定人的权益产生了直接影响或拘束，就可视为发生法律效果，并不依赖行为人的主观意思，故对行政行为法律效果的违法性判断无须探究行为人的主观动机。[②]

第三，城市规划赔偿的责任主体是国家，而城市规划赔偿的义务机关为致害机关。在民事纠纷中，由于当事人是具体的个体，因此责任主

---

① 参见蒋成旭《国家赔偿违法要件的基本构造》，《法学家》2021 年第 5 期。

② 参见余军《行政法上的"违法"与"不法"概念——我国行政法研究中若干错误观点之澄清》，《行政法学研究》2011 年第 1 期。

体与义务履行主体是一致的。但在行政赔偿案件中责任主体与义务主体是分离的，因为国家是个抽象而广泛的概念，承担义务的主体责任必须由具体的侵权主体，即由作为国家机器的具体机构来承担。[1] 与一般的行政赔偿相同，城市规划行政主体以国家的名义行使城市规划职权，产生的法律后果归属于国家，因此城市规划赔偿的责任主体是国家，城市规划赔偿义务机关为致害机关。在责任承担上，除赔偿费用由国家开支，列入各级财政预算之外，诸如确定是否给予赔偿及赔偿数额、出庭应诉、决定是否与受害人和解等具体赔偿事务均由城市规划赔偿机关负责。[2]

第四，城市规划赔偿的损害范围是特定的。考虑到政府财政负担能力有限，国家不可能对所有形态的损害都承担赔偿责任，只有符合法律规定的性质的损害才能被纳入行政赔偿责任的范畴。一方面，受到损害的利益必须是合法的利益，非法的利益不受法律保护，不会引起国家赔偿责任。另一方面，损害赔偿的对象须具备特定性。城市规划赔偿的对象仅限于权益直接受城市规划行为影响的利害关系人，因违背或怠于执行职务义务而遭受间接或反射损害的人不属于城市规划赔偿的对象。此外，可赔偿的损害应具有确定性，这种损害必须是现实存在的、已经发生或即将必然发生的。受害人必须证明利益的获得已经确定，或者将来的损害可以估价，否则即属于非确定性损害，国家不负赔偿责任。[3]

二　城市规划赔偿当事人

（一）城市规划赔偿请求人

城市规划赔偿请求人是指自身合法权益因城市规划机关及工作人员违法执行职务而遭受损害，有权请求行政赔偿的公民、法人和其他组织。城市规划赔偿请求人与城市规划行政诉讼原告这两个概念之间既有联系又有区别。相同之处在于，两者都是为了维护自身的合法权益，城

---

① 参见杨杰、李萍《赔偿义务机关后置吸收原则的例外情形》，《人民司法》2020 年第 26 期。

② 参见宋雅芳等《行政规划的法治化：理念与制度》，法律出版社 2009 年版，第 328 页。

③ 马怀德主编：《国家赔偿问题研究》，法律出版社 2006 年版，第 103 页。

市规划行政诉讼原告在诉讼过程中或诉讼结束后均可提出行政赔偿请求，从而成为城市规划赔偿请求人。不同之处主要表现为：两者可选择的救济途径有差别。城市规划行政诉讼原告只能通过司法途径达到目的；对城市规划赔偿请求人来说，根据《国家赔偿法》第 9 条的规定，除非其在申请行政复议或提起行政诉讼时一并提起赔偿请求，应当先向赔偿义务机关提出赔偿请求。此外，城市规划赔偿请求人这一概念也不等同于本书第二章所界定的"城市规划利害关系人"，后者在范围上比前者大得多，值得法律保护的切身利益受详细规划制定、实施与修改影响的个人和组织都属于城市规划利害关系人，而城市规划赔偿请求人的范围限于自身合法权益因违法的城市规划行为造成损害且有权依法申请国家赔偿的公民、法人和其他组织。

根据《国家赔偿法》的相关规定，城市规划赔偿请求人可分为城市规划行为的相对人和城市规划行为的相关人这两种类型。前一类主要包括城市规划行政许可的申请人和持证人、城市规划行政处罚的被处罚人等；后一类主要包括城市规划行政许可的相邻关系人、城市规划行政处罚的第三人等。

在确定城市规划赔偿请求人时，特别是城市规划行为的相关人，需要考虑自身权益受到的影响是否充分这一因素，并非只要自身权益受到规划影响，无论影响大小均有权提出赔偿请求。[①] 据此，提出请求的利益相关者一般要符合以下两个条件才能被认定为法律意义上的赔偿请求人：一是提出赔偿请求的主体具有独立的权益。比如，某一企业因违法的城市规划行为而遭遇拆迁，该企业员工的利益也会受到不利影响，但由于该企业的员工不享有独立的权益，只有该企业具备赔偿请求的资格。二是违法的城市规划行为对其权益的影响具有充分性。这种充分性表现为受害人权益遭受的损害超过了一般行政行为对公共生活所带来的正常负担，达到了严重的程度。据此，对于权益受城市规划行为影响的相邻权人或潜在的业主是否能够具备请求赔偿的资格，往往要考虑其遭受的权益损害是否足够大。

---

① 参见宋雅芳等《行政规划的法治化：理念与制度》，法律出版社 2009 年版，第 339—340 页。

（二）城市规划赔偿义务机关

城市规划赔偿义务机关是指代表国家接受行政赔偿请求，参与城市规划赔偿诉讼，履行赔偿义务的城市规划机关。根据《国家赔偿法》的相关规定和城市规划实践情况，城市规划赔偿义务机关可以分为以下几类。

一是实施违法城市规划行为的行政机关。根据《国家赔偿法》第7条第1款、第2款的规定，应由实施违法城市规划行为的行政机关来承担政赔偿责任的情形共有三种。第一种为城市规划违法行为是以行政机关的名义作出的，该行政机关的工作人员仅是执行命令或决定，并未主动违法，造成的损害应由该行政机关承担赔偿责任。例如，某组织编制机关在未征求规划地段内利害关系人意见的情况下即对控制性详细规划进行修改，最终给被许可建设项目的相邻关系人及潜在业主的期待利益造成损害，若受害人提出赔偿请求，则该组织编制机关为赔偿义务机关。第二种为行政机关的工作人员自行决定实施城市规划违法行为，并非执行行政机关的命令或决定，由于工作人员是代表其所属的行政机关行使职权，因此产生的法律后果应由其所属的行政机关来承担。例如，某执法部门的工作人员在对违法建筑实施拆除的过程中违规使用暴力，给违法建筑当事人的合法权益造成损害，则该工作人员所属的执法部门为赔偿义务机关。第三种为两个及以上行政机关以共同的名义做出的城市规划违法行为造成损害的，共同行使职权的行政机关为共同赔偿义务机关。例如，在规划实施的监督检查中，往往需要规划、住建、国土、城管、公安等部门联合执法，若这些部门共同行使职权的行为构成违法并给利害关系人合法权益造成损害，则联合做出执法行为的部门为共同赔偿义务机关。共同赔偿义务机关之间的责任是连带责任，受害人可以向任何一个赔偿义务机关提出赔偿请求，该机关应单独或与其他赔偿义务机关共同支付赔偿费用，一个机关承担了赔偿责任，并不能免除其他赔偿义务机关的责任。

二是依据法律、法规授权行使城市规划职权的组织。根据《国家赔偿法》第7条第3款的规定，法律、法规授权的组织违法行使城市规划职权给公民、法人和其他组织的合法权益造成损害的，该法律、法规授权组织为赔偿义务机关。为了满足日渐扩张的行政职能需要，将原本属于政府的部分行政权力转移给非官方或半官方组织来行使已成为各国的通行做法，在城市规划领域也不例外。例如，在日本，与中央政府的特殊法人相对应，制定法在地方公共团体层级上也创设了"地方公社"这一共通名称的法人组织，如基于《地方住宅供给公社法》、《地方道路公社法》、《关于公有地的扩大推进的法律》等法律，通过特别的程序，由地方公共团体所设立的地方住宅供给公社、地方道路公社、土地开发公社等法人组织。① 地方公共团体往往根据法律授权，负责本级行政辖区内的住房建设计划、道路建设计划以及土地开发计划等。在这种意义上，可将其视为特殊的规划行政主体。② 在我国，广州、深圳、南京、厦门、上海等不少城市都设有城市规划委员会这一半官方性质的规划决策组织，虽然目前除深圳等少数城市的规划委员会被授予部分决策权之外，大部分城市的规划委员会只是具有议事权的咨询机构，但今后机构改革的方向是让其成为享有规划审批权、审议权、监督权、调查权、听证权、复核权、裁决权等规划行政权力的独立于政府部门的规划决策组织。③ 当城市规划委员会依据法律法规授权，行使了本该由政府部门行使的规划行政权力时，如对规划决策进行审批，按照"权责对等"的行政原理和《国家赔偿法》的相关规定，应对其实施的城市规划违法行为所造成的损害承担赔偿责任。

三是委托自身城市规划职权的行政机关。根据《国家赔偿法》第7条第4款的规定，当行政机关出于公务需要，将自身的部分城市规划职权委托给其他行政机关或具有社会公共事务管理职能的组织及个人行使时，接受委托的组织或个人因违法行使城市规划职权给利害关系人合法权益造成损害的，委托自身职权的行政机关为赔偿义务机关。行政委托的原理在于被委托人无行政主体资格，其必须以委托人的名义从事活动，其行为的法律后果由委托人承担。若被委托人所实施的致害行为与委托的行政职权无关，则委托的行政机关不对该致害行为所造成的损害

---

① 参见［日］盐野宏《行政法》，杨建顺译，法律出版社1999年版，第594—595页。

② 参见宋雅芳等《行政规划的法治化：理念与制度》，法律出版社2009年版，第194页。

③ 参见何子张《城市规划中空间利益调控的政策分析》，东南大学出版社2009年版，第227页。

承担赔偿责任，受害人只能追究被委托人的民事赔偿责任。例如，被委托的城市规划编制单位超越其资质等级许可的范围承揽城市规划编制工作，对受害人合法权益造成了损害，根据《城乡规划法》第62条的规定，应由其自身承担赔偿责任，赔偿责任可以由规划主管部门以调解的方式要求行为人承担，受害人也可以提起民事诉讼，请求法院判决行为人承担赔偿责任。

四是城市规划复议机关。经过行政复议的城市规划赔偿案件，如何确定赔偿义务机关相对复杂。根据《国家赔偿法》第8条的规定，城市规划违法行为经过行政复议的，由最初实施侵权行为的行政机关作为赔偿义务机关，只有复议机关做出的复议决定加重损害的，复议机关才成为赔偿义务机关，且赔偿范围仅限于复议加重的部分，其他部分的损失仍由最初造成侵权行为的行政机关承担赔偿责任。但对何为"加重"以及表现形式如何，相关法律规定和司法解释未做出进一步说明，导致该条款的可操作性大打折扣。从合理确定复议机关和原处理机关的权责关系及有利于利害关系人权益保护的角度考虑，有必要对"加重"的含义及表现形式予以解释。对此，应将复议机关做出的复议决定内容侵权、维持原行政行为以及在复议过程中不予受理、逾期不作决定纳入复议机关赔偿责任的范围内；同时针对复议机关依法撤销原行政行为或确认原行政行为违法的情况，免除复议机关的赔偿责任，由原处理机关承担赔偿责任。①

三 适用行政赔偿制度的城市规划违法行为范围

在城市规划领域中，涉及损害赔偿问题的城市规划行为可分为两类：第一类是诸如城市规划行政许可、城市规划行政处罚等城市规划实施行为，这类行为一般被归入具体行政行为；第二类是城市规划文件的制定与变更，这类行为往往被视作抽象行政行为。

对于违法的城市规划实施行为造成损害的，规划机关应承担赔偿责任，这在学理上和实务中没有争议。但对于城市规划文件的制定与变更

---

① 参见朱素明《行政复议机关赔偿义务问题解析》，《中共云南省委党校学报》2011年第4期。

行为是否属于行政赔偿范围，学界仍存在一定的争议。有学者认为，虽然《国家赔偿法》未明确规定抽象行政行为违法是否承担赔偿责任，但根据现行《行政诉讼法》的相关规定，司法机关对附带审查的规范性文件只有选择适用权，被判违法的仍然是具体行政行为，由此将城市规划中的行政赔偿限定为在建设项目许可以及建设项目行政处罚中，因行政行为违法造成行政相对方合法权益损失，依法向受害人承担赔偿责任的制度。① 也有学者指出，抽象行政行为的特殊性并不能消除其侵害相对人合法权益的可能性，且与违法的具体行政行为相比，违法的抽象行政行为侵害范围更大，后果更严重，因此，根据有权利即有救济的法治原则，在城市规划中国家应赔偿违法的抽象行政行为给相对人合法权益造成的损失。②

本书认为，对于城市规划文件的制定与变更是否属于行政赔偿的范围，关键要看其对利害关系人权益造成损害后果的可能性，而不能简单地套用抽象行政行为与具体行政行为二分法。在本章第二节中，已论证过总体规划不会对特定区域内的个人和组织权益产生实际影响，而事项比较具体的控制性详细规划和修建性详细规划会对一部分人的权益设定超出正常合理范围内的负担，且后续实施行为会在短期内发生，足以造成利害关系人权益损害的后果。可见，若机械地依照抽象行政行为与具体行政行为的划分，将详细规划的制定与变更排除在行政赔偿范围之外，待后续的实施行为发生后，才对其造成的损害予以赔偿，这显然不利于及时补救受害人的合法权益和促进依法行政。因此，应肯定制定与变更详细规划所造成的损害有适用行政赔偿制度的空间，而对总体规划的制定与变更则不必适用行政赔偿予以救济，当事人若认为总体规划内容侵犯其合法权益的，可在总体规划的具体化和落实环节中寻求救济。

具体而言，适用行政赔偿制度的城市规划行为可以大致分为以下几类。

（一）不履行或拖延履行法定职责

《城乡规划法》第 11 条明确了县级以上地方人民政府城乡规划主

---

① 参见何明俊编著《城乡规划法学》，东南大学出版社 2016 年版，第 223 页。
② 参见莫于川主编《行政规划法治论》，法律出版社 2016 年版，第 282—283 页。

管部门负责本行政区域内的城乡规划管理工作。当规划机关不作为，给利害关系人合法权益造成损害时，是否应承担行政赔偿责任，《城乡规划法》未做出明文规定。从《国家赔偿法》第 3 条第 5 款、第 4 条第 4 款对行政赔偿范围的兜底性规定，以及《行政诉讼法》第 12 条第 3 项、第 6 项、第 10 项、第 11 项所列举的行政相对人可提起诉讼的行政不作为情形能够看出，我国行政赔偿制度并未将行政不作为排除在外。此外，2001 年最高人民法院公布的《关于公安机关不履行法定行政职责是否承担行政赔偿责任的批复》肯定了特定领域行政机关不作为的行政赔偿责任。鉴于针对行政不作为的赔偿请求日益增多，给予行政不作为的受害人以权利救济具有迫切性，在承认行政不作为可赔偿性的基础上，对可赔偿的行政不作为情形进行梳理和研析很有必要。具体到城市规划领域，因城市规划机关不作为而产生赔偿责任的情形主要包括以下几类。

（1）对符合法定条件的申请人未在法定期限内核发选址意见书、建设用地规划许可证、建设工程规划许可证的行为

我国的城市规划许可制度表现为以控制性详细规划为依据的"一书两证"制度，它既是对建设项目的全过程是否符合城市规划进行的行政管控，也是对申请人从事建设活动的赋权行为。根据《城乡规划法》第 36、37、40 条的规定，规划主管部门应根据行政相对人的申请，对其申报的材料是否符合城市规划以及相关法律、法规进行核实，进而就是否核发选址意见书、建设用地规划许可证、建设工程规划许可证做出准予、有条件准予或拒绝的决定。申请人在申请"一书两证"前，往往需要准备诸多材料，为此要付出大量时间和人力成本，规划主管部门能否在法定期限内为符合法定条件的申请人依法颁发"一书两证"事关申请人的重大利益。据此，规划主管部门应对未按照法律规定给符合法定条件的申请人核发"一书两证"所造成的损害承担相应的赔偿责任。

（2）城市规划机关未依法向利害关系人公开有关规划信息的行为

知情权是利害关系人的一项基本权利，也是其参与政治和行政决策活动的前提和基础。2007 年国务院发布了《政府信息公开条例》，这标志着在立法层面上确立了政府信息公开制度。在城市规划领域，属于公开范畴的信息主要包括两类：一是政府部门依据相关法律法规或政府规章，必须主动公开的信息，如城市总体规划、控制性详细规划、修建性

详细规划、建设项目工程规划许可证、建设项目工程设计方案等信息。主动公开的流程一般为规划机关在编制完成相关草案或文件后，在政府门户网站予以公布或在建设项目现场进行公示。① 二是政府部门依据当事人申请公开的信息，如建设项目审批文件、征收补偿方案等信息。对于这类信息，申请人可以通过网络、信件、口头等方式提出信息公开申请，有权机关应根据申请的具体内容，在法定时限内做出是否同意公开的答复。对于同意公开的信息，有权机关应按照申请人要求的形式或适当的形式予以提供；对于不予公开或无法公开的信息，应向申请人说明理由。

在实践中，诸如详细规划草案及文件等关系民众切身利益的规划信息本应按照法律规定主动及时地公开，但一些规划主管部门未履职到位，规划区域内及其附近地块的利害关系人往往是在规划主管部门向建设单位颁发许可证之后，才获悉整个规划方案，无法及早地参与到规划决策中，从而减少规划本身及实施行为对自身合法权益造成的损害。即便是利害关系人对本应主动公开的规划信息转而提出公开申请，也难免会遇到有权机关无正当理由拒绝提供的情况，这无疑给利害关系人后续的维权带来更大的困难。据此，为避免出现懒政怠政现象，应将规划机关未依法主动公开相关规划信息或无正当理由拒绝为符合条件的申请人提供相关规划信息的行为纳入行政赔偿范围内。

（3）发现未依法取得规划许可或者违反规划许可规定在规划区内进行建设的行为，而不予查处或者接到举报后不依法处理

《城乡规划法》赋予了规划主管部门查处城市规划违法行为的职权。根据该法第51、53条的规定，县级以上人民政府城乡规划主管部门应对城乡规划的实施情况进行监督检查，有权责令有关单位和人员停止违反城乡规划法律、法规的行为。同时，根据该法第9、60条的规定，任何单位和个人都有权向规划主管部门或者其他有关部门举报或者控告违反城乡规划的行为，规划主管部门或者其他有关部门对举报或者

---

① 参见谢炜、桂寅《城市规划建设类政府信息公开的基本特点、实践问题与推进策略——基于上海市 J 区的实证研究》，《华东师范大学学报》（哲学社会科学版）2018 年第 1 期。

控告应当及时受理并组织核查、处理；若规划主管部门在监督检查中，发现未依法取得规划许可或者违反规划许可的规定在规划区内进行建设的行为，而不予查处或者接到举报后不依法处理的，应由有权机关责令改正，通报批评，对直接负责的主管人员和其他直接责任人员依法给予处分。但《城乡规划法》只规定了规划主管部门不履行法定监管职责所承担的内部责任，未涉及对外承担赔偿责任的问题。鉴于仅通过追究内部责任不足以补救利害关系人的权益损害，仍需要在立法上明确规划主管部门不履行法定监管职责的赔偿责任。

（二）违法变更规划许可的行为

规划许可变更是指在核发选址意见书、建设用地规划许可证、建设工程规划许可证之后，对规划条件或许可证及附件进行更改的行为。跟其他的行政行为一样，规划许可一经做出就具有公定力、确定力、拘束力和执行力，由此形成的权利义务关系受法律保护。考虑到建设项目实施过程中各种客观因素难免发生重大变化，出于维护公共利益的需要或为了保护被许可人的信赖利益，有必要对已生效的规划许可进行变更。虽然法律允许行政主体和被许可人提出变更规划许可，但做出变更规划许可的决定必须有实体性依据并经过法定程序，不可随意而为。

规划许可的变更主要涉及两种情形，即规划条件的变更和建设工程设计方案的变更。根据《城乡规划法》第43条的规定，无论是哪种情形的规划许可变更，都必须符合控制性详细规划。规划许可变更所涉及的法律关系是复杂多元的，既存在被许可人与规划主管部门之间的关系，也存在利益相关人与被许可人之间的关系以及利益相关人与规划主管部门之间的关系。其中，规划许可变更涉及的利益相关人主要包括受被许可建设项目外在影响的相邻权人和被许可建设项目的潜在业主。在城市开发过程中，作为被许可人的开发商往往会出于商业利益的考虑而向规划部门申请变更出让合同约定的容积率等规划条件或者建设工程设计方案，由此给相邻权人或潜在业主的利益带来不利影响，进而引发诸多纠纷。为此，一些地方立法明确了在对规划条件和建设工程设计方案进行变更前都应征求利益相关人的意见。例如，《广州市城乡规划条例》第43条规定，原许可机关批准建设单位或个人变更建设工程规划许可前，应当征求利害关系人意见；第44条规定，建设工程设计方案总平面图修改涉及产权人的专有部分或者产权人所在建筑物的共有部分的，应当依照相关法律、法规的规定取得相关产权人的同意。在中央立法层面，《城乡规划法》第50条规定了建设工程方案的总平面图的修改，规划主管部门应采取听证会等形式，听取利益相关人的意见，这要求规划许可变更涉及利益相关人时，必须遵循正当程序原则。此外，该条款还明确了因修改给利益相关人合法权益造成损害的，适用行政补偿制度，但未提及违法变更规划许可侵害利益相关人权益引起的行政赔偿问题。在实践中，利益相关人的合法权益因规划许可变更受到影响的，可否主张由规划主管部门承担赔偿责任，需要根据涉案的变更规划许可的决定是否构成侵权以及是否构成行政违法等因素进行判断。

以相邻权人的采光权保护为例，规划主管部门做出的变更规划许可的决定是否构成侵权，要考虑受害人采光权受损的严重程度，对此可分三种情形来分析。第一种情形为相邻权人原本获得的日照时间就低于国家和当地行政主管部门技术规范规定的最低标准，若被许可人按照批准的规划设计方案开展建设，并未导致相邻权人获得的日照时间减少，就不能认定为构成侵权。第二种情形为规划许可变更导致相邻权人的日照时间达不到国家规定的最低日照时间，此时可认定相邻权人公法意义上的采光权和私法意义上的采光权均受到侵害。第三种情形为相邻权人在规划许可变更前获得的日照时间远高于国家和当地行政主管部门技术规范规定的最低日照标准，在规划许可变更后获得的日照时间虽仍高于该标准，但日照时间明显减少，且会明显影响相邻权人的日常生活或导致其住宅价值显著下降，此时则可认定相邻权人私法意义上的采光权受到侵害。在第一种情形下，不存在行政赔偿责任的承担问题；在第二种情形下则有可能产生行政赔偿责任；在第三种情形下，一般由相邻权人通过民事途径要求被许可人承担赔偿或补偿责任来解决纠纷，因此也不涉及行政赔偿问题。在认定涉案的变更规划许可的决定是否构成行政违法的问题上，关键要看规划主管部门在做出变更决定前，是否对被许可人和相邻权人之间的利益冲突进行谨慎合理的权衡，是否依照相关法律规定充分听取相邻权人的意见，并促进被许可人与采光权受影响的相邻权人达成补偿协议。若规划主管部门未依法征求相邻权人的意见，就变更已生效的规划许可，造成被许可人与相邻权人之间利益的严重失衡，则构成违法变更规划许可，对相邻权人采光权遭受的损害则需要承担赔偿责任。反之，如果规划主管部门依照法定程序听取了相邻权人的意见，在被许可人所申请的可能损害相邻权人权益的建设活动获得相邻权人同意或相应的争议已得到解决时，再变更规划许可，就应认定变更规划许可合法，此时规划主管部门不需要承担赔偿责任。[①]

四 其他城市规划违法行为

除了前述行为之外，还有一些城市规划违法行为涉及行政赔偿责任，主要包括但不限于：

一是未将规划条件纳入土地使用权出让合同的土地出让行为。在国有土地使用权出让过程中，城市、县人民政府城乡规划主管部门应当依据控制性详细规划，提出规划条件，将其作为国有土地使用权出让合同的组成部分，以加强对国有土地使用权出让的指导和调控。建设单位或个人在城镇规划区内以出让方式取得国有土地使用权的，应在签订国有土地使用权出让合同后，持建设项目的批准、核准、备案文件和国有土地使用权出让合同，申请领取建设用地规划许可证，其只有在取得建设用地规划许可证之后，才可向有关部门申请办理土地权属证明。[②] 根据《城乡规划法》第 39 条的规定，规划条件未纳入国有土地使用权出让合同的，将导致国有土地使用权出让合同无效，对未取得建设用地规划许可证的建设单位批准用地的，由县级以上人民政府撤销有关批准文件，给当事人造成损失的，应当依法给予赔偿。

二是规划许可因违法被撤销。城市规划机关依法撤销不符合法定条件取得的规划许可，实质上是对规划许可实施中存在的违法行为的纠正。为了平衡公共利益和被许可人的信赖利益，相关法律对因规划许可被撤引起的赔偿问题做了规定。《行政许可法》第 69 条第 1 款列举了 5 种非因被许可人自身过错导致行政许可被撤销的情形，明确了被许可人合法权

---

① 参见肖泽晟《论规划许可变更前和谐相邻关系的行政法保护：以采光权的保护为例》，《中国法学》2021 年第 5 期。

② 参见全国人大常委会法制工作委员会经济法室等编《中华人民共和国城乡规划法解说》，知识产权出版社 2016 年版，第 92—93 页。

益受到损害的，行政机关应当给予赔偿。同时，《城乡规划法》也明确了规划主管部门因违反本法规定做出行政许可的，上级机关有权撤销该行政许可，因撤销行政许可给当事人合法权益造成损害的，应当给予赔偿。

三是违法撤销或注销规划许可。违法撤销规划许可是指城市规划机关在行使监督检查职权时，未依据法律规定，随意撤销被许可人依法取得的规划许可。例如，规划主管部门在证据不足的情况下，认定被许可人以欺骗、贿赂等不正当手段取得规划许可，进而错误适用《行政许可法》第 69 条第 2 款的规定撤销规划许可的，国家应对被许可人合法权益遭受的损害承担行政赔偿责任。违法注销规划许可是指城市规划机关未按照法律规定办理注销规划许可手续的行为。《行政许可法》第 70 条列举了 6 种行政机关应当办理注销行政许可手续的情形，若不具备以上情形，因注销行政许可而损害被许可人的合法权益的，将引起行政赔偿问题。例如，根据《行政许可法》第 50 条的规定，规划主管部门应根据被许可人的申请，在该规划许可有效期届满三十日前做出是否准予延续的决定，逾期未做出决定的，视为准予延续。若被许可人在规划许可有效期届满前提出了延续的申请，规划主管部门逾期未做出决定，直接注销了被许可人的规划许可，由此损害了许可人的合法权益，则国家应承担相应的赔偿责任。[①]

五　城市规划赔偿的损害范围、标准与方式

（一）城市规划赔偿的损害范围

城市规划违法行为给利害关系人合法权益造成损害是城市规划赔偿的构成要件，但并非所有形态的损害都能够获得赔偿，这需要在考虑国家财力负担能力的前提下，将可赔偿的损害限定在公平合理的范围内。

根据城市规划违法行为所造成的损害后果性质，以是否已造成利益的减损以及这种减损是否能够被预期来划分，损害可分为既得利益的损害和期待利益的损害。既得利益的损害一般不能预见，大多伴随相对人做出的某种行为而产生，事态发展不受相对人控制，且发生后相对人可

---

① 参见宋雅芳等《行政规划的法治化：理念与制度》，法律出版社 2009 年版，第 335—336 页。

通过自身理性分析和体验直接觉察到。期待利益的损害属于间接损失，其可能或必然的减损只能通过人的感性认识和对预期的分析而感知，如相对人基于对城市规划的信赖，做出对未来生产生活活动安排的处分行为，以此与规划机关形成直接联系。①

　　从《国家赔偿法》的相关规定来看，行政赔偿范围包含了违法行为所导致的人身损害和财产损害，其中对财产损害的赔偿限于直接损失，即既得利益的损害。虽然该法没有明确规定间接损失不予赔偿，但该法第 36 条所列举的侵害财产权的情况均属于直接损失，"对财产权造成其他损害的，按照直接损失给予赔偿"这一兜底条款也表明国家对列举情形之外的其他财产权损害只赔偿直接损失。而根据《国家赔偿法》第 33、34 条对侵害人身自由和生命健康权的规定，对侵犯人身自由的每日赔偿金、侵犯生命健康的误工费、残疾赔偿金或死亡赔偿金按国家上年度职工平均工资计算。考虑到每日赔偿金、误工费、残疾赔偿金和死亡赔偿金这些人身损害赔偿都带有间接损失的性质，可以认为可赔偿的间接损失被限定在人身损害范围内，且法律对间接损害的项目和计算标准等做出了严格的限制。

　　目前，许多国家的行政赔偿范围是以民事侵权赔偿范围作参照的，② 采取的是全面赔偿原则，将直接损失和间接损失都包含在行政赔偿的范围内。相比之下，我国行政赔偿范围明显小于民事侵权赔偿范围，未采取全面赔偿原则。从《国家赔偿法》制定时的经济社会发展状况以及国家财政承受能力考虑，将财产损害的行政赔偿范围限于直接损失，具有一定的合理性，但在改革开放已取得辉煌成就的当下，若仍固守十多年前的赔偿范围，则难以满足我国公民权利保障的现实需要。因此，今后援引民法上的规定，将财产损害中的间接损失一并纳入行政赔偿范围，以促进行政赔偿制度的完善有其必要性。鉴于财产损害中的间接损失在某些情况下是难以计算的，赔偿全部的间接损失显然不可

---

　　①　参见王梦娟《行政规划领域政府失信的实证研究》，《广西政法管理干部学院学报》2019 年第 2 期。

　　②　例如，《美国联邦侵权赔偿法》第 2674 条第 1 项规定："美国联邦政府根据本法关于侵权赔偿的规定，应于同等方式与限度内与私人一样地负担损害责任。"《日本国家赔偿法》第 4 条规定："国家或公共团体之损害责任，除前三之规定外，依民法之规定。"

行。所以，可纳入行政赔偿范围的间接损失应具有确定性，属于现实可得利益，即损害发生时已经具备利益取得条件，若无加害行为出现，则受害人按照通常预期必然会获得的收益。这里"通常"的参照系为受害人在以往大量相同或类似情形下所形成的事实。① 换言之，这种间接损失应当是短期内能够获取的而不是将来可能获得的，受害人必须举证将来的损失可以估价，如在因规划许可撤销或变更而导致房地产损失的情况下，受害人应举证若无规划许可撤销或变更的情形，其可获得的利润和房地产价值是能够预计的。

（二）城市规划赔偿的标准

城市规划赔偿的标准是指国家对城市规划机关及工作人员违法行使规划职权给公民、法人和其他组织造成损害时，在多大程度上予以行政赔偿，这是一种结果意义上的赔偿范围。

目前，世界上主要形成了三类行政赔偿标准：一是惩罚性标准。这种标准既有弥补受害人损失的功效，也有惩戒侵权机关的作用。依据该标准，赔偿义务机关向受害人支付的赔偿金额，不仅包括因自身违法行为给受害人造成的损失费用，还包括因侵害受害人合法权益而应承担的惩罚性费用，赔偿金额一般大于受害人的实际损失或消除非财产损害所必需的费用。二是补偿性标准。该标准以能够弥补受害人所遭受的实际损失为限，依据该标准，赔偿义务机关向受害人支付的赔偿金额等于实际损失，其不仅应赔偿直接损失，也应赔偿间接损失。三是抚慰性标准。该标准以抚慰受害人为目的。对财产损害的赔偿，适用该标准意味着支付的赔偿金额低于实际损失；对非财产损害的赔偿，适用该标准意味着赔偿金额低于消除非财产损害所必需的费用。② 就我国《国家赔偿法》第四章设定的赔偿标准而言，采用的是抚慰性标准。该法对财产损害规定的赔偿范围限于直接损失，对人身损害的赔偿以物质性损失为主，且在生命健康权损害赔偿方面设定了最高额限制，对精神损害只规定支付相应的精神损害抚慰金。

---

① 参见王堃蔡、武进《论我国行政赔偿范围的拓展与改良》，《北京化工大学学报》（社会科学版）2012 年第 3 期。

② 参见马怀德主编《国家赔偿问题研究》，法律出版社 2006 年版，第 275—276 页。

在实践中，存在扩大解释财产损害赔偿中的"直接损失"的案例。如"许水云诉金华市婺城区人民政府房屋行政强制及行政赔偿案"中，最高人民法院主张："为体现对违法征收和违法拆除行为的惩戒，并有效维护许水云合法权益，对许水云房屋的赔偿不应低于因依法征收所应得到的补偿，即对许水云房屋的赔偿，不应低于赔偿时改建地段或者就近地段类似房屋的市场价值。"① 虽然此案件的案由不是城市规划，但判决书中法院对赔偿金额的判决观点至少可以看作是对《国家赔偿法》所设定的赔偿标准的一种变通。在城市规划侵权案件中往往涉及房地产这类市场价值持续变动的损害对象，若完全按照《国家赔偿法》确立的"直接损失"标准，则无法保证受害人的权益得到充分的救济。换言之，在城市规划赔偿的具体实务中，可以适当采用公平补偿标准，在明晰日照或邻避设施所产生的影响程度与房地产市场价格之关系的基础上，客观评估城市规划违法行为造成的实际损失，尽可能地使受害人获得与其实际损失相当的赔偿数额。

（三）城市规划赔偿的方式

城市规划赔偿的方式是指国家对城市规划机关及工作人员违法行使规划职权承担赔偿责任的各种形式。依据《国家赔偿法》第 32 条的规定，行政赔偿的方式主要有支付赔偿金、返还财产和恢复原状三种。虽然《国家赔偿法》规定的行政赔偿方式以支付赔偿金为主，以返还财产和恢复原状为辅，但在实际操作中，返还财产、恢复原状执行起来更为便捷，是行政赔偿优先选择的方式，由行政机关支付赔偿金往往是最后的救济手段，只有在恢复原状或返回财产已无可能的情况下才会适用。

不容忽视的是，城市规划涉及的行政赔偿问题较为复杂，完全按照《国家赔偿法》规定的赔偿方式未必具有较强的可操作性。这一方面是因为城市规划违法行为造成的财产损失往往难以确定，涉案的房地产价值既与其存续的时间关联，也与土地的位置相关，实际的财产损失用现金如何计算有一定的困难；另一方面是因为返还与恢复的可能性不一定存在，如在老旧小区内，一旦建筑被行政执法部门违法拆除，则没有重新建设的条件。据此，对于城市规划的行政赔偿，可以在符合《国家赔

① 参见最高人民法院行政判决书，（2017）最高法行再 101 号。

偿法》立法宗旨的基础上，探讨土地出让金返还、容积率异地返还以及实物赔偿等方式。①

第四节　城市规划补偿制度的构建

在城镇化进程中，不只是违法的规划行为会对私人权益带来侵害，合法的规划行为也会因施加非普遍性的负担而对私人权益造成损害，如实施规划的后续征收行为对利害关系人的土地使用权予以剥夺，规划本身对土地用途做出管制从而限制了利害关系人的土地发展权，或者因规划设计方案的变动而对利害关系人的信赖利益造成损失。如何构建相对完善的损害补偿制度，确保当规划权力对私人权益进行剥夺或限制时，为公益承受特别负担的私人能够得到充分、公正的补偿，这对于平衡规划所代表的公共利益与私人依法享有的基本权利至关重要。虽然当前实务中不缺乏行政补偿的案例，但与已经初步形成体系的国家赔偿相比，行政补偿在我国尚未建立起完整的体系。在现有的法律体系中，对补偿做出明确规定的法条为数不多，而且适用损害补偿的范围也十分有限，宪法明文规定的补偿情形仅限于"土地的征收和征用"。需要注意的是，城市规划对土地开发和利用的限制，以及因规划变动而导致的私人财产损害，无法纳入有严格适用条件的征收征用补偿的范畴，也不能适用行政赔偿或民事赔偿的制度，② 因此对于城市规划对私人合法权益构成的特别负担与牺牲，需要形成一套具有特殊性的损害补偿规范体系，从而不断地缩减规划补偿请求的现实利益需求与制度供给之间的落差，将城市规划补偿对私人权益尤其是财产权益的保障真正落到实处。

一　城市规划补偿的概念

要理解城市规划补偿的概念，首先需要对行政补偿的概念形成清晰

---

① 参见何明俊编著《城乡规划法学》，东南大学出版社 2016 年版，第 226 页。

② 参见朱冰《城乡规划补偿的功能落空与制度实现》，《昆明理工大学学报》（社会科学版）2020 年第 1 期。

的认识。行政补偿是一个不断发展的概念，它伴随着财产征收的概念而来，并随着财产征收概念的扩展而扩展。在 19 世纪的西方国家，财产征收被称作古典征收，是指出于公共利益需要，行政机关将私有财产，主要为土地，予以剥夺，用之于特定的公共事业，同时给予被征收人完全的补偿。① 换句话说，只有剥夺了利害关系人的某种财产权利，才能构成征收，亦才有补偿。到了 20 世纪初，随着国家干预私人生活的情况日益增多，治安权的范围不断扩大，加之公民财产权保护意识的增强，各国的财产征收概念也发生了变化，开始将某些法规或规划对财产权的限制视为征收，并给予合理的补偿。此后，财产征收概念得到了进一步扩展，因行政活动调整而给私人造成的信赖损失以及行政活动对个别私人造成的不正常、非本意且事先无法预见的附带损害效果，也被纳入了财产征收的范畴。如今在西方国家，狭义上的行政补偿已经涵盖了财产权剥夺的补偿与特别牺牲补偿②，而广义上的行政补偿的范围则更加宽泛，除了上述补偿之外，还包括公权力违法无责之损害补偿，公营造物的设置、管理无瑕疵产生损害的补偿，甚至包括一般性危险状态时的补偿。

　　我国并未建立完善的行政补偿体系。一方面，行政补偿缺乏完善的宪法依据；另一方面，行政补偿的相关规定都散见于各种单行法，相互冲突的规定并不鲜见。考虑到行政补偿法律制度的现状，我国采用狭义上的行政补偿概念较为适宜。狭义上的行政补偿指的是行政主体基于公共利益需要，在管理国家和社会公共事务的过程中合法行使公权力致使利害关系人的合法权益遭受特别牺牲，依据公平原则，对遭此损害的利害关系人给予合理补偿的制度。③

---

　　① 参见李建良《行政法上损失补偿制度之基本体系》，《东吴法律学报》1999 年第 2 期，第 79 页以下。

　　② 财产权限制的补偿、行政活动调整的损失补偿和行政活动附随效果的补偿被统称为特别牺牲补偿。之所以被称为特别牺牲补偿，是因为在实践中并不是由此产生的一切损害都要给予补偿，只有这种损害在程度上达到特别牺牲的程度，即对私人合法权益的限制或损害程度超越了人民所可忍受的限度，行政机关才会基于公共负担平等原则予以相应的补偿。反之，此类限制如果没有侵害私人合法权益的本质内涵，则属于财产权人必须予以忍受的社会义务范畴。具体参见王太高《行政补偿制度研究》，北京大学出版社 2004 年版，第 26—27 页。

　　③ 参见王太高《行政补偿制度研究》，北京大学出版社 2004 年版，第 48 页。

由于城市规划是对城市土地、空间利用的限制和干预，因此在规划制定、实施、修改、废止的环节中，都有可能对私人财产权造成重大影响，从而产生权利损害补偿的问题。据此，本书拟将"城市规划补偿"的概念界定为："行政主体出于公共利益的考量，做出制定、实施、修改或者废止城市规划的行为，给利害关系人合法权益造成了特别的损害，对此予以公正补偿的制度。"具言之，对于"城市规划补偿"的内涵，我们可以从以下几个方面来把握。

（一）利害关系人的权益损害必须是由行政主体做出的合法城市规划行为引起的

作为城市规划补偿要件之一，城市规划行为合法应从以下两个方面来理解。

一是行政主体做出会给利害关系人财产权益造成特别损害的城市规划行为，必须有组织法、行为法和程序法上的依据。在城市规划领域，法律保留原则有很大的适用空间。与其他行政行为不同，行政规划的制定是否适用法律保留原则要分情况进行分析。行政规划当中既有非强制性的资讯性规划和影响性规划，又有强制性规划。其中，需要遵循法律保留原则的行政规划既包括对公民自由权和财产权进行干涉的强制性规划，也包括干涉行政以外的能够对公民权益造成较大变动的强制性规划。对于不以产生法律效果为目的的非强制性规划，则没有必要适用法律保留原则。就应适用法律保留原则的强制性规划而言，需要在考虑规划行为对私人权益侵害的严重程度的基础上，来确定法律保留的密度。对于强制性规划中的抽象规划，如总体规划，因其不会直接对私人权益产生法律效果，只要具备组织法和程序法的依据即符合法律保留原则，不一定要具有行为法的依据。对于相对人特定和可得特定的具体规划，如详细规划，即使没有后续的实施行为，也能够直接产生限制或影响特定群体权益的法律效果，因此规划机关做出会严重损害私人权益的详细规划制定或变更行为时，除了要有组织法和程序法的依据之外，还应具备行为法的依据。①

---

① 参见郭庆珠《行政规划及其法律控制研究》，中国社会科学出版社 2009 年版，第 204、206 页。

二是行政主体做出城市规划行为的目的必须是基于公共利益的需要。在行政补偿制度中，公共利益的需要是评判公权力对私人权益的剥夺或限制是否实质合法的根本标准和防止公权力滥用的重要原则，包括我国在内的世界各国宪法中的征收补偿条款都将基于公益的需要确立为剥夺或限制私人合法权益的目的。对城市规划来说，公共利益既是其核心内容，也是规划权干预私有产权的合宪性基础和依据。鉴于公共利益的受益对象和利益内容均有高度不确定性，难以对其进行实体性界定，对公共利益的界定更多地需要通过公众参与城市规划这一决策民主化和权力再分配的过程，来找寻能够体现社会多元价值导向的公共利益选项，同时在公共利益判断标准上应坚持由纯粹的受益人数量标准转向"质"的标准，即采用多数人原则，且不随意损害少数人的利益。①

（二）利害关系人的权益遭受了特别的损害

在征收概念扩张和行政补偿制度发展的历史进程中，相继出现了诸多解释行政补偿理论基础的理论和学说。其中，对于公权力加诸公民的义务是否构成特别牺牲，以公共负担平等原则作为判断基准较为适宜。② 这一公法理论认为，为实现一定的公共利益，政府行使公权力给私人利益带来的损失，若属于正常的社会风险范畴，就由受害人自行承担，如果超出了"正常的社会风险"而构成了对少数人的特别限制，则应当由全体社会成员平等负担，受害人有权提出补偿请求。

具体到城市规划领域，要判断规划权力对私人权益的限制是属于正常的社会风险，还是达到特别牺牲的程度，通常需要考虑以下两个因素。

一是受规划行为影响的对象是一般人还是特定人。就总体规划而言，其内容是对城市未来发展做出的宏观布局，潜在的影响对象一般难以确定。当总体规划基于公共利益的需要而对私有财产权做出某种普遍性的管制时，如为保护历史建筑而限制周边建设高大的建筑，对这种普遍施加的义务，国家无须补偿。相比于总体规划，控制性详细规划是对

---

① 参见郜永昌《土地用途管制法律制度研究：以土地用途管制权为中心》，厦门大学出版社 2010 年版，第 81—82 页。

② 参见张梓太、吴卫星《行政补偿理论分析》，《法学》2003 年第 8 期。

局部土地的开发建设较为准确地进行限制，所针对的对象相对具体。当其对改变特定区域内土地使用的性质，或者对基础设施做出具体布局时，则有可能对特定范围内利害关系人的权益构成直接的限制。例如，为一个居住区规划设置一个学校，涉及另一块工业用地性质和功能的改变，使得这一地块上的工厂不能继续长久地发展；居住区因附近地块被规划为机场而受到噪声影响，导致住宅价值的降低。对于这种为少数人权益设置的特别负担，受害人有权申请补偿。

二是规划行为是否达到侵害私人权益的本质内容的程度。一般而言，若政府实施的规划行为导致私人财产权的使用可行性受到影响，以至于财产价值严重减损，就构成特别损害；如果没有达到这种侵害程度，则属于忍受限度内的损失。根据域外经验，判断是否构成特别损害，通常需要考虑财产整体价值、信赖保护、合理经济使用等方面的因素。从财产整体价值来看，城市规划对私人财产的限制，很少会导致其毫无价值，在判断是否构成特别损害时，一般会视其减损的比例而定，当财产的价值减损达到一定比例时，才可认定该规划行为构成特别损害。例如，在荷兰司法实践中，一般认为规划给私人经营活动造成年收入15%范围内的损失都属于正常的经营风险，无须补偿。① 从信赖保护角度来看，如果财产所有人在规划管制以后将其财产转让给某个投资者，可推定该投资者已经认同规划管制的效果，因此合理的投资回报预期或信赖保护原则将不适用该投资者；反之，若财产所有人对房地产予以改建或者设施更新后遭遇规划管制行为，则其合法权益应受到保护。② 就合理的经济使用而言，如果政府的规划行为导致私有财产无法进行经济生产使用，则其合理经济使用价值就接近于零，财产权人的生存权利将受到剥夺，此时相对于一般大众自然构成特别牺牲的状态，如将某一居住区规划建设水库，水库所在地块的其他发展用途已被禁止，一旦建设水库项目获得规划许可，受影响的居民将会搬迁。反之，当城

---

① ABRvS 14 april 2004，LJN AO7483，en ABRvS 19 november 2003，LJN AN8347. 转引自赵力《荷兰规划的损失补偿认定》，《云南大学学报》2014 年第 3 期。

② 参见李伟《论准征收的构成要件》，《哈尔滨工业大学学报》（社会科学版）2007 年第 6 期。

市规划对私有财产的限制，不影响其合理经济使用时，则不构成特别牺牲，如在拥挤的城市区域，规划允许建设高层住宅会给相邻区域居民视野的开阔性带来不利的影响，但并不影响其对房地产的合理经济使用，就属于必须承担的正常风险。

（三）城市规划行为与利害关系人的权益损失之间必须存在因果关系

因果关系是联结侵权主体与损害的纽带，确定因果关系实际上是将责任范围限定在一个适度的范围内。就城市规划补偿中的因果关系而言，宜采用相当因果关系说加以考量，该学说既不否定原因与结果之间的客观联系，也不绝对地强调因与果之间内在的、必然的联系，而是通过对客观情况的观察，以事实为依据做出合乎实际的判断，具有一定的可操作性。

从域外经验来看，在判断利害关系人所遭受的损失与规划行为之间是否存在因果关系时，往往会考虑规划的空间效果、利害关系人对规划造成风险的可预见性等因素。具体而言，利害关系人权益遭受的损失必须是由规划行为的空间效果引起的，否则就不属于规划行为造成的损失。规划的空间效果是指规划所规定的建设用途、建筑的高度和容量、建筑物周围开放空间的位置和大小以及土地开发强度等内容对于规划区域以及相邻区域的影响，如依据城市规划实施的公路建设给周边小区带来噪声污染，导致小区业主的相邻权益受到损害。只有当利害关系人遭受的损失是由前述规划的空间效果所导致的，才能获得损害补偿，否则即便与规划有关，也不能获得补偿。发生在荷兰的"Ridderkerk Oost"规划案便是典型，新规划涉及建立一个新的健康中心，但药剂师认为自己与健康中心相邻，会给自己的经营行为带来激烈的竞争，因此请求行政主体赔偿其为此减少的损失。最终的裁判结果没有支持原告的诉讼请求，法院认为申请人所主张的竞争增加与规划的"空间效果"无关，因竞争增加而遭受的收入损失不属于规划补偿的范围。[1] 除了规划的空间效果外，利害关系人对规划造成风险的可预见性也是判断其所遭受的损失与规划行为之间的因果关系是否成立的一个重要考量因素。在荷兰

---

① AB 2009，134，m. nt. G. M. van den Broek. 转引自赵力《荷兰规划的损失补偿认定》，《云南大学学报》2014 年第 3 期。

的规划补偿制度中，无论是市政行政机关的补偿实践还是法院的补偿诉讼，都将规划合法调整与私人利益受损之间的判断基准建构在规划法律关系的相对方的"可预见性"上。如果能够预见规划调整风险因申请人没有预见，或者没有采取有效措施避免或减少损失，那么，此等损失不在补偿范围内。①

二　适用损害补偿制度的城市规划行为范围

适用损害补偿制度的城市规划行为范围的大小直接影响利害关系人得到法律救济可能性的大小。在我国城市规划中，应对利害关系人权益损害予以补偿的城市规划行为主要包括以下几类。

（一）城市规划实施中的征收、征用行为

在道路建设等公共设施规划的实施中，为获得建设用地，政府往往会以公共利益的需要为由，提前收回私人拥有的土地使用权，从而构成对私人财产的征收。我国采用的是土地所有权和使用权分离的制度，土地依法属于国家或集体所有，用地单位或个人只拥有土地的使用权，但这并不意味着拥有土地所有权的国家可以随意侵犯土地使用者的土地使用权。我国法律、法规对此有着明确的规定，根据《土地管理法》第12条和《城镇国有土地使用权出让和转让暂行条例》第42条的规定，依法登记的土地使用权，任何单位和个人不得侵犯，国家作为土地所有者，也不得随意收回土地的使用权。只有在基于社会公共利益的需要的情况下，国家才能依照法定程序提前收回国有土地使用权，并根据土地使用者已使用的年限和开发、利用土地的实际情况给予相应的补偿。②由于征收是对私人财产权影响最为直接和明显的行政措施，因此征收构成了城市规划损害补偿的重要部分。

与征收一样，征用也是一种为实施城市规划而对私人财产加以剥夺的行政措施。其与征收的区别在于：征收以所有权的转移为要件，即相应的财产由私人所有转为国家所有；征用则不转移财产所有权，行政主

---

① 朱冰：《城乡规划补偿的功能落空与制度实现》，《昆明理工大学学报》（社会科学版）2020年第1期。

② 参见莫于川主编《行政规划法治论》，法律出版社2016年版，第276页。

体只是对相对人财产强制性"借用"一段时间,在期限届满后归还相对人。① 根据《土地管理法》第 2、45、46、47 条的规定,国家同样只有在满足公共利益需要的前提下,才能依照法定程序对私人拥有的土地使用权进行征用,并且应按照被征用土地的原用途给予补偿。

（二）城市规划对私人财产权的过度限制

实践中,政府往往出于保护环境资源、防止市区拥挤、维持邻里关系、保护文物建筑等公益目的,而制定会对私人财产权产生限制的城市规划。但城市规划对私人财产权的限制,并不当然形成管理性征收;只有当城市规划严重干预了利害关系人对财产的使用或者造成财产价值的急剧减损时,才可能引起管理性征收补偿问题。②

在美国,20 世纪 20 年代以前,城市规划限制私人财产权一直被视为治安权的正当行使,无须给予补偿。1922 年的宾夕法尼亚煤炭公司诉马洪案开创了因过度管制私人财产权而构成管理性征收的先例,但并未确立管理性征收的具体判断标准。直到 1978 年的佩恩中央运输公司诉纽约市案中,联邦最高法院才确立了管理性征收的判断标准——多因素比较标准（multi-factor balancing test）。它包括以下三个因素:管理行为对权利人的经济影响;管理行为干涉显著投资回报期待的程度;政府行为的性质。③ 在此后的几个判例中,美国最高法院又确立了三个认定征收的特别标准,作为多因素比较标准的补充。有如下情形之一,即可以认定发生了征收行为:一是规划或法规导致不动产的所有经济用途或有效用途丧失,但符合财产法或侵扰法根本原则的除外（卢卡斯诉南卡罗来纳州海岸区议会案）。二是政府授权长期实际占有不动产的（洛利托诉曼哈顿 CATV 电子提词机公司案）。④ 三是政府要求的强制捐献与

---

① 参见姜明安《行政补偿制度研究》,《法学杂志》2001 年第 5 期。

② 参见宋雅芳等《行政规划的法治化:理念与制度》,法律出版社 2009 年版,第 343—344 页。

③ 参见［美］约翰·G. 斯普兰克林《美国财产法精解》（第二版）,钟书峰译,北京大学出版社 2009 年版,第 659—661 页。

④ 洛利托案标准仅能适用于实际征收行为。把它归类为管理性征收判例规则,只是因为严格而言,是政府授权第三者长期实际占有该土地。具体参见［美］约翰·G. 斯普兰克林《美国财产法精解》（第二版）,钟书峰译,北京大学出版社 2009 年版,第 665 页。

合法州利益没有本质联系或者与计划项目影响基本不成比例的（诺兰诉加利福尼亚州海岸委员会、多兰诉迪加德市案）。尽管以上三个"界限分明"的标准在一定程度上削弱了多因素比较标准的作用，但迄今为止它仍是审理大多数管理性征收案件的基本标准。

从美国最高法院认定管理性征收的判例所确定的标准来看，基于公益的需要而限制个别财产权的管理行为是否构成管理性征收，一般要考虑该行为对财产权限制的严重程度以及该行为是否符合防止侵扰的目的。参照上述标准，城市规划限制私人财产权构成管理性征收，除了应具备"个别财产权因公益的需要受到损害"这一要件外，还须符合以下两个要件：其一，对财产权的限制必须达到重大侵害的程度。至于何为"重大侵害"，则应从财产权的权能来把握。所谓权能，是指权利的具体作用或实现方式。如果对私人的财产权施加的限制妨碍了财产权的实现方式，就应当认定为重大的侵害。以所有权为例，所有权人对物具有绝对、排他的支配权，在不违反法律禁止性规定的情况下，所有权人可以依自己的意志进行占有、使用、收益、处分。因此，只要妨碍了上述任何一项权能的行使，都构成对所有权的重大侵害。① 其二，私人对财产的使用方式对社会公共利益没有危害。权利的行使有其界限，根据"权利有害行使之禁止"原则，私人享有财产权，但并非可以为所欲为，如其利用方式可能害及社会公益而对其自身也无益处，政府对此种财产权利利用方式当加以限制，虽有损害，亦无不妥。② "当财产权的限制是为了调整财产的相互作用，或者旨在限制对社会有害的财产使用方式时，该限制应解释为社会性忍受制约，是没有必要予以补偿的。"③

目前，《城乡规划法》没有对因控制性详细规划过度限制财产权而构成管理性征收的情形做出规定，这不仅会导致行政主体依据控制性详

---

① 参见王传国《城市规划中财产损害补偿问题研究》，硕士学位论文，东南大学，2015年。

② 参见房绍坤、王洪平主编《不动产征收法律制度纵论》，中国法制出版社2009年版，第97页。

③ 杨建顺：《日本行政法通论》，中国法制出版社1998年版，第603页。

细规划行使规划征收权于法无据,[1] 而且使公民的财产权处于一种不稳定的状态。对此,《城乡规划法》应当补充在何种前提、何种条件、何种程序上能够行使规划征收权等一系列规定。

（三）给私人信赖利益带来严重损害的城市规划变更与废止行为

经依法批准的城市规划,即具有确定力、拘束力和执行力,法律要求利害关系人对此予以信赖。而规划变更或废止的结果之一,便是信赖原规划行为的利害关系人遭受了特别的、额外的和沉重的负担。出于维护社会公平的考虑,国家必须对遭受特别牺牲的利害关系人给予公正的补偿。

虽然我国《城乡规划法》第50条对城市规划变更的信赖损失补偿做出了规定,但适用信赖损失补偿制度的仅限于修改修建性详细规划,修改其他城市规划的补偿须以规划许可证的颁发为前提。[2] 本书认为,修改控制性详细规划也应被纳入信赖损失补偿制度。主要理由在于,控制性详细规划是在总体规划指导下的局部拓展,是近期相关建设行为的直接依据。相当数量的私人信赖行为都是依据控制性详细规划做出的,如购买学区房、投资地铁站附近的商圈和住宅。从修改控制性详细规划前应当征求意见的对象来看,《城乡规划法》第48条采用了"利害关系人"而非"公众"的表达方式,则表明立法者认可控制性详细规划的修改可以对特定区域内个人和组织的权益产生直接影响。当修改控制性详细规划给具有正当信赖的特定人的权益带来严重损失时,可以认定受害者是因公益目的而遭受"特别牺牲",对此国家应承担补偿责任。

城市规划的废止与城市规划的变更一样,也是源自规划本质的正常发展的结果。城市规划的废止一般表现为由行政机关制定出一个新的规

---

① 我国《立法法》将"对非国有财产的征收"作为必须由法律规定的事项。在实践中,控制性详细规划对私人财产权的过度限制完全可能产生类似于征收的效果,如依据控制性详细规划将农村集体所有土地规划为工业区,或者将城市居民住宅用地规划为道路、机场等公共设施用地。但《城乡规划法》并未按照《立法法》的要求,对控制性规划限制财产权构成管理性征收做出明确规定,即没有规定在何种前提、何种条件、何种程序上可以行使规划征收权。具体参见邢翔《城乡规划权的宪规制研究》,博士学位论文,武汉大学,2012年。

② 参见郭庆珠《行政规划及其法律控制研究》,中国社会科学出版社2009年版,第311页。

划，明确表示废止原规划，也可以表现为原机关或上级机关做成一个与
原规划内容相抵触的新规划来实现对原规划效力的否定。由于城市规划
的废止涉及面较广，影响较大，因此法律应当明确规定废止的情形。但
《城乡规划法》并未对城市规划废止的具体事由和程序做出规定，在实
践中城市规划的废止也呈现了无序的状态。今后，在对《城乡规划法》
做出进一步完善时，应对城市规划废止的事由和程序进行如下规定：在
规划确定之后，规划实施尚未完成之前，因法律或事实状况发生重大变
化①，需终止规划的实施时，应由原规划确定机关做出废止该规划的决
定。如果规划废止后需要采取必要的善后措施，规划确定机关在废止原
规划的决定中应当要求规划拟定机关采取相应的措施以维护公共利益或
避免对他人权益造成损害。因规划的废止给利害关系人合法权益造成损
失的，行政机关应当依法给予补偿。②

（四）引起附随侵害效果的城市规划行为

对于给私人财产权益造成附随侵害效果的城市规划行为，同样也有
适用城市规划补偿制度的空间。土地、房屋等不动产与外在的地理环境
以及人文环境密切相关，不动产使用人会因地理位置上的"相邻"而
享有重要的财产利益，如商铺往往建在车站、码头等邻近人口稠密的地
区，过往的大量客流可以为其获取营业额提供保障。而随着城市规划的
实施，将车站、码头拆除或搬迁，商铺的营业额很可能会急剧下降，甚
至因此亏损歇业。当然，并非任何受到规划行为附随效果侵害的私人财
产权益都应当得到补偿。能否获得补偿需要综合考虑附属效果的种类、
范围和强度，如果财产权人所受的侵害达到特别牺牲的程度，国家就必
须启动补偿程序。以商铺经营受到规划影响为例，如果财产权人为出售
位于原规划区内的商铺，做了足够的努力，除非接受巨大的损失，否则
就不能卖出去，那么在此情形下，应当认为已经形成了"特别牺牲"。
在财产权人以较低价格出售商铺后，应根据市场的价格估算其受到的实

---

① "法律状况发生重大变化"是指城市规划所依据的法律、法规、规章、政策经有关机
关依法修改、废止或撤销，原规划行为如继续存在，则与新的法律、法规、政策相抵触。"事
实状况发生重大变化"是指国际、国内或行政主体所在地区的形势发生重大变化，原规划行
为的继续存在将有碍社会政治、经济、文化的发展，甚至给国家和社会利益造成重大损失。

② 参见王青斌《行政规划法治化研究》，人民出版社 2010 年版，第 180 页。

际损失，予以适当的补偿。

三　城市规划补偿的损害范围、标准与方式

（一）城市规划补偿的损害范围

城市规划补偿损害的范围是指对由合法的规划行为造成的哪些损害应给予补偿，获得补偿损害范围的大小直接决定国家对利害关系人权益损害补偿的力度。

目前，我国尚未制定统一的行政补偿法，对行政补偿的规定分散在不同的单行法中。从现有的法律规定来看，行政补偿主要是对财产权损失的补偿，且限于直接损失，即便是对土地、房屋遭遇征收的财产权损失，补偿范围也相对较窄。以农地征收补偿为例，根据《土地管理法》第 48 条的规定，土地补偿费、安置补助费以及农村村民住宅、其他地上附着物和青苗等费用构成了补偿的主要部分，此外可补偿的损失还包括被征地农民的社会保障费用。但这一规定未涉及剩余土地的价值、相邻利益的损失，更没有考虑土地的增值部分。[①] 再以城市居民房屋拆迁补偿为例，依照《国有土地上房屋征收与补偿条例》第 17 条的规定，补偿范围主要包括被征收房屋价值的补偿、因征收房屋而造成的搬迁及临时安置的补偿、因征收房屋而造成的停产停业损失的补偿。但这一条款只是大致框定了补偿的范围，对补偿的具体项目未做出规定。在实务操作中，通常只考虑建筑物和公摊面积的市场价值，不考虑因房屋拆迁而导致的相邻利益损失，而临时安置补助则以各项实际支出的价值为准，至于由易地搬迁产生的其他隐形生活再建成本也不在考虑的范围内。[②]

国外立法对私人空间利益损失的行政补偿范围的规定不尽相同。在德国，土地利用规划的损害补偿问题主要规定在《联邦建筑法典》中，补偿范围包括物质损失和结果损失。物质损失指被征收土地或其他征收标的物的价值损失；结果损失限于直接后果损失，包括营业损失、因分

---

① 参见李晓新《论我国行政补偿制度的原则与范围》，《行政与法》2008 年第 10 期。

② 参见朱冰《城乡规划补偿的功能落空与制度实现》，《昆明理工大学学报》（社会科学版）2020 年第 1 期。

隔造成不动产价值的降低、必要的律师咨询费、权利维护费、与不动产联系在一起的财产性或强制性权益，但不包括诸如经纪人费用、重新建设费用等重新取得补偿客体的支出等间接后果损失。① 在日本，《土地征用法》对土地征用补偿做了较为详细的规定，补偿范围主要为被征用财产的物质损失，除了对土地征用时该土地的价格予以补偿以外，还设置了如下几个补偿项目：剩余土地补偿、工时费用补偿、搬迁费补偿，以及对脱离耕地费、营业上的损失、由于建筑物的搬迁所造成的租赁费的损失、其他由于征用或使用土地使土地所有人或者相关人通常受到的损失。② 除此之外，土地被征用的土地所有人的生活权补偿、营业损失补偿、精神性损失补偿等在实定法上或相关案例中也得到了一定程度的承认。在加拿大，法定的土地征用补偿范围既包括土地被征用部分的补偿，也包括被征用地块的剩余部分及相邻地区非征地受到的有害或不良影响的补偿，如因建设或公共工作而对被征用地块剩余的非征地造成的损害、对个人或经营损失及其他相关损失的补偿；此外，还包括因不动产全部或基本征用而给被征地所有者或承租人生产生活带来混乱所造成的成本或开支补偿，以及重新安置的困难补偿。③ 从域外立法对土地、房屋等私人空间利益损失补偿的规定来看，虽然对补偿范围的认定疏密不一，但至少都将受害人的直接损失、物质损失和确定的损失包括在行政补偿的范围内，这对确定我国城市规划补偿范围具有一定的借鉴意义。

就我国城市规划补偿损害范围的界定而言，既不能过宽，也不能过窄，应在充分考虑国家财政能力、法治发展水平、公共利益与私人利益的平衡等因素的基础上，结合侵害行为的形态和利害关系人权益受损的程度来合理确定可补偿的损害范围。在确定补偿的损害范围时，需要注意以下几点。

其一，适当扩大直接损失补偿的范围。当实施规划的后续行为涉及

---

① 参见［德］哈特穆特·毛雷尔《行政法学总论》，高家伟译，法律出版社 2000 年版，第 697—698 页。

② 参见姜裕富《中日行政补偿范围比较及启示》，《成都理工大学学报》（社会科学版）2005 年第 3 期。

③ 参见卢丽华《加拿大土地征用制度及其借鉴》，《中国土地》2000 年第 8 期。

对私人不动产的征收，或者因规划对私人财产权的过度限制而构成管理性征收时，不仅应对土地因被征收而丧失利用价值的部分予以补偿，还需结合具体情形将被征收地块剩余部分与相邻地区的非征地受到不良影响的损失，以及财产上相关权益所遭受的损失，包括由于不动产全部或基本征收给征地所有人或承租人生产生活带来混乱而造成的成本支出，如必要的法律咨询费、抵押、租赁关系等费用，考虑到补偿的范围内。

其二，补偿的损害范围应以财产损失为主，但可以包含一定范围内的非财产损失。考虑到现代土地损害具有特殊性，规划行为对土地及其建筑物上的"非经济性"价值造成损失同样值得重视，在确定可补偿的损害范围时，不宜把补偿范围局限于受害人的财产权损失，还需将无法依靠补偿经济交换价值得到补救的其他非财产损失考虑在内，如整体性生活再建设损失、居住性精神损失等。① 具体而言，当对城市居民房屋实施征收时，不能仅限于以房屋实物价值为准给予补偿，还应将由易地搬迁产生的隐形生活成本纳入可补偿的损害范围内；就居住性精神损失而言，虽然当前的司法实践只支持受害人就与房屋拆迁有关的具体行政行为侵害人身权利提出的精神损害赔偿，尚不认可其对建筑物存在的独立精神利益，但随着公民基本权利保障体系的不断完善，把权利人因征收而遭受的精神损失纳入行政补偿的范围内将成为社会发展的一种趋势，对于诸如因祖产或祖坟被征收而给权利人造成的心理创伤，给予相应的抚慰性补偿在未来具有一定的可能性。

其三，承认确定的间接损失可以获得补偿。在实务中，规划行为造成的直接损失与间接损失往往难以完全厘清，若非要将其明确区分既会给规划补偿的实际操作增加徒劳，也不利于全面补救利害关系人的权益损失。因此，有必要承认利害关系人将来确定要遭受的损失可以获得补偿，如因规划合法调整所造成的营业收入、利益或租金、代理费的丧失或减少。当然，对于无证据证明的将来可获得的利益，则不能纳入补偿范围内，如利害关系人一厢情愿地认为在规划未发生变更的情况下，其经营的工厂将来有可能获得垄断某地市场的机会。

---

① 参见朱冰《城乡规划补偿的功能落空与制度实现》，《昆明理工大学学报》（社会科学版）2020 年第 1 期。

(二) 城市规划补偿的标准

行政补偿的标准一般来源于宪法的规定，不少国家都在宪法中确立了正当补偿标准。早在 1789 年法国制宪议会通过的《人权宣言》第 17 条就规定："财产是神圣不可侵犯的权利，除非当合法认定的公共利益提出明显的要求时，并且在事先公平补偿的条件下，任何人的财产不得受剥夺。"美国宪法第 5 条修正案规定："……凡私有财产，非有正当补偿，不得收为公用。"1946 年《日本国宪法》第 29 条第 3 款规定："私有财产在正当的补偿下得收归国有。"由于各国宪法中的正当补偿并非一个确定概念，对何为"正当补偿"的理解就存在不同的界说。

在日本，出现了完全补偿说与适当补偿说两种不同观点。完全补偿说认为，"为将不平等还原为平等，应对私有财产的损失予以全额补偿"。完全补偿说又分为先后阶段的标准，其区别在于后阶段的学说将伴随社会化立法（如农地改革等社会改革）的补偿情形排除，认为仅需要对其他财产权的侵害予以完全补偿。① 通常来讲，政府在道路扩建等公共建设中征用土地或拆迁房屋，在既存的财产权秩序下要求特定的人做出"特别的牺牲"，对此应进行完全补偿，如日本现行《土地征用法》第 77、88 条就规定了完全补偿标准。② 适当补偿说认为，宪法关于正当补偿的规定并不一定要求全额补偿，只需综合斟酌制约措施的目的及其必要程度等因素，顾及社会的习惯做法，以公正、妥适、客观为衡量标准计算出较为适当的补偿金额。对于以社会化为目的的财产收用，采取比完全补偿稍低的标准进行补偿也是可行的。日本在实践中倾向于采用适当补偿说，但适当补偿只适用于诸如土地征用等实行社会公共政策的情况下，在其他为了公共利益而征收或限制私人财产的情况下，无论是采取完全补偿说还是适当补偿说，均需以客观的标准予以完全补偿。③

就我国行政补偿标准的现状而言，宪法未规定补偿标准，各单行法

---

① 参见金伟峰、姜裕富《行政征收征用补偿制度研究》，浙江大学出版社 2007 年版，第 47 页。

② 参见宋雅芳等《行政规划的法治化：理念与制度》，法律出版社 2009 年版，第 347—348 页。

③ 参见阚英《论我国的行政补偿标准》，《政法论丛》2006 年第 1 期。

对补偿标准规定不一。[①] 缺乏明确、统一的补偿标准，一方面极易导致补偿义务机关滥用裁量权，采用较低的补偿标准，只给予受害人抚慰性补偿，使其正当权益无法得到有效保护；另一方面会产生补偿不公正的问题，在实践中时常出现规划实施机关、拆迁人与部分被拆迁人单独私下协商补偿标准的现象，这不仅违背了平等原则，也助长了某些被拆迁人对补偿数额提出过分要求的冲动。基于此，对城市规划损害补偿，应确立正当补偿标准，从而使"补偿保证个人的生活水准不会因为其财产权利为了公共利益需要被限制或剥夺而降低"[②] 的底线得以坚持。具体来说，该标准包括以下两个方面：其一，在一般情况下，应以"完全补偿"标准，即根据受害人的全部损害，并充分考虑对其生存和发展的长远影响，来确定具体的补偿金额。所谓"全部损害"的评价标准，既不是补偿权利人眼中的标准，也不是补偿义务人眼中的标准，而是案外的中立人士眼中的损害标准。它是一种客观评判标准，基本上忽略了补偿权利人对财产的主观价值，而是主要按照土地、房屋被征收时的公平市场价格（fair market value）来确定损害的大小程度。从美国的判例来看，公平市场价格是指愿意购买的人以现金方式支付给愿意出售的人的金额。[③] 它一般由涉案财产的近来出售价格或者可比财产的出售价格的证据予以证明。[④] 如果因征收的财产很少在市场上出售而难以确定合理的市场价格，法院则会适用其他合理公平的标准，如取得代替

---

①　单行法中涉及的行政补偿标准主要有以下几种：一是按征收财产原用途给予补偿，如《土地管理法》第 48 条第 3 款；二是适当补偿，如《土地管理法》第 58 条第 2 款；三是相应补偿，如《戒严法》第 17 条第 2 款、《中外合资经营企业法》第 2 条第 3 款；四是合理补偿，如《土地管理法》第 48 条第 4 款、《矿产资源法》第 36 条。

②　石佑启：《私有财产权公法保护研究——宪法与行政法的视角》，北京大学出版社 2007 年版，第 165 页。

③　参见亚莫塔农夫仓储公司诉美国案，载《美国判例汇编》第 409 卷第 470 页（1973 年）。转引自［美］约翰·G. 斯普兰克林《美国财产法精解》（第二版），钟书峰译，北京大学出版社 2009 年版，第 644 页。

④　比较 J. J. 纽伯利公司诉东芝加哥市案（J. J. Newberry Co. v. City of East Chicago），载《东北地区判例汇编》第 2 辑第 441 卷第 39 页（印第安纳州上诉法院，1982）（征收租赁财产的损失赔偿数额按照未到期的租期的合理市场价格加上根据约应付的未来租金计算，而不是按照评估的收入总额计算）。转引自［美］约翰·G. 斯普兰克林《美国财产法精解》（第二版），钟书峰译，北京大学出版社 2009 年版，第 645 页。

物的成本。① 采用公平市场价值标准，意味着要将被征收土地的未来价值考虑在内，美国法院在决定补偿数额时，法官必须指导陪审团考虑是否有证据证明买家预计到未来的升值潜力时会提高购买价格。此外，根据美国现行判例，按照公平市场价格来确定被征土地的补偿数额，不仅应当考虑土地的最佳替代用途产生的收益，包括可预见的未来所能带来的收益，② 还需要衡量土地的区位价值，可以考虑被征收土地与周围地块组合产生的最佳收益，而不仅仅是单块孤立土地的价值。③ 可以说，依照公平市场价格来确定损害大小程度具有较强的客观性与可操作性，将其适用于我国城市规划领域中的损害补偿，有助于解决许多因剥夺或限制私人财产权而引起的社会矛盾。其二，在受害人自身存在过错的情况下，不排除适当补偿标准的适用。比如，利害关系人在能够预见城市规划变更所引发的财产损失的情况下，仍然继续实施可能招致财产损失的活动，没有采取有效的措施来避免或减少损失，在对其进行补偿时，就应当排除由其自身过错导致的损失部分。

（三）城市规划补偿的方式

由于不同个案中损害的性质、情节和程度不一，可选择的城市规划补偿方式也必然存在差别。受损害方的合法权益可否获得适当的救济，在很大程度上取决于采何种补偿方式。

就行政补偿方式而言，我国立法尚无统一规定，相关规定散见于各单行法中，一般可归为金钱补偿、实物补偿和政策性补偿三大类。对于城市规划损害补偿的方式，宜采用以金钱补偿方式为主，辅之以具有财产意义的代偿方式，如重新安排住房、安排就业、提供优惠政策支持被

---

① 主要参见美国诉564.54英亩土地案（United States v. 564.54 Acres of Land），载《美国判例汇编》第441卷第506页（1979年）（认为根据案情替代的标准不合适）；美国诉50英亩土地案（United States v. 50 Acres of Land），载《美国判例汇编》第469卷第24页（1984年）（相同）。转引自［美］约翰·G. 斯普兰克林《美国财产法精解》（第二版），钟书峰译，北京大学出版社2009年版，第645页。

② 如 Board of County Supervisors of Prince Willism County, Virginia v. United States, 276 F. 3d 1364（D. C. Cir. 1997）；McCandless v. United States, 809 L. Ed. 1205（1936）。转引自刘向民《中美征收制度重要问题之比较》，《中国法学》2007年第6期。

③ 319 U. S. 266（1943）. 转引自刘向民《中美征收制度重要问题之比较》，《中国法学》2007年第6期。

征收人在未被征收的地块上从事开发经营等。相比于其他的补偿方式，金钱补偿的优势在于：其一，金钱是社会财富的一般等价物，可以价值尺度来衡量任何财产价值的损失；其二，金钱作为融通性最高的资产，受金钱补偿的人可以灵活运用，从而最大限度地减少因财产征收而给自身生活、生产带来的不便。但是，在土地评估技术不足和地价狂涨的情况下，仅以现金补偿因城市规划限制或剥夺私人财产权而造成的损失，难以使其维持原有的生活水平，而需要通过具有财产意义的代偿措施，如划地安置、招工安置、住房安置、社会保险安置等，来弥补金钱补偿的不足。[①] 可以说，具有财产意义的代偿方式的存在不仅使城市规划补偿具有更大的灵活性，而且为国家节约了财力。

当有多种补偿方式可供选择时，行政主体与利益受损人应当充分协商，根据损失性质、情节和程度采用较为合理的补偿方式。例如，在城市规划实施过程中征用农民土地时，除了应按照公平市场价值给予失地农民金钱补偿以外，政府还需要对失地的农民实行免费再就业培训，让他们掌握再就业技能，并尽量为失地农民创造就业条件。又如，因城市规划的过度限制而导致土地使用权人丧失所有经济利益或者有效用途时，政府除了应给予合理的金钱补偿外，还可以考虑以提供优惠政策的方式支持其在受规划限制之外的地块上从事开发经营。这样，既能减少因规划补偿引起的纠纷，也有助于行政主体有效率地依照规划开展建设活动。

四 城市规划补偿的程序

补偿方案的有效实施需要以公正、合理的补偿程序作为制度依托。城市规划利害关系人遭受的特别损害，是因规划机关基于公益的需要而做出的剥夺或限制私人财产权的城市规划行为引起的，对此补偿义务机关应当予以主动补偿。如果补偿义务机关没有主动进行补偿，自身权益受到城市规划损害的个人或组织就可以向行政主体提出补偿申请，对符合法律规定的，补偿义务机关必须予以补偿。据此，城市规划补偿的程序可分为补偿义务机关主动补偿和依受害人申请补偿两种类型。

---

① 参见王太高《行政补偿制度研究》，北京大学出版社 2004 年版，第 159—160 页。

补偿义务机关主动补偿的程序主要包括以下几个步骤：第一，先行调查清楚受害人权益受损情况，再以此为基础制定补偿方案。若城市规划的后续措施需要征收、征用私人财产，则补偿义务机关应将损害补偿的方案包含在城市规划中，并经由规划审批机关予以确定。如果城市规划不存在征收、征用的后续措施，补偿义务机关则可在城市规划实施后，就规划对私人财产权的过度限制、规划变更与废止或规划行为的附随效果造成的"特别损害"进行调查、判断，再制定补偿方案。第二，进行补偿登记，明确受补偿人。在被补偿对象人数较少且特定的情况下，可以省略补偿登记。第三，将补偿方案涉及的事由、依据、标准、方式等内容告知被补偿人，并听取被补偿人的意见。第四，签订规划损害补偿协议或者由补偿义务机关单方面做出规划损害补偿决定。如果被补偿人同意补偿义务机关的补偿方案，补偿义务机关即可同被补偿人签订规划损害补偿协议。如果补偿义务机关和被补偿人无法在补偿问题上达成一致意见，为及时解决补偿问题，减少争议，可由补偿义务机关依法单方面地做出补偿决定，或向上级机关提请裁决。[1]

依受害人申请补偿的程序一般需要经过以下步骤：第一，受害人提出规划损害补偿的书面申请，并向补偿义务机关提供证据材料。第二，补偿义务机关按照申请人提出的证据材料进行审查和调查。补偿义务机关可根据具体情况的需要确定以书面审查、实地勘察等审查方式来甄别申请人所提供的证据材料的真实性、合法性，判断其是否符合补偿标准。在审查和调查过程中，必要时应当举行听证。[2] 第三，补偿义务机关须告知申请人审查结果及拟做出的规划损害补偿决定，在此过程中须听取申请人的意见。第四，补偿的额度、形式、标准可在听取申请人意见后再行协商。经协商达成协议的，即可签订规划损害补偿协议书。不能达成协议的，由补偿义务机关单方面做出规划损害补偿决定，或者由上级机关作出裁决。

为了防止补偿义务机关在规划损害补偿的问题上久拖不决从而导致

---

① 参见刘玉顺《完善行政补偿立法的几点思考》，《社会科学论坛》2005 年第 10 期。

② 参见杨解君、顾治青《公益收用之界定与行政补偿之完善》，《湖南社会科学》2005 年第 1 期。

受害人的生活陷入困难，立法应当明确补偿义务机关做出补偿决定的期限。对此，可以参照《国家赔偿法》的规定，将做出补偿决定的期限定为 2 个月。同时，为了促使受害人及时行使规划补偿请求权，避免规划补偿法律关系长期处于不稳定的状态，立法也应规定受害人行使规划补偿请求权的时效。

此外，立法还需要明确受害人不服规划损害补偿决定的救济途径。被补偿人对补偿义务机关所做的补偿决定不服的，或者被补偿人申请补偿后补偿义务机关在法定期限内未做出补偿决定的，被补偿人可以通过依法提请行政复议或行政诉讼的方式来维护自己的权益。同时，补偿义务机关在做出不予补偿的决定时，亦须向被补偿人履行提起行政复议或行政诉讼的期限告知义务。

结　论

　　城市规划是一项公共政策，其作用在于通过对土地和空间使用的安排，以协调社会各群体之间的利益关系，维护社会公共利益。但在通过城市规划对社会资源进行再次配置的过程中，难免会产生新的利益分配不均等的现象。由于可供开发利用的城市空间资源是有限的，因此在资源配置和利用过程中有着不同利益诉求的多方主体之间必然存在剧烈的、复杂的利益竞争。若缺乏健全的城市规划法律制度对强势利益主体为实现自身利益而采取非制度化的行为加以约束，则极有可能会对弱势群体的利益和社会公共利益构成严重的损害。所以，要确保城市规划能够真正发挥公平配置城市空间资源的作用，就必须在具体的法律制度安排中体现各方主体权利义务的平衡，保障各方主体为自身利益进行辩护、交易和救济的权利，同时针对各方主体的行为，特别是城市规划行政主体的行为，确立明确的约束机制。随着 2007 年颁布的《物权法》将物权制度引入空间规划领域，2008 年实施的《城乡规划法》进一步确认城市规划的公共政策属性，地方政府在运用城市规划权时已无法回避公民权利保护的议题。据此，对作为私权利主体的城市规划利害关系人所享有的权利予以界定和承认，并确保其权利在合法合理的制度框架内得以实现，应成为城市规划法律制度完善的重点。

　　合理认定城市规划利害关系人，是构建城市规划利害关系人权利保护制度的逻辑起点。仅从理论层面对城市规划利害关系人的内涵与外延进行界定，不足以在司法实践中准确判定起诉人是否具备利害关系人的身份，还需要运用行政法学理论与行政诉讼案例对构成"利害关系"的两大要素——"权益"和"因果关系"加以细致分析。"合法权益"是否存在是判定城市规划利害关系人的基础性要素，对于合法权益的范围，本书认为将其界定为法律确认的权益较为符合立法机关和司法机关力图保持受案范围和原告适格范围宽窄适当的意旨。此外，确认"权益"要素是否存在，还要判断起诉人主张的权益是否为其切身利益，这涉及切身利益与他人利益、公共利益的区分问题，采用灵活解释"法律上利益"的做法，有助于将第三方主张的利益从公共利益中区分出来，从而将之纳入司法救济的范畴。由于"因果关系"要素与"权益"要素是一脉相承的，在证实起诉人所主张的"权益"存在的基础上，还要证明其权益损害与城市规划行为之间具有一定的关联性，法院才能够认为起诉人有足够的利益推动行政诉讼的进行。对于是否存在"因果关系"，主要是通过分析城市规划行为对起诉人权益的实际影响以及起诉人取得权益的时点来加以判断。相比于"权益"要素，"因果关系"要素更加缺乏法律依据和理论层面的固定标准，这给实际操作带来很大的难度。考虑到"权益"要素的运用比"因果关系"要素更为广泛和成熟，且"因果关系"存在被"权益"吸收的可能性，因此要解决行政诉讼中城市规划利害关系人的判定问题，宜采用以"权益"要素为主，以"因果关系"要素为辅的模式。

在实定法上对城市规划利害关系人权利进行清晰界定，并予以分类承认，无论是对构建相对完备的权利保障体系还是有效制约政府的规划权力而言都有着非常重要的意义。本书将城市规划利害关系人的权利分为实体权利和程序权利两大类型，在进一步细分的基础上，对各种类型权利的内涵与保障方式进行了详细的阐述。城市规划涉及的利害关系权利范围较为广泛，本书选择就财产权、住宅权、环境权三类受城市规划影响较大的实体权利的内涵、价值功能及实现方式加以具体论述。财产权与城市规划权之间往往会产生直接的冲突，但两者之间的冲突并非不可调和，在财产权有限自由与适度限制模式下，从规划权力的法定性、规划目的正当性、规划程序的正当性、规划手段的合比例性等要素入手，可以将城市规划权对财产权的限制保持在合理的范围内。从城市规划的目的来看，保障城市居民特别是中低收入者的住宅权实现，是其应有之义，为强化城市规划保障居民住宅权的功能，需要进一步明晰政府部门运用规划权力保障居民住宅权的职责与分工，通过合理调控城市空间资源来应对空间贫困、空间隔离等社会极化现象。环境权作为一项被国际社会广泛承认的基本人权，能够对城市规划失序带来的生态危机起到一定的防范作用，在城市规划法律制度设计中应重视对其内容的辨识及对权利保障的构建，特别是要破解通过司法途径维护公民环境权的障碍。对于城市规划利害关系人享有的程序权利，本书将其归纳为知情权、表达权、听证权、申请权四种类型，并就各类程序权利保障实体权利实现的工具价值以及自身的独立价值进行了阐释。

由于规划本身具有未来导向性、变动性和技术性等特征，规划裁量与一般意义上的行政裁量之间存在较大的差异性，法律条文不可能对与城市规划裁量权相关的各方面要素，如主体、条件、范围、种类、幅度等都做出明细的规定。对此，将宪法和行政法的一些基本原则作为规划机关实施行政行为和纠纷处理机关做出裁决的依据，使其发挥确定城市规划权干预利害关系人权利的界限作用就显得尤为重要。本书分别就平等原则、比例原则、信赖保护原则、正当程序原则如何从不同侧重点对规划裁量权加以规制进行了详细的阐述，并指出这些原则的适用有助于保证城市规划裁量权在不超出公共利益这一服务目标的前提下适当地发挥主观能动性，对城市规划利害关系人的权利保护也应遵循上述宪法和行政法的基本原则。

《城乡规划法》及《环境影响评价法》《行政许可法》中涉及公众参与的条款构成了我国城市规划公众参与的基本制度框架，使利害关系人乃至公众参与城市规划制定、实施和修改的过程均有法可依。但透过对参与主体、参与时机、参与事项、参与方式、参与效力等构成公众参与机制的基本要素的分析，可以看出无论是在规范制度层面还是实际操作层面上，公众参与规划运作的过程仍存在一些问题，参与的广度和深度均有待拓展。为了保证公众参与城市规划的有效性，本书从多个层面提出了相应的对策建议，包括合理选择参与者、贯彻尽早和持续参与原则、健全规划信息公开制度、合理选择征求公众意见方式、增强听证会运行的实效、建立理性化的公众参与意见回应机制。同时，本书也注意到总体规划和详细规划在性质和内容上的差异性，主张对两者设置差别化的公众参与程序，以最大限度地保障开展公众参与活动的质效。

城市规划侵权通常会呈现出类型多样、范围广泛、影响深远的特点，建立有效的多渠道救济机制来补救利害关系人遭受损害的权益势在必行。相比于一般行政行为的救济，城市规划的救济并不完全为事后的救济，在规划制定或修改的阶段即有可能对利害关系人权益构成潜在的危害，若非要等到该规划实施后，损害结果已经产生的时候，才启动救济程序，则难以及时补救其遭受损害的权益，因此权利救济机制的构建必须考虑城市规划对公众权益的实际影响以及申请救济的时机。囿于法定受案范围的限制，利害关系人不能直接对经审定批准的规划文件提起行政复议或行政诉讼，只能在对规划许可等后续的具体行政行为提出复议或诉讼时，请求一并审查规划文件的合法性，这显然难以满足权利救济及时性的需要。基于此，本书将研究的侧重点放在对行政诉讼和行政复议受案范围拓展的探讨上，主张考虑将编制或修改完成后、经批准并公布的详细规划纳入行政复议和行政诉讼的受案范围内。对于如何构建多元化的城市规划纠纷解决机制，本书认为不仅需要建立畅通"以行政复议、行政诉讼为主，以人大监督、规划督察、行政申诉等其他途径为补充"的多元化救济途径，还应构建相应的行政赔偿与补偿制度来对规划侵权行为造成的损失予以有效弥补。

囿于数据资料收集的不足、研究方法的局限性以及自身写作水平的限制，对一些与城市规划利害关系人权利保护密切相关的问题聚焦不足。例如，本书将如何实现城市空间资源的公平配置作为研究的重点，其实，在探讨城市规划利害关系人权利保护具体制度的构建上，也必须考虑行政成本问题，需要运用成本分析的方法，对制度的合理性加以论证，以达到社会资源较为优化的配置。对此，笔者今后将会进一步拓展研究领域和范围。

参考文献

［美］阿瑟·奥肯：《平等与效率——重大的权衡》，王忠民、黄清译，四川人民出版社1988年版。

包振宇、朱喜钢、金俭：《城市绅士化进程中的公民住宅权保障》，《城市问题》2012年第3期。

陈国刚：《论城市规划与私有财产权保障》，《行政法论丛》2006年第1期。

陈海萍：《行政相对人合法预期保护之研究——以行政规范性文件的变更为视角》，法律出版社2012年版。

陈浩、周晓路、张京祥：《建构城乡规划的边界观——对实现国家治理现代化的回应》，《规划师》2014年第4期。

陈洪金、赵书鑫、耿谦：《公众参与制度的完善——城市社区组织在城市规划中的主体作用》，《规划师》2007年第S1期。

陈锦富编著：《城市规划概论》，中国建筑工业出版社2006年版。

陈军平、马英娟：《行政决策中的公众参与机制》，《中国行政管理》2009年第1期。

陈勇、杜娟：《唐小红诉苏州市规划局规划许可案——规划行政许可是否合法的判断标准》，《人民司法·案例》2008年第8期。

陈新民：《德国公法学基础理论》（下册），山东人民出版社2001年版。

陈越峰：《城市规划权的法律控制——基于实然视角的考察》，博士学位论文，上海交通大学，2010年。

陈振宇：《城市规划中的公众参与程序研究》，法律出版社2009年版。

程蓉、顾军：《上海：公众参与闵行区龙柏社区控制性详细规划编制实例》，《北京规划建设》2005年第6期。

［英］戴维·M. 沃克：《牛津法律大辞典》，北京社会与科技发展研究所组织翻译，光明日报出版社 1988 年版。

邓志旺：《城市更新对人口的影响——基于深圳样本的分析》，《开放导报》2015 年第 3 期。

董秋红：《行政规划中的公众参与：以城乡规划为例》，《中南大学学报》（社会科学版）2009 年第 2 期。

［美］Daniel R. Mandelker：《美国土地利用管理：案例与法规》（第 5版），郧文聚、段文技等译，中国农业大学出版社 2014 年版。

［美］E·博登海默：《法理学：法律哲学与法律方法》，邓正来译，中国政法大学出版社 1998 年版。

方世荣：《论行政相对人》，中国政法大学出版社 2000 年版。

房绍坤、王洪平主编：《不动产征收法律制度纵论》，中国法制出版社2009 年版。

冯晓星、赵民：《英国的城市规划复议制度》，《国外城市规划》2001 年第 5 期。

［德］弗里德赫尔穆·胡芬：《行政诉讼法》（第 5 版），莫光华译，法律出版社 2003 年版。

高伯宏：《从利害关系人角度探讨温泉供给事业——以台北市行义路温泉区为例》，硕士学位论文，世新大学，2009 年。

皋华萍：《规划申诉：完善规划救济的可行路径》，《前沿》2011 年第 14期。

郜永昌：《土地用途管制法律制度研究：以土地用途管制权为中心》，厦门大学出版社 2010 年版。

葛先园、杨海坤：《我国行政规划中的公众参与制度研究——以〈城乡规划法〉相关规定为中心》，《法治研究》2013 年第 12 期。

耿宝建：《行政纠纷解决的路径选择》，法律出版社 2013 年版。

耿毓修、黄均德主编：《城市规划行政与法制》，上海科学技术文献出版社 2002 年版。

郭庆珠：《论行政规划利害关系人的权利保障和法律救济——兼从公益与私益博弈的视角分析行政规划的法律规制》，《法学论坛》2006 年第 3 期。

郭庆珠:《行政规划及其法律控制研究》,中国社会科学出版社 2009 年版。

郭湘闽:《走向多元平衡——制度视角下我国旧城更新传统规划机制的变革》,中国建筑工业出版社 2006 年版。

郭湘闽:《我国城市更新中住房保障问题的挑战与对策——基于城市运营视角的剖析》,中国建筑工业出版社 2011 年版。

韩敬:《国家保护义务视域中环境权之宪法保障》,《河北法学》2018 年第 8 期。

[德] 汉斯·J. 沃尔夫、奥托·巴霍夫、罗尔夫·施托贝尔:《行政法》(第二卷),高家伟译,商务印书馆 2002 年版。

[德] 哈特穆特·毛雷尔:《行政法学总论》,高家伟译,法律出版社 2000 年版。

何明俊:《建立在现代产权制度基础之上的城市规划》,《城市规划》2005 年第 5 期。

何明俊:《西方城市规划理论范式的转换及对中国的启示》,《城市规划》2008 年第 2 期。

何明俊:《作为复合行政行为的城市规划》,《城市规划》2011 年第 5 期。

何明俊:《空间宪政中的城市规划》,东南大学出版社 2013 年版。

何明俊编著:《城乡规划法学》,东南大学出版社 2016 年版。

何明俊:《包容性规划的逻辑起点、价值取向与编制模式》,《规划师》2017 年第 9 期。

何明俊:《基于物权制度框架体系的国土空间规划法律基础研究》,《规划师》2020 年第 23 期。

何子张:《城市规划中空间利益调控的政策分析》,东南大学出版社 2009 年版。

[美] 赫伯特·A. 西蒙:《管理行为》(修订版),詹正茂译,机械工业出版社 2007 年版。

胡建森、何明俊:《英国〈城乡规划法〉百年变迁中的规划行政权》,《浙江学刊》2010 年第 4 期。

胡敏洁:《行政相对人程序性权利功能分析》,《江南大学学报》(人文社会科学版）2002 年第 2 期。

胡敏洁：《论行政相对人程序性权利》，《公法研究》2005 年第 1 期。

胡童：《论利益保障视域下城市规划中的公众参与——基于德国双层可持续参与制度的启示》，《河南司法警官职业学院学报》2012 年第 2 期。

胡耘通：《行政规划利害关系人权益保障研究》，硕士学位论文，西南政法大学，2008 年。

黄国洋：《规划过程中城市规划与私人财产权的权利冲突研究》，博士学位论文，同济大学，2009 年。

黄鹏举：《制定我国城市规划听证制度的研究》，硕士学位论文，四川大学，2004 年。

黄宇骁：《行政诉讼原告资格判断方法的法理展开》，《法制与社会发展》2021 年第 6 期。

黄学贤：《行政法中的比例原则研究》，《法律科学》2001 年第 1 期。

蒋成旭：《国家赔偿违法要件的基本构造》，《法学家》2021 年第 5 期。

［美］John M. Levy：《现代城市规划》（原书第 10 版），张春香译，电子工业出版社 2019 年版。

金俭：《论不动产财产权有限自由与适度限制的模式与原则》，《河北法学》2009 年第 2 期。

金俭：《论公民居住权的实现与政府责任》，《西北大学学报》（哲学社会科学版）2011 年第 3 期。

金伟峰、姜裕富：《行政征收征用补偿制度研究》，浙江大学出版社 2007 年版。

姜明安：《界定"公共利益"完善法律规范》，《法制日报》2004 年 7 月 1 日。

姜明安主编：《行政程序研究》，北京大学出版社 2006 年版。

姜昕：《比例原则研究——一个宪政的视角》，法律出版社 2008 年版。

姜培永：《市民状告青岛规划局行政许可案——兼论我国建立公益诉讼制度的必要性与可行性》，《山东审判》2002 年第 1 期。

金勇：《城市规划行政信赖保护制度的建立》，《规划师》2005 年第 10 期。

郐艳丽:《城市规划管理制度研究》,中国建筑工业出版社 2017 年版。

兰燕卓:《为了有序的城市:城市规划变更的行政法规制》,北京大学出版社 2014 年版。

李步云:《信息公开制度研究》,湖南大学出版社 2002 年版。

李琴:《论行政规划利害关系人的权利保障》,《中州学刊》2008 年第 4 期。

李晨清:《行政诉讼原告资格的利害关系要件分析》,《行政法学研究》2004 年第 1 期。

李川、王景山:《论法律因果关系》,《山东大学学报》(哲学社会科学版) 1999 年第 4 期。

李广宇:《过程信息:徐志豪诉广州市规划局案》,载最高人民法院行政审判庭编《行政执法与行政审判》2013 年第 3 辑,中国法制出版社 2013 年版。

李剑峰、肖云璐:《"与行政行为"是否具备利害关系应以行政行为作出之时为判断时点》,http://tzcourt. taizhou. gov. cn/art/2020/12/8/art_56702_3001572. html,2022 年 6 月 16 日。

李静:《权利视角下保障性住房建设中的政府法律责任》,《兰州大学学报》(社会科学版) 2015 年第 2 期。

李德华主编:《城市规划原理》(第三版),中国建筑工业出版社 2001 年版。

李建良:《行政法上损失补偿制度之基本体系》,《东吴法律学报》1999 年第 2 期。

李敏:《城市规划法制基本问题研究》,硕士学位论文,中国人民大学,2005 年。

李年清:《主观公权利、保护规范理论与行政诉讼中原告资格的判定——基于 (2017) 最高法行申 169 号刘广明案的分析》,《法律适用 (司法案例)》2019 年第 2 期。

李伟:《论准征收的构成要件》,《哈尔滨工业大学学报》(社会科学版) 2007 年第 6 期。

李卫华:《行政参与主体研究》,博士学位论文,山东大学,2008 年。

李晓新:《论我国行政补偿制度的原则与范围》,《行政与法》2008 年第

10 期。

李鹰：《行政主导型社会治理模式之逻辑与路径——以行政法之社会治理功能为基点》，中国政法大学出版社 2015 年版。

李挚萍：《环境法的新发展——管制与民主之互动》，人民法院出版社 2006 年版。

［美］理查德·B. 斯图尔特：《美国行政法的重构》，沈岿译，商务印书馆 2011 年版。

梁从诫：《2005：中国的环境危局与突围》，社会科学文献出版社 2006 年版。

梁尚杰：《我国城乡规划利害关系人程序性权利保障研究》，硕士学位论文，黑龙江大学，2014 年。

林世开：《城乡规划利害关系人研究》，硕士学位论文，中国政法大学，2011 年。

林明锵：《行政规则变动与信赖保护原则》，载葛克昌、林明锵主编《行政法实务与理论》（一），元照出版有限公司 2003 年版。

凌维慈：《城乡规划争议中的原告资格——日本法上的启示》，《行政法学研究》2010 年第 3 期。

刘长兴：《环境权保护的人格权法进路——兼论绿色原则在民法典人格权编的体现》，《法学评论》2019 年第 3 期。

刘长兴：《环境权的内容辨识与实践路径考察——以典型案例为对象》，《人权法学》2022 年第 3 期。

刘鹏飞：《城市规划管理中公众参与缺失及对策研究——以滨海新区为例》，硕士学位论文，天津大学，2016 年。

刘飞主编：《城市规划行政法》，北京大学出版社 2007 年版。

刘强、刘武君：《日本的城市规划制度——日本城市规划法研究》（之二），《国外城市规划》1993 年第 3 期。

刘文义：《行政补偿理论与实务》，中国法制出版社 2013 年版。

刘武君、刘强：《日本城市规划法的变迁——日本城市规划法研究》（之一），《国外城市规划》1993 年第 2 期。

刘洋：《城市规划制定程序中的公众参与研究》，硕士学位论文，中国政法大学，2008 年。

刘玉顺：《完善行政补偿立法的几点思考》，《社会科学论坛》2005 年第
　　10 期。

刘小忠：《小议新城市规划环评》，《中国高新技术企业》2009 年第
　　24 期。

罗豪才主编：《中国司法审查制度》，北京大学出版社 1993 年版。

卢丽华：《加拿大土地征用制度及其借鉴》，《中国土地》2000 年第
　　8 期。

吕世伦、宋光明：《权利与权力关系研究》，《学习与探索》2007 年第
　　4 期。

吕翾：《中国语境下土地发展权的法理基础与入法路径》，《法治社会》
　　2020 年第 2 期。

马怀德主编：《国家赔偿问题研究》，法律出版社 2006 年版。

裴娜：《城乡规划领域公众参与机制研究》，中国检察出版社 2013 年版。

彭涛：《社会变革中的行政法问题研究》，法律出版社 2016 年版。

生青杰：《公众参与原则与我国城市规划立法的完善》，《城市发展研
　　究》2006 年第 4 期。

沈雁冰：《11 家民企遭遇“规划变更”之痛——台州“马拉松式购地”
　　事件调查》，《法律与生活》2010 年第 2 期。

沈岿：《行政诉讼原告资格：司法裁量的空间与限度》，《中外法学》
　　2004 年第 2 期。

石佑启：《在我国行政诉讼中确立“成熟原则”的思考》，《行政法学研
　　究》2004 年第 1 期。

石佑启、王贵松：《行政信赖保护之立法思考》，《当代法学》2004 年第
　　3 期。

石佑启：《论公共利益与私有财产权保护》，《法学论坛》2006 年第
　　6 期。

石佑启：《私有财产权公法保护研究——宪法与行政法的视角》，北京大
　　学出版社 2007 年版。

石佑启：《论私有财产权的私权属性及公、私法保护》，《江汉大学学
　　报》（社会科学版）2007 年第 3 期。

宋宁：《论行政规划侵权的法律救济》，硕士学位论文，广东商学院，

2008 年。

宋雅芳等：《行政规划的法治化：理念与制度》，法律出版社 2009 年版。

孙磊：《环境相邻权研究》，博士学位论文，黑龙江大学，2014 年。

孙磊：《环境相邻权制度的确立路径与完善重点》，《学术交流》2014 年第 5 期。

孙施文、朱婷文：《推进公众参与城市规划的制度建设》，《现代城市研究》2010 年第 5 期。

孙笑侠：《法律对行政的控制——现代行政法的法理解释》，山东人民出版社 1999 年版。

唐晔旎：《论利益衡量方法在行政诉讼原告资格认定中的运用》，《行政法学研究》2005 年第 2 期。

田莉、夏菁：《土地发展权与国土空间规划：治理逻辑、政策工具与实践应用》，《城市规划学刊》2021 年第 6 期。

田莉、夏菁：《国家治理视角下的空间规划与土地发展权：挑战与出路》，《南京师大学报》（社会科学版）2022 年第 3 期。

汪进元：《论宪法的正当程序原则》，《法学研究》2001 年第 2 期。

王灿、杨漾：《南京烷基苯厂搬迁尚未正式决策，工业片区搬迁计划进展缓慢》，https：//www.thepaper.cn/newsDetail_forward_1647801，2022 年 7 月 10 日。

王春业主编：《行政法与行政诉讼法》，中国政法大学出版社 2014 年版。

王贵松：《行政法上不确定法律概念的具体化》，《政治与法律》2016 年第 1 期。

王和雄：《公权理论之演变》，《政大法学评论》（台）1980 年第 43 期。

王华兵、秦鹏：《论城市规划的公共性及其制度矫正》，《中国软科学》2013 年第 2 期。

王锴：《环境权在基本权利体系中的展开》，《政治与法律》2019 年第 10 期。

王名扬：《英国行政法》，中国政法大学出版社 1987 年版。

王名扬：《美国行政法》（上下册），中国法制出版社 1995 年版。

王青斌：《行政规划法治化研究》，人民出版社 2010 年版。

王太高：《行政补偿制度研究》，北京大学出版社 2004 年版。

王天华：《裁量基准与个别情况考虑义务——从一起特殊案件反思我国的行政裁量理论和行政裁量基准制度》，载王周户、徐文星主编《现代政府与行政裁量权》，法律出版社 2010 年版。

王天华：《行政诉讼的构造：日本行政诉讼法研究》，法律出版社 2010年版。

王锡锌：《行政过程中相对人程序性权利研究》，《中国法学》2001 年第4 期。

王晓川：《德国：城市规划公众参与制度陈述及案例》，《北京规划建设》2005 年第 6 期。

王学文、赵卫忠：《试论上海城市规划立法体系》，《城市规划》1991 年第 1 期。

王郁：《国际视野下的城市规划管理制度——基于治理理论的比较研究》，中国建筑工业出版社 2009 年版。

王柱国、王爱辉：《城市规划：公共利益、公众参与和权利救济——兼论修订〈中华人民共和国城市规划法〉》，《国外城市规划》2004 年第 3 期。

韦飚、戴哲敏：《比较视域下中英两国的公众参与城市规划活动——基于杭州和伦敦实践的分析及启示》，《城市规划》2015 年第 5 期。

魏后凯、李劼、年猛：《"十四五"时期中国城镇化战略与政策》，《中共中央党校（国家行政学院）学报》2020 年第 4 期。

魏健馨、刘威：《城市规划的宪法学考察》，《内蒙古大学学报》（哲学社会科学版）2016 年第 4 期。

文正邦、胡晓磊：《行政规划基本问题分析》，《时代法学》2007 年第2 期。

翁岳生编：《行政法》（2000）（下册），中国法制出版社 2002 年版。

吴克强：《公众参与行政决策制度之程序机制设计》，《湖南工业大学学报》（社会科学版）2013 年第 3 期。

吴维佳：《德国城市规划核心法的发展、框架与组织》，《国外城市规划》2000 年第 1 期。

吴志强：《德国城市规划的编制过程》，《国外城市规划》1998 年第2 期。

吴祖泉：《解析第三方在城市规划公众参与的作用——以广州市恩宁路事件为例》，《城市规划》2014 年第 2 期。

夏方舟：《"民以住为先"：民法典"居住权"对国土空间规划的可能影响》，https：//www. 163. com/dy/article/FHKD525R05346KFL. html，2022 年 6 月 2 日。

谢炜、桂寅：《城市规划建设类政府信息公开的基本特点、实践问题与推进策略——基于上海市 J 区的实证研究》，《华东师范大学学报》（哲学社会科学版）2018 年第 1 期。

徐行：《翰林花园道路之争》，《都市快报》2003 年 11 月 14 日第 A8 版。

徐涛：《论我国行政许可第三人的范围确定》，《天津法学》2012 年第 1 期。

徐健：《城市规划与开发利益公共还原》，载朱芒、陈越峰主编《现代法中的城市规划：都市法研究初步》（下卷），法律出版社 2012 年版。

邢翔：《城乡规划权的宪规制研究》，博士学位论文，武汉大学，2012 年。

许崇德主编：《宪法》（第四版），中国人民大学出版社 2009 年版。

许玉镇：《比例原则的法理研究》，中国社会科学出版社 2009 年版。

鄢德奎：《市域邻避治理中空间利益再分配的规范进路》，《行政法学研究》2021 年第 5 期。

［日］盐野宏：《行政法》，杨建顺译，法律出版社 1999 年版。

杨临宏、黄金泉主编：《中国行政诉讼的制度缺失及完善问题研究》，云南大学出版社 2010 年版。

杨临宏主编：《行政规划的理论与实践研究》，云南大学出版社 2012 年版。

杨建顺：《日本行政法通论》，中国法制出版社 1998 年版。

杨健：《城市规划中的环境影响评价制度研究》，硕士学位论文，中山大学，2010 年。

杨春福主编：《法理学》，清华大学出版社 2009 年版。

杨解君：《行政法平等原则的局限及其克服》，《江海学刊》2004 年第 5 期。

杨钦宇、徐建刚：《社会组织主导下的规划公众参与模式设计》，《持续

发展 理性规划——2017 中国城市规划年会论文集（14 规划实施与管理)》，2017 年 11 月。

杨钦宇、徐建刚：《社区治理重构背景下的规划公众参与模式探索——以南京小卫街社区营造为例》，《共享与品质——2018 中国城市规划年会论文集（14 规划实施与管理)》，2018 年 11 月。

杨伟东：《行政行为司法审查强度研究：行政审判权纵向范围分析》，中国人民大学出版社 2003 年版。

杨杰、李萍：《赔偿义务机关后置吸收原则的例外情形》，《人民司法》2020 年第 26 期。

杨解君、顾治青：《公益收用之界定与行政补偿之完善》，《湖南社会科学》2005 年第 1 期。

姚爱国、曹永恒：《城市规划地方立法应当注意的问题》，《城市规划汇刊》1994 年第 6 期。

于安、江必新、郑淑娜编著：《行政诉讼法学》，法律出版社 1997 年版。

余军：《行政法上的"违法"与"不法"概念——我国行政法研究中若干错误观点之澄清》，《行政法学研究》2011 年第 1 期。

[美] 约翰·G. 斯普兰克林：《美国财产法精解》（第二版），钟书峰译，北京大学出版社 2009 年版。

殷洁、罗小龙：《我国城市规划中 NGO 的发展与思考》，《规划师》2003 年第 1 期。

应松年主编：《外国行政程序法汇编》，中国法制出版社 1999 年版。

应松年主编：《当代中国行政法》，中国方正出版社 2005 年版。

袁兵喜：《我国行政申诉制度的构建及完善》，《河北法学》2010 年第 10 期。

[美] 约翰·E. 克里贝特、科温·W. 约翰逊、罗杰·W. 芬德利等：《财产法：案例与材料》（第七版），齐东祥、陈刚译，中国政法大学出版社 2003 年版。

莫于川主编：《行政规划法治论》，法律出版社 2016 年版。

曾哲：《论国民的适当住宅权》，《武汉大学学报》（哲学社会科学版）2013 年第 5 期。

詹国彬：《刍议人大监督机制的改革与完善》，《福州党校学报》2004 年第 3 期。

张京娟:《行政规划司法审查研究》, 硕士学位论文, 河北大学,
　　2012 年。

张磊、王心邑、王紫辰:《开发控制过程中公众参与制度转型与实证分
　　析——以北京市中心城区控规调整为例》,《规划师》2013 年第 4 期。

张萍:《城市规划法的价值取向》, 中国建筑工业出版社 2006 年版。

张鑫:《行政规划利害关系人权利保护研究》, 硕士学位论文, 烟台大
　　学, 2011 年。

张兴:《履行新职能新任务, 提升空间规划督察效能——英国规划督察
　　制度启示与借鉴》,《国土资源情报》2020 年第 8 期。

张兴祥:《行政法合法预期保护原则研究》, 北京大学出版社 2006 年版。

张梓太、吴卫星:《行政补偿理论分析》,《法学》2003 年第 8 期。

赵凯、张尤佳:《城乡规划利害关系人的权利救济》,《法制与社会》
　　2009 年第 34 期。

赵宁:《土地利用规划权力制度研究》, 法律出版社 2015 年版。

赵伟、尹怀庭、沈锐:《城市规划公众参与初探》,《西北大学学报》
　　(哲学社会科学版) 2003 年第 4 期。

郑文武:《当代城市规划法制建设研究——通向城市规划自由王国的必
　　然之路》, 中山大学出版社 2007 年版。

郑文武:《论城乡规划利害关系人界定的理论标准和实践方法》,《规划
　　师》2010 年第 4 期。

邹兵、范军、张永宾等:《从咨询公众到共同决策——深圳市城市总体
　　规划全过程公众参与的实践与启示》,《城市规划》2011 年第 8 期。

钟澄:《城市规划编制过程中的听证会设计》,《行政与法》2012 年第
　　9 期。

钟为民、王扬振:《南坪快速路丰泽湖山庄段人性化选线设计》,《公路
　　交通技术》2006 年第 2 期。

朱芒:《论我国目前公众参与的制度空间——以城市规划听证会为对象
　　的粗略分析》,《中国法学》2004 年第 3 期。

朱冰:《城乡规划补偿的功能落空与制度实现》,《昆明理工大学学报》
　　(社会科学版) 2020 年第 1 期。

Douglas A. Jorden and Michele A. Hentrich, "Public Participation is on the Rise: A Review of the Changes in the Notice and Hearing Requirements for the Adoption and Amendment of General Plans and Rezonings Nation-wide and in Recent Arizona Land Use Legislation", *Natural Resources Journal*, Vol. 43, No. 3, Summer 2003.

Marc Schlossberg and Elliot Shuford, "Delineating 'Public' and 'Participation' in PPGIS", *URIA Journal*, Vol. 16, No. 2 (2005).

Martin H. Redishand and Lawrence C. Marshall, "Adjudicatory Independence and the Value of Procedural Due Process", *The Yale Law Journal*, Vol. 95, No. 3, January 1986.

Roger H. Bernhardt and Ann M. Burkhart, *Real Property*, Beijing: Law Press, 2004.